丛书主编　[英] 理查德·史蒂文斯 (Rich

译丛主编　郭本禹　阎书昌

查尔斯·达尔文:
进化思维的塑造者
Charles Darwin:
Shaper of Evolutionary Thinking

[英] 兰斯·沃克曼 (Lance Workman) 著　　殷　融　译

上海教育出版社
SHANGHAI EDUCATIONAL
PUBLISHING HOUSE

译丛总序

由理查德·史蒂文斯（Richard Stevens）主编的"心灵塑造者：心理学大师及其影响"丛书的中文译本终于陆续与读者见面了。这套丛书由八位震古烁今的心理学家学术传记组成，他们分别是人类处境的探索者埃里克·弗洛姆（Erich Fromm，1900—1980）、进化思维的塑造者查尔斯·达尔文（Charles Darwin，1809—1882）、潜意识的探索者西格蒙德·弗洛伊德（Sigmund Freud，1856—1939）、行为的塑造者伯尔赫斯·F.斯金纳（Burrhus F. Skinner，1904—1990）、个人建构心理学的探索者乔治·凯利（George Kelly，1905—1967）、人格毕生发展的探索者埃里克·埃里克森（Erik Erikson，1902—1994）、矛盾的心理学探索者汉斯·艾森克（Hans Eysenck，1916—1997）和服从及其意义的探索者斯坦利·米尔格拉姆（Stanley Milgram，1933—1984）。

"心理学虽有一个漫长的过去，但仅有一个短暂的历史。"（艾宾浩斯语）在这漫长而短暂的历史中，出现了一批又一批的心理学家，他们为心理学提供了概念、框架、理论，同时这些概念、框架、理论又成为我们审视人类生存状态的工具。我们通过这些心理学家的学术传记，审视他们在推动概念的出现、框架的转换、理论的演变那一时刻的所思所想，体悟心理学发展历程的魅力所在，观察心理学发展的历史起伏，最终形成对心理学理论发展的个人认知，并成为心理学发展新认知、新观念和新思想的源泉。

这套丛书的传主都是心理学历史上创造性极强的人物，他们已有的传记早已享誉学界，为什么还要出版这套丛书，而且是以篇幅不大的单册小书来展现每位传主呢？这套丛书以洗练的文笔和极简的篇幅，深入浅出地展示了这些伟大心理学家的创造性工作，可谓以"小书"述"大家"。每本传记都概述了心理学家关于人类心理与行为的最重要观点，并给出了深刻而透彻的评论，通过心理传记的方式，结合心理学家的人格和生活经验来阐述其思想，最终试图探寻心理学家的思想与当代世界的关联。通过这套丛书，我们可以看到这些心理学家的创造性，看到他们所展示的心理学理论的魅力之花，看到他们创立的概念和理论对人类心灵的塑造作用。

为此，我们引进这套丛书，组织了国内高校一批优秀的、年富力强的中青年教师加入到丛书的翻译队伍中，希望通过翻译工作为国内理论心理学、心理学史领域培育一批中坚力量，为未来的研究提供新的活力。我们殷切希望，未来可以有一批学者能够写出一系列中国心理学家的学术传记，讲述心理学的"中国故事"！

不仅如此，在快节奏的时代，篇幅较小、可读性强的传记往往具有特别的阅读优势，便于读者迅速把握住心理学家的核心观点。这套传记不仅适合心理学界的读者阅读，而且适合普通读者阅读，反映出这些传主的跨学科影响力。这是组织出版这套丛书的意旨——让国内读者特别是对心理学感兴趣的年轻读者了解心理学大师独特的思想成果，感知大师成长中的智慧才情，学习大师们的治学方法。

　　我们希望，这套丛书精选的国际心理学大师的传记，能够帮助国内年轻读者了解和熟悉心理学发展史上这些心理学大家的精彩思想和人生历程，获得智慧和启迪，为我国心理学的发展提供新思路，做出新贡献。

郭本禹　阎书昌

2021 年 8 月 26 日

目　录

第五章　达尔文危险吗？来自社会科学的反对与抵制　106

前　言

　　过去 200 年，人类社会出现了许多重要的研究领域，这些研究领域在人类思想史上影响深远，形成系统的理论和主张，如马克思主义和撒切尔主义。对于那些希望了解我们人类自身以及这个星球上其他物种的人来说，最具启发性的"主义"无疑是达尔文主义。本书的主题正是关于达尔文 ① 和达尔文主义。我们将探索促使达尔文主义诞生的重要事件，包括达尔文的个人经历与科学背景，同时也会考虑受达尔文影响的人物和运动，尤其是达尔文主义的发展历程。不过，从一开始我们就要认识到，"达尔文主义"一词的具体含义会因社会环境不同而有所变化。在《物种起源》出版后一年，赫胥黎（Thomas Huxley）创造了"达尔文主义"一词，此时，达尔文主义只是自然选择假设的另一种表达方式。然而，从那以后的 150 多年，经常有人为了自己的目的篡改它。对 19 世纪晚期和 20 世纪早期的优生学家来说，达尔文主义成为一种精神信条，他们认为社会秩序应该由达尔文的进化论来指导。对美国的宗教激进主义者来说，即使在今天，达尔文主义也经常被视为一个充满侮辱感的术语。对于那些有兴趣对行为研究领域进行归纳整

---

① 为行文方便，在本书中，"达尔文"特指本书主角——查尔斯·达尔文（Charles Darwin）。——译者注

理的人来说，达尔文主义无疑是一个重要的研究方向，它会激发人的热情，但也会让人迅速名誉扫地。

本书审视了人类在理解自身行为和心理特征的历程中，达尔文主义的价值及被误用的情况。本书的目标读者是心理学专业的学生，当然，我也希望它能吸引生物学、哲学、社会科学专业领域的学生以及任何想要了解达尔文和达尔文主义的读者。我相信所有对人类存在这个问题怀有好奇心，想要知道人类如何变成如今样子的人，都会对达尔文产生兴趣。

本书根据达尔文主义发展的时间顺序安排。在最开始，我们回顾了达尔文其人及其关于进化的三部奠基性巨著。在中间部分，我们会分析 19 世纪晚期和 20 世纪早期达尔文主义在科学界及大众社会引发的种种反应。最后，我们介绍了达尔文主义的新进展。在撰写本书时，我并没有预设读者需要提前掌握进化生物学、人类学和心理学等学科的知识。我希望围绕达尔文作为"心灵塑造者"这一主题，以平易近人的写作风格，让每位读者都可以享受阅读本书的过程！

沃克曼
于威尔士加迪夫城

致　谢

　　首先，我要感谢丛书主编、英国开放大学的理查德·史蒂文斯（Richard Stevens），本书的写作得到他的全程指导。每当我认为自己无从下手时，是他的不断鼓励和巧妙引导使我重回正轨，对此我深表感谢！我还要感谢萨塞克斯大学的理查德·安德鲁（Richard Andrew）对本书前三章提出的宝贵意见。最后，我要感谢帕尔格雷夫麦克米伦出版社编辑团队的支持和鼓励，感谢保罗·史蒂文斯（Paul Stevens）、珍妮·辛德雷（Jenny Hindley）和 M. 布胡维纳拉吉（M. BhuvanaRaj）。

第一章　达尔文其人

达尔文的机遇

亨斯洛（John Stevens Henslow）是 19 世纪中期英国剑桥大学著名的植物学教授。如果不是他在机缘巧合下做的某个决定，你很可能没有机会读到眼前这本书。亨斯洛原本获得"小猎犬"号（Beagle）的邀请，作为随船博物学家，随"小猎犬"号出海，完成一次为期五年的环球航行。随船博物学家最主要的工作是充当船长菲茨罗伊（Robert FitzRoy）的旅伴，与船长高谈阔论 ①。除此之外，他还要负责搜集航行途中发现的有科学价值的岩石、化石及动植物标本——这些珍贵的岩石、化石及动植物标本有助于加深和丰富科学家对自然界的理解。亨斯洛理所当然是这一职位的理想人选，可是他实在不愿与家人分离如此之久，于是他推荐了一个年轻的毕业生代替自己，这个人就是本书的主角——达尔文（Charles Darwin）。毫无疑问，正是达尔文获得的这次航行机会，使得人类对自然界的认识跨越了重要一步。因此，我们有理由相信，亨斯洛做的这个

---

① 在 19 世纪中叶，海上航行是一件极为痛苦的事情，为了保持权威感，船长平时不会和船员闲聊，许多远航船的船长会因为孤独寂寞而产生精神疾病。为了解决这一问题，一些船长会邀请见多识广的博物学家同行，以便可以在漫长的海上生活中解闷。——译者注

决定改变了自然界在我们脑中的样貌——你此刻阅读的这本书正是关乎这一主题的。达尔文曾差点错失自然选择（natural selection）理论，也一度错失搭上"小猎犬"号的机会。有趣的是，在对的时间、对的地点发生对的事——这正是达尔文学说中反复出现的论点。在以下各章中，你会对此越来越熟悉。不过，在系统探索达尔文的思想前，我们需要先了解达尔文的成长史。

2 达尔文的成长史

1809 年 2 月 12 日，达尔文出生在一座可以俯瞰什鲁斯伯里（Shrewsbury）的半山庄园。他的父亲罗伯特·达尔文（Robert Darwin）是一名富裕的庄园主，也是一位医学家。母亲韦奇伍德（Susanna Wedgewood）来自著名的陶瓷世家——韦奇伍德家族，她为原本就经济可观的达尔文家族又带来 25000 英镑的财富[①]。毫无疑义，达尔文在一个富有的家庭中长大。事实上，达尔文终其一生都没有为了收入辛苦打拼过，他可以无拘无束地发展自己的博物学爱好，将生命中的大把时间用于观察、沉思和开展实验。另外，达尔文之所以能登上"小猎犬"号，其实也与他的家庭财产状况密不可分，"小猎犬"号确实需要一位经济宽裕的绅士作为船长的旅伴，因为这个角色在船上的一切开销都要自掏腰包[②]。

达尔文的父亲是一位极为引人瞩目的人物，不仅因为他

[①] 在 19 世纪初时，英国中产家庭平均年收入为 30 英镑，因此 25000 英镑在当时是很大一笔钱，其购买力大约相当于 1.5 亿至 2 亿人民币。英国国王最大的城堡卡莱尔城堡的造价也只有 1 万多英镑。——译者注

[②] 达尔文缴纳的伙食费就有 500 英镑，装备费则为 600 英镑，这在当时都是巨款。——译者注

193 厘米高和 152 千克重的魁梧身材，还因为他的事业成就斐
然。由于在视觉研究方面的贡献，达尔文的父亲于 1788 年当
选英国皇家学会会员。① 他身宽体胖，健康地活到了 80 多岁，
非常幸运地见证了儿子航海归来后蒸蒸日上的科学事业。达尔
文的母亲在达尔文只有 8 岁时就早逝了，因此达尔文主要由三
个姐姐照料长大。正如许多传记作家所描绘的，达尔文母亲的
早逝和父亲傲慢专制的作风，使得达尔文形成害羞、退缩、不
合群、好奇心强、喜欢沉思的性格，而这些性格使他对知识有
强烈的渴望②。

　　年轻的达尔文当然有足够的精力和条件来满足自己的求知
欲，不过事实证明，他走了不少弯路。在当地中学读书时，达
尔文成绩平平，为了继承家族的医学事业，他中学毕业后被父
亲送到爱丁堡大学学习医学。可惜，此时的达尔文不但行为
懒散，还有恶心呕吐的毛病（我们必须考虑到当时的医疗条
件，在达尔文那个时代，外科手术是不实施麻醉的），于是打
猎与喝酒成为他最主要的日常事务。就这样游荡了两年后，达
尔文终于离开爱丁堡大学，垂头丧气地回家了。他坦诚地告诉
父亲，自己在医学征程上一败涂地。不过，事后看来，达尔
文在爱丁堡大学并没有完全虚掷光阴，在动物学老师格兰特
（Robert Grant）的指导下，他接触了许多关于海洋无脊椎动物
的知识。达尔文回到什鲁斯伯里后，达尔文的父亲意识到自己
的儿子并不适合在医学领域为家族开疆拓土，也深深担忧达尔
文继续无谓地耗费时间与金钱，此时他打定主意，认为做牧师
是儿子最好的出路。经过一段时间不情不愿地学习，达尔文通
过了剑桥大学文学学士的入学考试（获得文学学士是当时担任

3

----

① Desmond, A., & Moore, J.（1991）. *Darwin*. London：Penguin Books.
② Browne, E. J.（1995）. *Charles Darwin：Vol.1 Voyaging*. London：Jonathan Cape.

神职的先决条件）。在剑桥大学期间，达尔文虽然对神学并不感兴趣，但是他充分利用了剑桥大学在博物学方面得天独厚的优势条件。上文提及的植物学教授亨斯洛和地质学家塞奇威克（Adam Sedgwick，19世纪剑桥大学的一位年轻绅士，他几乎研究了所有之前无人触及而他自己颇感兴趣的问题）对达尔文进行了专业的指导。最终，达尔文顺利拿到文学学士学位，他的成绩在同年级178名学生中排名第十，获得了一笔奖学金。

达尔文与神职

在生命的这一阶段，达尔文对于担任神职持欣然接受的态度。这可以从达尔文的书信中找到答案：一方面，此时他并没有把自己当成一名疑神论者[①]（事实上，达尔文也从来没有认为自己是无神论者）；另一方面，他认为乡村牧师的工作可以让他有足够多的空闲时间发展自己的博物学兴趣。考虑到达尔文的成长背景以及他在爱丁堡大学和剑桥大学时有幸结识博物学启蒙者的经历，我们完全可以想象，即使成为牧师，达尔文在闲暇时也会撰写并出版自己的博物学专著，这并不会让人感到吃惊。但我们真的想象不出，如果亨斯洛没有选择陪伴家人，而是选择随"小猎犬"号出航，那么达尔文是否依然能对进化思想做出如此非凡卓越的贡献？无论如何，在刚刚毕业的那个夏天，达尔文可以暂时免于宗教事务，陪同塞奇威克完成一次跨越威尔士的地质考察旅行。回到家中的半山庄园后，达尔文收到一封来自剑桥大学导师皮科克（George Peacock）的信，

[①] 疑神论者不同于无神论者，无神论者认为没有上帝和其他神的存在，疑神论者则认为我们没有充分的依据对诸如上帝、天堂，以及前生、来世等宗教问题做出肯定或否定的回答。——译者注

（在亨斯洛的推荐下）邀请他跟随菲茨罗伊船长乘坐"小猎犬"号航行。

"小猎犬"号航行

1831 年圣诞节过后两天，"小猎犬"号从普利茅斯出发，开启了长达 5 年的海上旅程。"小猎犬"号最主要的任务是绘制南美洲海岸线的航海地图。在通过好望角返回英国前，"小猎犬"号还造访了加拉帕戈斯群岛、新西兰以及塔斯马尼亚岛。出发时，菲茨罗伊船长只有 26 岁，而达尔文更年轻——他只有 22 岁。菲茨罗伊船长之所以寻求一位英国绅士陪伴，其中一个很有趣的原因是，他认为自己不宜与船员过于亲近（在船长这个位子上的人经常会感到强烈的孤独，"小猎犬"号前一任船长就是因此自杀的）。由于达尔文的身份是随行旅伴而不是英国皇家海军的工作人员，他没有任何酬劳。为了支持达尔文的这次远行，达尔文的父亲花费了将近 2000 英镑。

事实证明，菲茨罗伊船长在达尔文人格与精神大厦的建构中扮演了重要角色。菲茨罗伊船长是一位信仰虔诚、情感冲动的贵族，但同时也具有性格坚韧、学识渊博的优点。后来他成为英国气象部门的主要筹建者，并为海上气象预报的发展立下了汗马功劳①。旅途中，两位年轻绅士时常发生争吵，他们最大的分歧在于奴隶制问题。达尔文是一个废奴主义者（abolitionist），而菲茨罗伊船长认为，非洲人天生比白人低贱，上帝之所以会在地球上创造黑人，就是要让他们为白人所驱使。当然，如果你认为在达尔文眼中黑人与白人完全平等，那就大错特错了（对生活在维多利亚时代的人来说，这几乎是不

---

① 菲茨罗伊曾在 19 世纪 50 年代担任英国气象局局长。——译者注

可想象的）。不过，在旅行期间，达尔文逐渐确信了一件事情：不同种族之间并不具有不可逾越的鸿沟，种族间具有发展连续性。达尔文并不是一个容易被激怒的人，但奴隶制是少数可以让他大发雷霆的话题之一。他曾在笔记中写道："那些主张继续维持这种'可容忍的不幸'，为奴隶制辩护的论据是多么软弱无力！"可能正是由于与菲茨罗伊船长发生过各种针锋相对的观点冲撞，达尔文逐渐养成了必须对自己的想法谨慎审视后才向他人显露的习惯。更进一步说，在两人因为生命起源问题而唇枪舌剑期间，笃信基督教的菲茨罗伊船长的观点，有助于达尔文"打磨"自己的论据①。在某种意义上，菲茨罗伊船长提前"训练"了达尔文。20年后，达尔文出版进化方面的著作时，他已经有足够的技巧应对各种指责与诘问，而这些技巧正来自与菲茨罗伊船长的交锋。

5　并非灵光爆发

与许多人普遍相信的相反，达尔文并没有在加拉帕戈斯群岛时"灵光一现"就洞悉了进化机制。环球航行更主要的意义在于进行观测。回到英国后，达尔文尝试将自己的观测结果与其他人提供的观测结果拼在一起。南美洲的化石地层开启了达尔文对物种起源问题的思考。他注意到，相比于化石地层中的下层化石，上层化石与现代物种更相似。这说明物种在不同地质年代曾发生过缓慢的形态变化，最后逐渐变成现代物种的样子。当"小猎犬"号途经加拉帕戈斯群岛（今厄瓜多尔西部

① 菲茨罗伊船长的主要任务是绘制南美洲海岸线的航海地图，但他更大的热情是为《圣经》中的创世记载寻找证据。菲茨罗伊船长之所以会同意达尔文登船，一定程度上也是看中了达尔文的神学专业背景。谁知他后来发现，达尔文对基督教的基本教义缺乏虔诚，这成了他们之间不断冲突的根源。——译者注

966 千米）时，达尔文头脑中关于物种变异的想法更为清晰丰富了。在那里，他的注意力从化石转移到活生生的动物，特别是不同岛屿上形态各异的鸣雀和巨型象龟 ①（事实上，人们正是先命名了"加拉帕戈斯象龟"，再用象龟的名字命名了这一群岛）。让达尔文感到惊奇的是，加拉帕戈斯群岛的副总督劳森（Nicolas Lawson）仅仅通过龟壳的形状就能判断出一只龟来自哪个岛屿。他发现，来自凉爽潮湿、高海拔岛屿的象龟体型更大，脖子更短，龟壳呈圆顶状；而来自炎热干燥岛屿的象龟体型更小，脖子更长，龟壳呈马鞍形。虽然达尔文当时就观察到这种物种变异现象，但回到英国后，达尔文才推测出其中的缘由：每个岛屿独特的生存环境赋予了岛屿上的动物不同的生理特征，而这些特征能够保证动物在特定岛屿上更好地生存、繁衍。在更加炎热干燥的岛屿，长脖子与马鞍形龟壳可以让象龟的头抬得更高、更直，使它们能够啃食到诸如仙人掌之类的高茎植物。而在凉爽潮湿的气候下，大身躯与短脖子则可以让龟群更加繁荣。按照相同的思路，达尔文也推断出不同岛屿鸣雀外貌体型差异的原因，他在岛屿食物来源与鸣雀形态特征之间找到了一条清晰的关系线（这些结论也是他回到英国后才发现的）。

如今，达尔文被认为是历史上最声名卓著的生物学家，但在"小猎犬"号航行期间，他的考察结果主要推动了地质学发展（他随后出版了专著《珊瑚礁的结构与分布》，这在该研究领域具有开创性意义 ②），而成为生物学家，则是很久以后的事情。

6

---

① 象龟也称加拉帕戈斯象龟，体型巨大，仅分布于加拉帕戈斯群岛的多个岛屿上，在每个岛屿上有不同的象龟亚种，许多亚种已灭绝，剩余的亚种则全部列入世界自然保护联盟濒危物种红色名录。——译者注

② Darwin，C. R.（1842）. *The Structure and Distribution of Coral Reefs*. London：Smith，Elder & Co.

航海归来

1836 年 12 月 2 日，"小猎犬"号进入英国法尔茅斯港，达尔文此时已经因为在地质学领域的贡献赢得了一定的社会名望。他从南美洲搜集并寄回英国的岩石标本表明，地球的年龄可能比人们普遍认为的要久远得多（该结论后来也成为达尔文自然选择理论的重要支撑：地球年龄足以使自然选择成为物种逐渐进化变异的驱动力），达尔文同亨斯洛和塞奇威克往来的书信也暗示了这一点。另外，他还解释了珊瑚环礁的形成机制。回到英国后的达尔文很快被选为皇家地理学学会会员，三年后又入选动植物学学会成员。尽管在人生的后 46 年，达尔文并没有再写过什么地质学专著，但他依然有足够的资格作为一名杰出的地质学家被世人铭记。

航海归来的达尔文开始着手一系列写作与研究计划，包括撰写一本介绍南美洲地质情况的著作，整理出版他的旅行日志并开展对藤壶的研究（这一研究持续了 8 年）。这些研究工作为达尔文探索物种变异提供了帮助，同时也让他在植物学界建立起了崇高的声誉。实际上，达尔文就各个主题出版的书在当时大受好评，在 19 世纪 40 年代，达尔文已经成为英国最权威的科学家之一。不过，对后人来说，最重要的是，从 1837 年夏天起，达尔文开始将对生物进化的种种思考和猜测记录在私人笔记中。据达尔文自己的描述，对进化的思考是他生命这一阶段的主要业余爱好。从私人笔记中我们也可以看出，1837 年和 1838 年，达尔文还会就"物种可变"和"物种不变"的观念进行思想交锋，他经常提及南美洲的化石标本以及在加拉帕戈斯群岛（也包括其他岛屿，如福克兰群岛）观察到的鸣雀和象龟。在第一本演化笔记的 17 页，他写道 [1]：

---

[1]　Darwin Online, http://darwin-online.org.uk/

将一对雌雄动物引入某个地方，由于存在其他天敌，它们增长缓慢，因而经常发生近亲通婚。谁敢说结果会怎样？根据这一观点，如果将动物长期隔离在自然环境不同的岛屿，它们理应会变得不同。

这段话与笔记中的其他部分都清晰地表明，在 1838 年，达尔文头脑中"物种可变"的观念已经彻底战胜"物种不变"的观念，第二年年末，他即将描绘出自然选择理论的基本构架。不过在 1838 年这一年，年轻的达尔文将思考转移到了另外一个重要问题上。

"比养只狗强" —— 与艾玛的婚姻

从达尔文的日记中可以看出，他在环球航行接近尾声的时候，已经开始考虑婚姻问题了。在 1838 年夏季的一天，达尔文草拟了一张清单，上面列举了婚姻的好处和坏处——这完全秉承了他一贯严谨的行事作风。在"坏处"一栏，他写道："买书的钱变少了。"而"好处"一栏则有"长久的伴侣（年老时的朋友），深爱的人，陪你游玩的人，再怎么也比养只狗强"①。达尔文口中所谓"比养只狗强"的心上人是他的表姐艾玛（Emma Wedgwood）。艾玛出生在斯塔福德郡（Staffordshire）韦奇伍德家族的梅尔庄园，她是一个接受过高等教育，并不墨守成规的新教徒，两人早在达尔文乘"小猎犬"号出航前就已相识。虽然达尔文对婚姻的选择似乎是基于

① Burkhardt, F., & Smith, S. (Eds.). (1986). *The Correspondence of Charles Darwin*, *Volume 2: 1837—1843*. Cambridge: Cambridge University Press.

功利主义的考虑，但他的书信可以清晰地表明两人都深爱对方。1838 年 11 月 11 日，达尔文向艾玛求婚成功，第二年 1 月 29 日，他们在梅尔的一座小教堂举行了婚礼。婚后，达尔文夫妇最初在伦敦高尔街安家落户。1942 年，达尔文在肯特郡购买了一座面积巨大的乡间别墅，在达尔文生命的最后 40 年，他们一直住在那里。

　　艾玛的宗教信仰以及她承受的心理压力，对他们的婚姻存在切实的影响 ①。达尔文的父亲早已察觉到达尔文对宗教的怀疑态度，他建议儿子在婚前向艾玛隐藏自己在宗教信仰上的立场。不过，达尔文似乎没有听从这一劝告，他向艾玛坦诚了自己日渐增长的怀疑主义倾向。出于信仰，艾玛接受了这一点 ②，然而，她还是时常因为二人在宗教问题上的巨大分歧而感到悲伤。我们无法确定，达尔文的宗教观是否真的从未成为这段婚姻的绊脚石。不过，也有人认为，就像之前的菲茨罗伊船长一样，艾玛对造物主的笃信能够很好地帮助达尔文审视自己的理论，同时促使他考虑到底该如何向公众传播这些理论。无论怎样，事实证明，艾玛成为达尔文坚实的家庭后盾，达尔文患有各种严重的慢性病，他的生活起居必须依赖艾玛的护理照料（达尔文航海归来后就开始遭受间歇性疾病的折磨）③。尽管对达尔文的思想持保留意见，但艾玛还是在文字方面对他后来的每一本著作给予了有力支持 ④。更有趣的是，考虑到达尔文的书都

① Desmond，A.，& Moore，J.（1991）. *Darwin*. London：Penguin Books.

② 新教伦理主张宽容，对异教徒或无神论者并不敌视。——译者注

③ 达尔文的身体几乎从头到脚都有健康问题，包括头晕、心悸、胃痉挛、呕吐、肌肉抽搐、乏力、关节痛、皮肤湿疹等。至于病因，后人推测他有乳糖不耐受症，或是在南美洲时感染了克氏锥虫。如今这些可能性已无法证实。——译者注

④ 在达尔文生活的年代，图书出版前的审阅和校对必须由作者本人承担。对达尔文来说，这些工作全部落到艾玛的身上，艾玛受过良好的教育，精通四种语言，她完全有能力成为一名优秀的编辑。——译者注

要由艾玛经手，最近甚至有作家将达尔文的许多观点归功于艾玛（这只是一种看法，并没有经过严谨验证）[①]。

达尔文和艾玛总共育有 10 个子女，其中 3 个孩子在很小时就夭折了，包括 10 岁时去世的小女儿安妮。夫妻俩都为小女儿的死伤心欲绝，但最终却走向不同的方向。经历这些打击后，艾玛的信仰变得更加坚定，而达尔文则进一步走向宗教的对立面，他质疑仁慈的上帝为何允许这种不幸发生。尽管如此，当达尔文日后创作"抛弃"了神灵概念的进化著作时，艾玛依然尽心辅助他，艾玛的举动无疑值得赞扬和铭记。

达尔文站在谁的肩膀上？

达尔文终其一生都对阅读怀有孜孜不倦的热情。回到英国后，他几乎每天都会与世界各地的专家书信往来。其中，有两本书对达尔文提出自然选择理论具有关键的启发意义：一本是马尔萨斯（Thomas Malthus）的《人口论》（*An Essay on the Principle of Population*），一本是莱尔（Charles Lyell）的《地质学原理》（*Principles of Geology*）。考虑到它们在达尔文思想形成中至关重要的影响，这里有必要作简要介绍。

在"小猎犬"号返航两年后的 1838 年，达尔文读到了马尔萨斯研究人口增长的著作《人口论》（该书 1798 年出版第一版时是匿名出版的）。马尔萨斯在书中指出，由于生物种群增长速度要快于食物来源增长速度，因此由饥饿导致的死亡是自然界的基本规律。马尔萨斯将这一假设推及人类社会，他预测，人口过度增长会导致更广泛的贫穷与儿童夭折。在某种意

[①] Healey, E. (2001). *Emma Darwin: The Inspirational wife of a Genius*. London: Headline.

9　义上，马尔萨斯与自然选择理论已近在咫尺，遗憾的是他没有将自己的观察与物种进化联系在一起。马尔萨斯是一名圣公会牧师，这可能能够解释为什么他最初要匿名出版著作了。而此时达尔文已经开始着手构建进化论体系了，发现马尔萨斯的研究则是关键性转折，它促使达尔文萌发生存竞争的想法。生存竞争指生物个体间为了生存而进行的资源竞争。在"小猎犬"号航行期间，达尔文还没有形成这一概念。不过，从1838年开始，生存竞争就成为达尔文解出进化谜题的一个重要部分。

　　另外一本对达尔文思想产生重要影响的著作是莱尔的《地质学原理》，这其实是一部三卷本的巨著。在"小猎犬"号刚刚启航时，达尔文从菲茨罗伊船长手中得到了这部书的第一卷（在"小猎犬"号航行期间，此书又陆续出版了第二卷和第三卷）。莱尔著作的主题是均变论（uniformitarianism），这种理论认为，世界是由缓慢但可察觉的因素逐渐塑造成型的。例如，当一条河流持续数千年冲击磨损岩石后，就会逐渐形成河谷。由于在旅途中曾亲眼见证过地震、潮汐冲击和火山爆发等地质现象，达尔文非常欣赏这一理论，他也能够证实，看似缓慢的自然现象确实能够导致地表面貌发生翻天覆地的变化。更重要的是，达尔文能够接受莱尔均变论的观念，并利用这一观念来成功解释在大时间尺度上，环境渐变是如何引发生物点滴微小的改变，最终形成新物种的。在某种意义上，达尔文已经领悟到，当物种在环境中存在资源竞争时，环境变迁是如何"选择"了合适的生物变异的。因此，达尔文吸收融合马尔萨斯和莱尔的思想，同时又在其中倾注了自己的观察与思考。

　　莱尔是国王学院的地质学教授，他曾邀请达尔文回国后尽快与自己会面。达尔文很快成为莱尔的密友，如同今天许多流行文化明星一样，两人的声望都因为这段友谊而得以巩固和提升。有趣的是，与马尔萨斯一样，莱尔也是一名虔诚的教徒，虽然他对达尔文的许多观点都持支持的态度，但他并不认为自然选择理论能够解释人类的由来（但莱尔晚年时还是接受了这一点）。

世代相传的进化思想

10

我们可以看出，达尔文对进化机制的探索，其实是种种意外及巧合事件串联的结果，这份"意外"名单包括导师亨斯洛、富裕且智慧的父亲、阅读马尔萨斯和莱尔的著作，以及选择加入"小猎犬"号航海计划（当然也包括在船上与船长菲茨罗伊的辩论）。我们也不应忽视，达尔文能建立起进化论，与他坚韧的品质及旺盛的创造力密不可分。不过，实际上还有另外一个重要因素帮助达尔文完成了对进化全景的描摹。达尔文并不是第一个提出进化论的"达尔文"，他的祖父伊拉斯谟·达尔文（Erasmus Darwin）早在 50 年前就提出解释物种形态转化的理论。同儿子罗伯特·达尔文一样，伊拉斯谟·达尔文既是一位享有声望的名医，也是一位热情的科学爱好者，他对进化思想的贡献值得书写。虽然达尔文从没亲眼见过祖父（在达尔文出生前，伊拉斯谟·达尔文就去世了），但他确实读过祖父关于该主题的论著。

伊拉斯谟·达尔文认为，动物终生都可以通过努力改良自己的生理特征来提升自己的生存竞争力，而改良的特征可以传给子孙后代。因此，一头不断伸长脖子争取吃到更高处枝叶的长颈鹿，会把这种轻微的延长传给下一代，同样，一只不断练习用双臂在林间穿梭的猿猴，也能将这一能力传给下一代。在伊拉斯谟·达尔文的体系中，虽然每只长颈鹿或猩猩的后代也都需要练习伸长脖子或用双臂攀爬，但是父母

更加努力的那些个体起点会更高。这种进化变异的理论被称
为"获得性遗传特征"（inheritance of acquired characteristics）
理论。

　　有趣的是，这种"进化通过后天习得特性得以实现"的
概念，长久以来一直与法国动植物学家拉马克（Jean-Baptiste
Lamarck）联系在一起，因此，它也被称为"拉马克式遗传"
（Lamarckian inheritance）或"拉马克主义"（Lamarckism）。但
事实上，伊拉斯谟·达尔文提出的进化变异的解释比拉马克早
7年（他们两人提出理论的时间分别是1794年和1801年）。拉
马克之所以更为人所知，是因为拉马克是他所在时代著名的动
植物学家，在业内享有盛名，而伊拉斯谟·达尔文的论著没有
被广泛阅读。但既然伊拉斯谟·达尔文是第一个借助习得特性
提出进化解释的人，原则上我们应该将这种解释称为"达尔文
式遗传"。不过为了避免混淆，我们还是继续使用"拉马克主
义"①。

　　虽然获得性遗传的进化观后来被证明是错误的，但伊拉斯
谟·达尔文作品的很多内容都表现出很强的前瞻性。例如，他
认为所有的生命都起源于一种他称之为"生命丝"的原始微生
物，同时，他也看到竞争是进化的主要驱动力。早在1771年
他就曾写道②：

　　　　竞争的最终结果是最强壮的和最具活力的雄性赢得繁
　　殖机会，因此物种理应逐步得到提升。

---

① "达尔文式遗传"中的"达尔文"指的是达尔文的祖父伊拉斯谟·达尔文，而
　　如今人们常说的"达尔文主义"或"达尔文式进化"是指与拉马克主义相对
　　立的进化观，也就是本书主角达尔文提出的进化观。——译者注
② King-Hele.（1999）. *Erasmus Darwin: A Life of Unequalled Achievement*. London:
　　Giles de la Mare Publishers.

这种论断放在《物种起源》中也是非常合适的，虽然人们更热衷于赞美达尔文的成就，但达尔文确实吸收了他祖父的思想。我们不应该忘记达尔文的祖父伊拉斯谟·达尔文的贡献。

与达尔文并肩作战的盟友

"小猎犬"号返航后，达尔文再也没离开过英国。事实上，自从搬到伦敦南郊的庄园后，达尔文待在家里的时间越来越多。尽管如此，达尔文的社会声望依然与日俱增。这一方面是因为他的作品在科学界和通俗文化界吸引了许多读者，另一方面是因为他有一群赫赫有名的朋友与支持者，其中许多人热衷于传播达尔文的思想（当达尔文的思想受到攻击时，他们的争辩和保护也起到了作用）。我们在上文介绍过的莱尔就是他们中的一员。除此之外，还有 3 位为 19 世纪科学进步做出了重要贡献的科学家充当了达尔文思想的传播者，他们是胡克（Joseph Hooker）、丁达尔（John Tyndall）和赫胥黎（Thomas Huxley）。他们作为领军人物，对达尔文主义的发展功不可没，同样值得我们在此纪念。

1817 年出生的胡克是格拉斯哥大学一位植物学教授的儿子，从 7 岁起，他就经常出现在父亲的课堂上。长大后，胡克系统学习了医学专业，并长期担任英国皇家植物园林——邱园的主管。和达尔文一样，年轻时的胡克曾跟随测量船在海上航行数年，沿途采集了许多动植物标本。胡克可以说是 19 世纪晚期英国最出类拔萃的植物学家，同时也是达尔文坚定的捍卫者。丁达尔 1820 年出生于爱尔兰，他的父亲是一名警察。虽然出身卑微，但凭借在光学和电磁学领域的一系列重要发现，丁达尔成为一名杰出的物理学家。与达尔文相似，丁达尔也涉猎广泛。他曾对冰川运动有所研究（这个兴趣使他成为一流的登山者，他曾攀上阿尔卑斯山的许多高峰），并出版过许多通俗易懂的科学著作。1853年至1887年，丁达尔一直担任英国皇家研究院物理学教授［是电磁学大师法拉第（Michael Faraday）的继任者之一］。丁达尔还强烈支持将科学与宗教完全分离，他将达尔文视为自己精神世界的领路人。不过，与传播达尔文思想这项事业最频繁联系在一起的名字要数赫胥黎了，他自称为"达尔文的斗犬"。赫胥黎与丁达尔一样来自社会底层，1825年，赫胥黎出生在米德尔塞克斯郡伊灵市一个一度十分穷困的中产阶级家庭。由于家庭经济困难，赫胥黎小时候自学成才，长大后争取到查令十字医院的奖学金，开始接受正规教育。后来，赫胥黎获得英国皇家海军"响尾蛇"号（Rattlesnake）见习外科医生的职务，"响尾蛇"号要前往澳大利亚和新几内亚完成航海勘探任务，这一职务恰好可以满足赫胥黎对海洋无脊椎动物的研究兴趣（后来他在该领域发表了许多重要的研究成果）。航行归来后，从1854年起，赫胥黎开始担任皇家矿业学院 ① 的博物学教授。

　　为了让（受过良好教育的）民众接触到科学思想，胡克、赫胥黎和丁达尔成立了"X俱乐部"，这是一个旨在推动进化论研究，力图保证科学不受宗教干扰的民间社团（"X俱乐部"实际上是九位当时著名的科学家的聚餐活动，存在于1864—1893年，随着成员步入老年或去世，该俱乐部解散）②。

---

① 皇家矿业学院是如今世界闻名的伦敦帝国理工学院前身之一。——译者注
② "X俱乐部"每月聚会一次，地点选在伦敦市中心的一家餐厅，除赫胥黎、胡克、丁达尔外，还包括物理学家斯波蒂斯伍德、数学家赫斯特、哲学家斯宾塞、化学家弗兰克兰、动物学家巴斯克与博物学家卢伯克。当时科学杂志《自然》刚刚创刊，"X俱乐部"的成员多是该杂志的早期作者，他们为《自然》的发展也做出了重要贡献。——译者注

达尔文再一次证明自己总能在因缘巧合下获得好机遇。胡克、赫胥黎和丁达尔这三位年轻的科学家很快都认识到,达尔文可以作为科学界领袖,带领他们改变英国科学界的面貌,因此他们都做好了捍卫达尔文,对中伤达尔文思想的言论进行反击的准备。需要特别指出的是,他们自己其实最开始也对自然选择的概念有所怀疑。例如,赫胥黎曾十分困惑,不过很快他就被达尔文关于自然选择的论述说服,并发出那句著名的宣言①:"没有想到这一点是多么愚蠢的事情!"

13

为什么达尔文出版《物种起源》要拖延那么久?

如今我们可以确定,在 1839 年底,达尔文不但已经掌握自然选择理论的所有"拼图",而且已经将这些"拼图"拼成一幅完整的"图画"。正因为这一点已得到充分的证实,人们才经常会发出这样的疑问:为什么达尔文整整 20 年都没有发表自己的理论?一种说法是,达尔文之所以拒绝发表自然选择理论,是因为它与人们(包括自己的妻子艾玛)的宗教信仰相抵触。这种说法有一定的道理,不过这可能不是全部的原因。另一种同样重要的说法是,达尔文想在出版著作前搜集到百分百可靠的科学证据。达尔文是一个一丝不苟、小心翼翼的研究者,从他的笔记可以看出,达尔文能够意识到自己的理论还有许多漏洞。甚至直到 1859 年达尔文出版《物种起源》时,他还有两个关键问题没有解决。首先,地球年龄并不足以使渐变式的选择过程得以发挥作用,从而塑造出如今我们眼中复杂、

---

① Huxley,L.(1900). *The Life and Letters of Thomas Henry Huxley* (2 volumes). London:Macmillan.

丰富的生物世界①。另外，遗传的生理机制在当时是完全未知的（当时尚未发现基因），达尔文能做的只是猜测一些答案（实际上，直到达尔文去世多年后，人们才搞清楚遗传机制问题）。

1842 年，达尔文完成了一份 35 页的手稿作为其自然选择理论的提纲。1844 年，他详细扩充了这份手稿，写成了一篇关于进化主题的 5 万字的论文。达尔文虽然没有将论文发表，但给身边许多亲密好友细读过（看过的人包括胡克、赫胥黎、丁达尔等，达尔文的妻子艾玛对这篇论文也有所了解，达尔文曾给艾玛写过一封遗嘱，嘱咐艾玛，如果自己遭遇不幸，要将这篇论文发表）。之所以选择这样做，可能正是因为上文提到的达尔文对宗教因素有所忧虑，以及意识到自己的理论还有缺陷需要弥补。显然，达尔文还是有将详细完整的自然选择理论及其相关证据发表的打算，到 19 世纪 50 年代，他已经将这一计划发展为一部鸿篇巨著（篇幅是最后出版的《物种起源》的两倍）。另一种说法是，达尔文想要在死后再发表关于自然选择理论的著作，对这种观点，人们莫衷一是，没有达成共识。不过，无论怎样，达尔文的计划还是被一个特殊事件干扰了。迫使达尔文改变想法的是一封信，这封 1858 年 2 月收到的来信搅得他心乱如麻。寄信者是一位名叫华莱士（Alfred Russel Wallace）的年轻博物学家②，他当时正在马来群岛进行实地考察。真正让达尔文心绪不宁的是信中附带的一篇长达 20 页的论文，论文题目是《论生物远离原始类型的变种趋势》。看完

---

① 在 19 世纪，测定地球年龄的手段还很不精确，科学界关于地球年龄的说法从几百万年到上亿年不等，例如，英国物理学家开尔文男爵（Lord Kelvin）利用地球散热速度推测地球年龄是 2000 万年，这么短的时间是不支持缓慢的进化发生的。——译者注

② 实际上，这并不是华莱士写给达尔文的第一封信。华莱士主要靠搜集和贩卖动物及其标本为生，此前他给达尔文寄过许多达尔文需要的动物标本。——译者注

后，达尔文惊慌地意识到，这篇论文描述的自然选择理论与自己酝酿了 20 年的思想几乎完全相同，文中甚至用了"物种起源"这一一模一样的术语。因此，华莱士是独立地发现了自然选择理论的。

绅士的妥协

达尔文因为这封信而感到懊恼，他对莱尔说，"我所有的独创都要灰飞烟灭了"。不过，实际上华莱士是帮了达尔文一个大忙，如果他没有咨询达尔文的意见而是直接将自己的论文发表了，那么华莱士可能会因发现自然选择理论而被历史铭记，你现在正在看的书也可能就是关于"华莱士主义"的了。

至于如何回信，达尔文大受煎熬。起初，他决定允许华莱士享有优先发现权，不过后来莱尔和胡克说服了他，他们让达尔文相信，只要向学术团体递交一份联合论文，华莱士和达尔文两人就可以同时享有创立自然选择理论的荣誉。这一计划很快就落实了，在 1858 年 7 月 1 日伦敦伯灵顿宫（Burlington House）召开的林奈学会（Linnean Society）年会上 ①，达尔文和华莱士的论文公之于众，不过他们两人都没有出席这次会议（达尔文的小儿子夭折了，这天正是达尔文小儿子的葬礼，而华莱士还在远东考察，根本不知道自己的论文在林奈学会年会上被公开）。莱尔和胡克宣读了这两篇论文，他们将达尔文和华莱士视为自然选择理论平等的共同发现者，但也在会上强调了达尔文早在 1844 年就完成手稿这一事实。因此，事实上，达尔文成为该理论的首创人。

我们之所以认为华莱士帮了达尔文一个大忙，不仅在于他

---

① "林奈学会"的名字来自瑞典博物学家林奈，最早成立于 1788 年。——译者注

将自己关于进化的思考分享给达尔文，还在于他帮助达尔文下定决心：既然进化论这个"恶魔"已经被放出瓶子，再继续拖延发表就毫无意义了。在好友莱尔和胡克的催促下，达尔文重新规划自己的写作方案，他最后完成了一本比原计划短得多、只有 540 页的著作，这本书就是《物种起源》。

有趣的是，在这一年快结束时，林奈学会主席 T. 贝尔（Thomas Bell）在日记中写下这样一句话："1858 年没什么重要事情发生！"

第二章 达尔文的不朽巨著：《物种起源》

1859 年——科学的新纪元之年

没有一本科学著作像《物种起源》那样，一经出版就给世界带来如此深刻的变革。作为达尔文最伟大的作品，《物种起源》暗示我们，过去的人类与我们是不同的，而未来的人类与现在的我们也是不一样的。因此，《物种起源》不仅改变了我们关于生命起源的观念，同时也重塑了我们对整个自然界的认识以及对人类在自然界中位置的理解。除了适用于生物学外，达尔文提出的自然选择理论还有更广泛的意义[1]。本章我们会像达尔文为世人所呈现的那样，描绘出自然选择引导生物进化的逻辑线。另外，我们还会说明自然选择理论对 19 世纪后半叶人们精神世界的影响，以及达尔文的追随者如何将自然选择理论与人类行为相关联。

《物种起源》关注什么问题？

1859 年 11 月 22 日，《论借助自然选择（即在生存斗争中

---

[1] Dawkins，R.（1976）. *The Selfish Gene*. Oxford：Oxford University Press.

保存优良族）方法的物种起源》出版了（1872 年第 6 版出版时，书名才改为《物种起源》，常简称《起源》）。在这本书中，达尔文主要做了两大工作：第一，提出解释生物进化机制的理论，也就是自然选择理论；第二，整理了支持这一理论的证据。我们从一开始必须特别强调，反对者常以"进化只是一种理论"作为驳斥自然选择理论的依据，这实际上是对"理论"这个词的误解。在今天，像"进化是否真实存在"这种问题已经不会引发严肃的科学讨论了。进化机制是通过自然选择实现的——这确实是个理论，但它是一个已被广泛证实的理论。不计其数的证据显示，自然选择构成了进化变异的主要推动力。至于进化会被其他因素影响多少，以及在多大程度上我们能用自然选择理论来解释人性的形成，这些才是如今真正能够引发科学讨论的话题。

　　达尔文对进化证据进行了系统组织。他首先指出，对已驯化的物种进行人工选择（artificial selection），就可以产生许多新特征，这证明动植物具有可塑性。经过系统的人工培育后，家畜可以演化出许多新品种。如果我们在野外第一次见到这些不同的品种，可能会把它们当作完全不同的动物。对狗的驯养是一个经典案例，我们如今可以看到形态各异、千差万别的犬类品种，但这些品种其实只是过去几百年才被人工培育创造出来的。他接着又说明了生物种群数量如何受诸如食物、捕食者、气候条件等环境因素的限制。在阐明了生物可塑性和环境限制后，达尔文继续讨论了进化的关键机制：由于先天差异，某些生物个体会比其他个体具有更多的生存优势，随着时间累积及环境改变，这最终会导致物种的形态发生系统变异。具体来说，所有物种都会繁殖过量后代，但只有一小部分能获得生存机遇。对于每一代生物有机体来说，大自然都会像筛子一样，把特定环境下能赢得生存和繁殖竞争的个体选择出来。经过几千代之后,所有细微改变积累在一起,最终发展成全新的物种。如果用几个字概括达尔文的自然选择过程,那就是"后代渐变",用如今基因科学的术语来说,则是"差异基因复制"。

通过这种方式,达尔文将自然选择的三大机制——遗传、变异和选择构建在一起。而"自然选择"的概念实际是从"人工选择"这一词汇延伸而来的。

《物种起源》是如何被接受的?

不同于递交到林奈学会年会的进化论论文[1],《物种起源》一经出版就大获成功,第一版 1250 本在发行当天就被抢购一空[2],出版商在第二年 1 月迅速赶印了 3000 册第二版(有少许改动),之后几年又陆续再版。到 19 世纪末,该书的总销量达到 5 万册,它甚至造就了一场大众神话:起初《物种起源》遭遇铺天盖地的质疑,而达尔文就像电影《十二怒汉》中方达(Henry Fonda)饰演的陪审员一样力挽狂澜,逐渐扭转了人们的观念。其实,在 1859 年,大部分受过良好教育的人已经认识到物种变异现象——即如今所谓的"进化"——是真实存在的,但人们对发生进化的具体机制茫然无知,而达尔文给出了

18

---

[1] 在林奈学会年会现场,达尔文和华莱士的论文并没有引发特别大的轰动或骚动,一是因为对当时的参会者来说,自然选择理论过于惊世骇俗,人们对此完全没有心理准备;二是因为宣读论文的胡克、莱尔以及论文作者达尔文在英国科学界享有崇高声望。因此,无论是支持者还是反对者,在没有形成成熟意见前都不会贸然发表意见。还有一个原因是,当时现场的观众并不太多,只有 30 人左右。——译者注

[2] 在当时,图书价格还比较昂贵,作为科学类书籍,《物种起源》印刷 1250 册已经是很高的印数了。这本书第 1 版的定价是 15 先令,折算后约等于如今 100—150 英镑,约合人民币 894—1340 元。——译者注

最终答案。

　　受《物种起源》影响最大的领域当数科学界、教会和大众媒体。当然，这些领域的命运实际上是关联在一起的，不过为了说清楚《物种起源》的社会影响，在这里，我们还是将它们分开逐个进行讨论。

科学团体

　　大多数科学团体或学术组织的成员都对《物种起源》大加赞赏。例如，植物学家沃森（Hewett Watson）看完《物种起源》后，满腔热情地给达尔文写信表示①：

　　　　您超前的观念有朝一日一定会被视为科学界颠扑不破的真理，它具备了所有伟大理论的特征。它驱逐了昏暗，化繁为简，将我们的知识带到了新高度。毫无疑问，您将成为博物学历史上或至少是19世纪最伟大的革命者。

　　然而，并不是所有人都会云集响应表达同样的赞誉。许多那个时代杰出的科学家对达尔文发出声色俱厉的指责。例如，"恐龙"一词的创造者、解剖学的领军人物欧文（Richard Owen）爵士发表了一篇详细的评论，毫不客气地痛斥达尔文对年轻学者的影响②：

　　　　一部分或者可能是大部分年轻的博物学家接受了生物

①　Letter 2540, Watson, H. to Darwin, C., 21st November 1899. Darwin Correspondence Project. Retrieved from http：//www.darwinproject.ac.uk

②　Owen, R.（1860）. Darwin on the origin of species. *Edinburgh Review*，*111*，487–532.

变异的假设, 诱导他们的是达尔文, 他给自己的理论冠以 19
"自然选择"的名号。

　　欧文是皇家外科医学院的教授, 同时也是英国自然历史博物馆筹建工程的主要推动者。像同时代的许多科学家一样, 欧文有虔诚的宗教信仰, 他早就接受了上帝创世学说。在各个方面, 欧文与胡克和赫胥黎都有过短兵相接, 这可能能够解释为什么他对达尔文主义如此敌视了。

　　尽管来自科学界的反响不太一致, 但在《物种起源》出版后的第一个十年内,《物种起源》引导了许多科学领域研究方向的变革, 受影响的不仅包括与生物学密切相关的学科, 如动物学、植物学、分类学、古生物学等, 也包括看似与生物学不太相关的其他学科, 包括哲学、人类学、社会学、心理学等。另外,《物种起源》还创造了生物学的一个新分支——进化生物学, 这一新分支于1859年11月22日《物种起源》出版当天诞生。如今, 我们可以确认,《物种起源》至少为生物学领域带来了四个基础结论①: 进化确实存在; 进化是渐进的; 生物进化谱系呈枝状 (这暗示所有的生物都有共同祖先); 自然选择是进化变异的主要机制。正如20世纪著名生物学家杜布赞斯基 (Theodosius Dobzhansky) 所说的: "离开了进化, 生物学的一切都将毫无意义。"②

　　如上文所言, 在19世纪中叶, 大部分接受过高等教育的人都已经认识到生物进化的真实性, 因此从科学的视角看,

①　Mayer, E. (1999). *Darwin's influence on modern thought*. Lecture delivered in Stockholm on the 23rd September 1999, on receiving the Crafoord Prize from the Royal Swedish Academy of Science.

②　Dobzhansky, T. (1964). Biology, molecular and organismic. *American Biology Teacher*, 35, 125–129.

《物种起源》带来的并不是特别激进的科学观念变革。然而，它却大大拓展和加深了人们对进化发生机制的理解。在 1859 年之前，所有的进化论都认为生物进化是朝着完美目标线性发展的过程（与拉马克和伊拉斯谟·达尔文的理论非常接近，而他们的理论则可以追溯到亚里士多德提出的生物阶梯论 ①）。似乎进化的实质是生物以一种预先设定好的方式不断完善发展的。而在 1859 年之后，进化概念中的目的性含义逐渐减弱，渐进性含义则进一步加强。随着进化生物学的出现，许多曾让野外考察者或实验室人员困惑的研究发现，终于能找到合理的解释了。

　　例如，贝氏拟态（Batesian mimicry）曾是一个让研究者极为烦恼的自然现象，而自然选择理论则成功地解答了这一自然现象。1861 年，华莱士的助手贝茨（Henry Walter Bates）在巴西热带雨林考察时观察到一个有趣的现象，他发现许多蝴蝶具有相似的色彩斑斓的花纹，但它们实际上属于完全不同的品种 ②。如果没有自然选择理论，蝴蝶的这种现象是很难讲得通的。不过，贝茨在读完《物种起源》后就猜出其中缘由：对于鸟类来说，一些色彩明艳的蝴蝶吃起来感觉非常糟糕，在尝过这样的蝴蝶后，它们会把经验进行推广，避免再去捕食外观相似的蝴蝶。因此，一旦生物圈出现一种有毒且花纹特征明显的蝴蝶后，其他蝴蝶在生存压力下，也会进化出相似的花纹。成功的模仿者可以更好地躲避被鸟类捕食的危险（对鸟类来说，

---

①　亚里士多德认为，自然界从植物到人的所有生物是一个连续的系列，生物的发展像爬阶梯一样，是从低等到高等逐渐完善的过程，其中哺乳动物处于阶梯顶端，往下是鸟类、爬行动物，再往下是青蛙、鱼，最低等的是昆虫。——译者注

②　Bates, H. W.（1861）. Contributions to an Insect Fauna of the Amazon Valley（Lepidoptera：Heliconidae）. *Transactions of the Linnean Society of London*, *23*, 495–456.

它们实际的味道不错）。在某种意义上，这是可食用物种利用了不可食用物种的某些特征。按照拉马克式的进化观，生物进化是不断进步、日趋完善的过程，但在贝氏拟态中，我们看不到什么进步或完善的表现，因此拉马克式的进化观无法解释这一现象。

在 19 世纪 60—80 年代，随着越来越多的证据被发现，科学界对生物进化的渐进性也达成了共识。不过，许多人依然对"自然选择构成了进化变异的主要驱力"这一点表示不满。实际上，直到孟德尔（Gregor Mendel）的遗传学研究和突变现象在 1900 年被发现后，该理论才最终被广泛接受。自然选择之所以会面临重重质疑，可能要归结于以下几个原因：一是在孟德尔的研究重见天日并与进化论整合在一起前[1]，科学家一直没有解释清楚遗传物质的载体（即遗传生理基础）问题；二是许多人出于情感因素，无法放弃进化的进步性与目的性转而去承认进化是在环境选择作用下无止无休的试错过程；三是还有一部分人可以接受自然选择是其他物种的成因，但不愿用这一理论来解释人类的由来。他们认为，仅仅依靠完全随机的、无目的的变异是不可能创造出人类这样独一无二的生物的。即便是科学界内部，许多著名的科学家也秉持这样的想法，其中就包括自然选择理论的共同发现者华莱士。总之，一涉及人类，一些科学家还是想开一道"后门"，让更神圣的力量介入，以保持人类在自然界独一无二的地位。正如 20 世纪最重要的进化生物学家之一迈尔（Ernst Mayer）所说[2]:

---

[1] 孟德尔的实验完成于 1864 年，实验结果发表于 1866 年，但在当时，孟德尔的实验没有引起人们的重视。34 年后，科学界才发现孟德尔被埋没的重要成果，而此时他已去世 16 年。——译者注

[2] Mayer, E.（1999）. *Darwins influence on modern thought*. Lecture delivered in Stockholm on the 23rd September 1999 on receiving the Crafoord Prize from the Royal Swedish Academy of Science.

21   别忘了，在 1850 年，所有杰出的科学家和哲学家都
是基督教徒。他们认为自己生活的世界是上帝创造的。而
在 1859 年《物种起源》出版之前，所有西方人也都是这
么想的。因此，达尔文提出的理论与他们信奉的观念是完
全冲突的。

教会

人们经常一厢情愿地以为，由于《物种起源》否认了宗
教思想中上帝创世的说法，因此宗教势力会极为抵触这本书中
的观念。这种想法其实并不准确，即使在达尔文之前，大部
分基督教徒也不会完全按照字面意思来理解《创世记》中关于
生命起源的解释。早在 19 世纪上半叶，证明地球年龄有数万
年甚至数百万年的证据就已不计其数，越来越多受过良好教育
的基督教徒愿意认同这些科学发现。因此，《物种起源》中史
前世界的概念并不是宗教势力的眼中钉，真正构成问题的还是
达尔文的进化观。如果像达尔文解释的那样，丰富多彩的生物
世界是自然选择的结果，那么宗教教义中上帝造物的角色安
排又如何体现？因此，达尔文的理论让上帝完全没有立足的
空间。

在神学家霍奇（Charles Hodge）这类虔诚教徒眼中，接受
《物种起源》中的思想就相当于接受无神论，因为进化运转似
乎完全不需要依靠神的旨意。虽然《物种起源》的出版看起来
像是点燃了科学与宗教的战火，许多信仰者最初也确实反应强
烈，但它没有引起宗教组织的正式回应。无论是英格兰教会还
是罗马天主教会，都没有针对《物种起源》的出版发表任何官
方声明。当然，还是有一小部分神职人员谴责了"人类通过自
然选择进化"的观念。1860 年，一群德国天主教主教发表了一

份声明，表明他们对达尔文主义的排斥 ①：

> 上帝创造了我们的先祖。那些认为人类是从不完美的状态经过系列变异逐渐变成完美状态的观念，毫无疑问违背了宗教经典和信仰。

22

梵蒂冈的罗马教廷没有对这群德国主教的声明发表任何评论，但梵蒂冈的沉默往往被视为一种默认态度。不过，还有一些心胸宽广的圣公会教徒或神职人员非常积极地宣称，达尔文恰恰是向世人展示造物主是如何掌控新物种诞生的。这种认为宗教信仰与进化论完全兼容的观念也被称为"神导进化论"（theistic evolution）。特别值得注意的是，早期推崇神导进化论的牧师金斯利（Charles Kingsley）② 曾满腔热情地给达尔文写信，认为达尔文的理论说明了上帝的行事方式 ③：

> （上帝）创造了一些能够让生物自我发展的形式，以保证它们可以变成更有必要存在的物种。他需要一些新颖的生命体来填补造物时留下的空白。

有趣的是，达尔文在出版《物种起源》第二版时竟然也引用了这一说法，他可能希望转移来自教会的指责。有一点是很清楚的，达尔文从没有要与教会对抗的念头，例如，《物种起

① Harrison，B W.（1998）. *Did the Human Body Evolve Naturally? A Forgotten Papal Declaration*，Living Tradition. January-March 73–74. Retrieved from http：//www.rtforum.org

② 金斯利牧师曾参与发起基督教社会主义改革运动，他担任过剑桥大学现代史教授，还是一名优秀的作家，代表作包括长篇小说《酵母》《阿尔顿·洛克》《向西方》以及儿童读物《水孩子》等。——译者注

③ Letter 2534, Kingsley, C. to Darwin, C., 18 November 1859. Darwin Correspondence Project. Retrieved from http：//www.darwinproject.ac.uk

源》第一版中多次出现"造物主"的概念。而且达尔文似乎非常在意宗教群体的反应，因此在第二版的结尾，他写道 ①：

> 物种及其若干能力原来是由造物主注入少数甚至单一生命形式中的。我们所在的行星按照既定的引力法则，永不停息地运行。与此同时，那些从最简单形式发展而来的美丽精妙的生物依然还在进化。这是何其宏伟壮丽！

虽然达尔文可能会因宗教势力的责问而感到忧虑，不过他的支持者赫胥黎从来不会对自己的观点遮遮掩掩。仅从性格上来看，赫胥黎简直就是达尔文截然相反的对立面。达尔文常常努力使自己不成为他人关注的焦点，他会尽量避免正面冲突；相反，赫胥黎会想方设法争取沐浴在聚光灯下的机会，他对针锋相对的争执总是乐此不疲。在赫胥黎眼中，教会的权力和影响已经越界太多了，他强烈地认为，科学只有摆脱宗教的禁锢才能真正有所突破。历史上科学与宗教最著名的交锋之一，便来自赫胥黎与伦敦主教威尔伯福斯（Samuel Wilberforce）就进化论主题展开的辩论。为了给进化论传播的故事增加传奇性元素，这场辩论经常被人们描述为赫胥黎对威尔伯福斯主教的一记痛击。然而事实上，当时辩论现场并没有文字记录，因此我们其实很难确定双方到底是怎么针锋相对的。田纳西大学的考迪尔（Edward Caudill）曾搜集了所有能得到的资料，以试图拼凑出这场"世纪大战"的真实情况 ②。1860 年 6 月 30 日，英国科学促进会年会在刚刚建好的牛津大学图书馆召开。这次大会

---

① Van Wyhe, J.（2002）. The Complete Works of Charles Darwin Online. Retrieved from http://darwin-online.org.uk/

② Caudill, E.（1997）. *Darwinian Myths: The Legends and Misuses of a Theory*. Knoxville: University of Tennessee Press.

的主题就是进化论,不过达尔文由于身体原因无法出席。赫胥黎和胡克被推选为进化论拥护者的代表,而反对进化论的阵营则以威尔伯福斯和欧文为首。开场后,欧文先是表明立场(尽管欧文算得上是一代生物学大师,但他并不是一名达尔文主义者),迅速煽动起对抗氛围。接着,威尔伯福斯开始发表长篇大论,试图在将近 1000 名观众面前,将进化论的科学外衣一层层剥掉。发言快结束时,威尔伯福斯转向赫胥黎,轻蔑地问赫胥黎到底是他祖父还是祖母是猴子变的。面对这种恶意中伤,赫胥黎从容不迫地答道①:

> 我永远不会因为祖父是猴子而感到羞耻,不过,如果我的祖先中有那种惯于信口雌黄,不满自己职业范围内的成就,粗暴干涉他根本不理解的科学问题,妄图用花言巧语和诡辩辞令来转移听众注意,只想靠煽动宗教偏见来压倒反对者的人,这才会真正让我无地自容!

直到今天,我们也无法证实这个经常被人们津津乐道的戏剧性场景是否真的发生过,因为这一故事最早出自赫胥黎自己的讲述,而当时辩论已经结束很长时间了(很可能当时的辩论早已淡出了人们的记忆)。不过,在许多关于进化论的作品中,赫胥黎这段诙谐尖锐的反驳却似乎成为根深蒂固的事实,因为它象征着由教会主导的保守秩序被新生科学碾压和摧毁。凑巧的是,辩论现场还有一个人也在痛斥达尔文的理论,这个高举《圣经》的中年男人恳请现场观众聆听上帝的福音,他就是带领达尔文出航的菲茨罗伊船长。五年后他用剃刀割断喉咙,结

---

① Mackay, A. L. (1977). (Quoted in) *Harvest of a Quiet Eye*. Speech, June 30, 1860. Oxford: University Museum.

束了自己的生命①。

进一步详细讨论宗教界对达尔文主义的态度已经超出本书的写作范围，而宗教思想和进化论的争吵如今依然时有发生。不过有件事却值得一提，2008年9月，在《物种起源》出版150周年之际，英格兰教会发表了一份对达尔文的致歉，负责领导教会公共事务部的马尔科姆·布朗（Malcolm Brown）牧师公开声明②：

> 尊敬的达尔文先生，在您当年发表重要成果时，教会由于理解有误而反应不当，同时还犯下了鼓励他人反对进化论的错误，英格兰教会对您感到十分抱歉。在您诞生200年后的今天，我们应努力实践自己信仰中所珍视的美德，希望能寻求理解，做出补偿。

大众媒体

时常有人将达尔文与如今闻名于世的一流科普作家［如霍金（Stephen Hawking）或道金斯（Richard Dawkins）］相提并论。确实，通过达尔文的介绍，大部分受过一定教育的中产阶级，甚至没有任何专业背景的读者都能搞懂他复杂的理论，这是达尔文的神奇之处③。虽然按照当代标准来看，达尔文的写

---

① 菲茨罗伊船长由于在气象预报方面做出的贡献被海军晋升为少将。他在中年时，妻女先后病逝，他一直沉浸在悲恸中，而《物种起源》的出版又给了信仰虔诚的菲茨罗伊以沉重打击，再加上他负责英国气象预报工作，而当时的天气预报常常由于不准确而遭到民众嘲讽，在重重压力下，菲茨罗伊选择了自杀。另外，菲茨罗伊不稳定的心理状态似乎有一定遗传根源，他的舅舅就曾用剃刀自杀。——译者注

② Wynne-Jones, J.（2008）. Church apologises to Charles Darwin. *The Telegraph*, 14th September 2008.

③ Caudill, E.（1997）. *Darwinian Myths：The Legends and Misuses of a Theory.* Knoxville：University of Tennessee Press.

作风格可能稍显冗长啰唆，但由于易于理解且覆盖面广，他的文章很受大众媒体的欢迎。这里，我们必须提到达尔文的另一个好运：由于强制性报刊业印花税的存在，长久以来，英国普通民众的收入水平让他们很难接触到报刊，但1855年这一税收政策被彻底废除了。因此，1859年《物种起源》出版时，大众已经完全可以负担得起报刊订阅费用。另外，从1860年起，美国报刊业巨头间的"出版大战"开始蔓延到英国[这场"出版大战"在1895年达到顶峰，标志性事件是报业大亨赫斯特（Randolph Hearst）与普利策（Joseph Pulitzer）之间的"白刃战"]，受其影响，报刊的成本持续走低而发行量却与日俱增。对于面向大众宣传普及进化论来说，这些巧合的历史事件当然具有推波助澜的重要作用。不过，达尔文的思想后来会以被扭曲和误解的形式在欧洲和北美迅速传播，这与大众媒体的产业变革也具有密不可分的关联。

在19世纪后期，许多报刊新闻经常对达尔文和《物种起源》进行专题报道[被报道的对象也包括其他进化论者，例如斯宾塞（Herbert Spencer），后文会有介绍]。由于当时出版业急速扩张，在其助推下，达尔文主义的传播已远远超越生物学或宗教范畴，"通过自然选择实现进化进步"成为维多利亚时代后期①全社会的思想共识（讽刺的是，在达尔文的理论中，进化实际上并不包括任何进步的含义，同时，自然选择也并不总是会导致生物变得更复杂）。毫不夸张地说，在《物种起源》出版后短短几个月内，达尔文就被塑造成一个文化符号。当然，达尔文在人们心目中的位置取决于他们对进化论秉持的立场，崇拜他的人将他视为引领知识进步、摆脱宗教挟持的精

25

---

① 维多利亚时代是指1837年至1901年，即维多利亚女王的统治时期，也有人认为维多利亚时代一直延伸到1914年第一次世界大战开始。——译者注

神领袖，而厌恶他的人则将他描绘成漫画中半人半猴的讽刺形象，这两种声音在报刊上频繁交替出现。不过也正因如此，达尔文主义几乎传遍了每一个角落。另外，就像我们今天常看到的一样，19 世纪的大众媒体很容易附和社会主流意识形态和政治思潮，许多报刊业大亨出于这一动机对《物种起源》进行了别用有心的解读，这一趋势在 19 世纪末越来越明显。

总之，在 19 世纪末，如果有一个人完整地读完《物种起源》，那么可能至少有一千个人读过通俗报刊对进化论的报道。毫无疑问，飞速发展的大众媒体对公众观念产生了深远的影响。

达尔文和华莱士

达尔文和华莱士各自独立发现了自然选择规律，虽然他们的观念非常相似，但也存在不少分歧，这些分歧既包括科学层面的理论之争，也包括由精神信仰差异导致的世界观之争。到底他们是在哪里分道扬镳的，以至于达尔文作为进化论的主要创建者被历史铭记，而华莱士只能成为达尔文的注脚，这是一个需要认真对待的问题。

为什么人们对自然选择理论的共同发现者华莱士以及他在进化论发展中的作用如此缺乏关注？可能有三个因素导致这一结果：第一，达尔文在 1858 年已经是一位声名卓著的大科学家，人们自然会将目光更多地集中到他身上；第二，华莱士的论文其实只是提出自然选择理论的基本构想，而《物种起源》则为自然选择理论提供了丰富的实证细节；第三，虽然华莱士完成了许多杰出的野外考察工作，同时他在博物学领域也著述颇丰，但支持唯灵论（spiritualism）的立场却严重损害了他的学术声誉和社会影响力。

唯灵论是华莱士与达尔文观点不和的源头之一。华莱士拒绝相信人类的意识也是经过自然选择形成的（华莱士认为有一个不依附于意识而存在的、神圣的精神世界，这个神圣的精神世界才是人类的起源之所在），这导致他们之间的许多争论。如果他真诚地拥抱过西方世界的传统宗教——基督教，这样的想法可能会让他大受重视。不过，华莱士并不是一名基督教徒，他的朋友圈包括许多神秘的通灵者，而且直到去世，他也相信亡灵能够影响生者的命运。

然而，如果你认为唯灵论只是达尔文和华莱士唯一的分歧，那就大错特错了。达尔文认为，构成一个物种的特征其实是非常模糊的（其实，"物种"这个词本身在维多利亚时代中期就是一个不明确的概念），因此达尔文只把差异特别明显的品种视为不同物种。而华莱士则坚持认为，动物之间需要有清晰明了的分界线，这条分界线是，两个个体之间是否能繁殖出有生育能力的后代。有趣的是，这正是如今生物学界对物种的定义（虽然大多数人都没有意识到这种定义方式可以追溯到华莱士）。由于他们会就物种形成、演化和由来的问题进行论述，所以这一分歧实际影响巨大。生殖隔离的概念是华莱士为《物种起源》所补充的重要论据。另外，华莱士还发展了一套"华莱士效应"假设（自然选择理论下的一个分理论），它指的是，当同一物种的两个群体被自然选择往不同方向塑造时，会创造出两个全新的物种[1]。

达尔文与华莱士还有一点意见不太统一，达尔文在某些地方对拉马克式的遗传观念尚持有保留态度（这一趋势在后几版的《物种起源》中更加明显），而华莱士则认为应该完全否定

---

[1] Raby,（2002）. *Alfred Russel Wallace：A Life.* Princeton：Princeton University Press.

拉马克主义。在这一点上，就像对物种的界定一样，华莱士其实又走在了正确的道路上。

　　另外一个引发他们观点分歧的问题是自然选择发挥作用的尺度问题。华莱士强调自然选择主要在群体层面发挥作用，动物为了群体的生存和繁衍而行动，群体是生存竞争的基本单位。而达尔文则恰恰相反，他指出同一物种中个体之间的竞争是生存竞争的最主要形式，自然选择主要在个体层面发挥作用（虽然他并不是始终坚持这一点）。这一分歧可能听起来没那么重要，不过当我们考虑利他行为的进化以及随后章节涉及的动物行为学（ethology）、社会生物学（sociobiology）、行为生态学（behavioral ecology）和进化心理学（evolutionary psychology）等学科时，它的重要意义就会显现出来。

27　　　在这一问题上，达尔文的坚持被证明是正确的，自然选择是在个体层面发挥作用（虽然在某些领域这一争议其实还在继续）。不过，从达尔文主义发展的角度看，达尔文在许多方面都应对华莱士心怀感激：第一，虽然他们对于一些理论细节存在意见不统一之处，但在真正传播自然选择思想时，华莱士总是非常谨慎地避免与达尔文意见相左；第二，华莱士将他在进化生物学领域最重要的著作起名为《达尔文主义》，这种做法保证了"达尔文主义"这一概念的传承，使达尔文的名字可以与进化论相提并论（虽然这一术语最早是赫胥黎提出的）；第三，华莱士寄给达尔文的论文是他在发表前寄出的唯一一份，就像我们之前指出的，如果他没有这么做，达尔文可能真的会与进化论失之交臂。

社会达尔文主义与优生学

　　为了服务于自己支持的社会理念或政治目标，很多人在不同方向上对达尔文的自然选择理论进行了延伸解读。其中，许多解读触及的领域是达尔文完全不想介入的，而这些解读也违背了达尔文原本的思想。

斯宾塞

《物种起源》出版后，"适者生存"（survival of the fittest）很快变成自然选择理论最简单的概括，但实际上，最初版本的《物种起源》中并没有出现过这一术语，而且这一术语也根本不是达尔文发明的。它最早出自英国哲学家斯宾塞 1864 年出版的名著《生物学原理》（*Principle of Biology*）。一直到《物种起源》1869 年出版第五版时，在华莱士的强烈建议下，达尔文才在书中引入这一术语。

斯宾塞 1820 年出生于英国德比市，他是九个兄弟姐妹中唯一没有在婴儿期夭折的孩子。由于体弱多病，斯宾塞童年时主要接受的是家庭教育，教导人是他的父亲——一位厌恶宗教的教师。像达尔文一样，斯宾塞终其一生都饱受疾病摧残，而且比达尔文更倒霉的是，斯宾塞还受到精神疾病的困扰。不过，他绝对算得上是博学多产的科学巨匠，他在生理学、心理学、社会学、伦理学、政治学等许多领域都撰写过影响深远的巨著（在很多作品中，他将这些学科融会贯通在一起）。早在 1852 年，斯宾塞就出版过进化主题的著作，不幸的是，虽然整体写作水平很高，但他在书中秉持的是拉马克式的进化观，而且想法过于混乱。斯宾塞认为，人类的进化历程是早已注定的，在以社会性为代表的许多方面，我们都要遵循不可更改的进化轨迹。另外，他是第一个在作品中频繁使用"进化"（evolution）这一词汇的人（达尔文在《物种起源》中，只是在最后一句话中使用了一次）。"进化"一词后来逐渐取代"变

28

形"（transformation）和"变异"（transmutation），这主要应该归因于斯宾塞的工作。

由于斯宾塞自认为是进化论的主要倡导者（在其他研究领域，斯宾塞也从来不是一个自谦的人），《物种起源》在1859年大获成功对他来说算得上是件喜忧参半的事情。不过，达尔文轰动性的成果确实有助于斯宾塞传播"适者生存"的思想。然而，他不仅仅用"适者生存"来解释物种起源和形态变异的过程，还将对"适者生存"的理解扩展到生物学之外。在斯宾塞眼中，社会也是一个可以经过"适者生存"的过程而得以进化的"超有机体"（superorganism），他借用了达尔文的研究来阐释自己这一假设。

为了顺应潮流，达尔文在第五版后的《物种起源》中引入"适者生存"这一术语，事实证明这一选择并不合适，它至少导致三个不幸的后果：第一，斯宾塞的"适者生存"主要强调竞争的重要性，而在达尔文的理论中，进化并不总是与竞争相关联，自然选择其实也可以促使合作、互惠行为的产生；第二，对生物来说，生存并不是唯一目的，繁殖同样重要；第三，自然选择的结果是让具有环境适应性的有机体生存，但不是经过惨烈竞争后，最具有适应性的有机体才能生存。也就是说，个体只要达到适应的基本要求，就能获得生存和延续基因的机会，争取成为群体中最强最优者是不必要的。总之，斯宾塞出于自己的政治理念，对"适者生存"的内涵进行了重构，而当我们仔细审视他的解读方式时，便会发现其中的许多问题。例如，他认为，物种在进化过程中是沿着某个预定好的轨迹前进的，如此一来，进化的终点其实在地球生命诞生之初就已经决定了，这是斯宾塞的进化观中严重的科学缺陷。另外，当他利用"适者生存"的概念来描绘人类社会的未来发展趋势时，所引发的消极后果不仅体现在科学层面，也体现在道德层面。

斯宾塞和社会达尔文主义的兴起

《物种起源》发表后,斯宾塞立即开始着手将书中的核心主题(通过自己的解释)扩展到政治哲学领域。他指出,个体间的激烈竞争会驱使人类作为一个整体不断发展完善,从而创造出由更多健康、上进且充满活力的人组成的美好社会。这种想法是社会达尔文主义(Social Darwinism)的典型代表("社会达尔文主义"这一术语最早是 1877 年由那些反对这一观念的人提出的,在 20 世纪 40 年代后,这一术语才固定下来)。像达尔文一样,斯宾塞也深信马尔萨斯的人口论假设,即人口增长会超过资源供给,从而导致饥饿和贫困。不过,不同于达尔文,斯宾塞认为,政府为了全人类利益,应该停止救助贫困者,因为慈善救助的做法实际是在鼓励穷人继续生育。在经济方面,斯宾塞提倡自由放任的经济政策,主张政府不应该对贫富阶层分化问题进行干预,这些想法得到上流社会的积极响应和拥护。斯宾塞的许多作品不仅在英国风靡一时,甚至在美国也大受追捧。从 19 世纪 60 年代开始,许多富有的实业家在商业领域大肆鼓吹"适者生存"的思想。在 19 世纪末 20 世纪初的世纪之交之际,斯宾塞所秉持的社会达尔文主义与美国繁荣兴旺的商业氛围以及人人力争上游的精神风貌完美契合(虽然体弱多病,但斯宾塞一直到 1903 年才去世)。例如,洛克菲勒(John D. Rockefeller)曾表示:"大企业的不断壮大正是适者生存的体现。"[1] 卡内基(Andrew Carnegie)也曾讲过:"竞争是人类社会的最佳选择,因为它保证了社会按照适者生存原则发展。"[2] 这

[1] Chernow, R.(1998). *Titan: The Life of John D. Rockefeller Sr.* New York: Random House.

[2] Carnegie, A.(1889). Wealth. *North American Review*, *148*, 653–665.

29

些商业巨头对斯宾塞交口称赞。在访美期间，斯宾塞受到极高礼遇，而他的作品销量也远超达尔文。尽管斯宾塞的理论存在科学缺陷，但斯宾塞的影响力毋庸置疑，他对那个时代的社会文化所产生的深远影响可能远超我们想象。如果我们将达尔文的吸引力与霍金或道金斯相提并论的话，那么斯宾塞的流行程度可就不只是等同于霍金或道金斯了。

　　对于社会达尔文主义在西方世界的传播来说，大众媒体对斯宾塞的报道比他的著作起到了更实际的作用。如果说达尔文非常幸运，他的《物种起源》及时出版于报刊业迅速扩张的时期，那么斯宾塞至少遇到了双倍幸运。基于个人政治信仰原因，北美报业巨头赫斯特和普利策旗下的报刊数十年如一日地对社会达尔文主义进行正面积极报道，这为社会达尔文主义在大众中的传播和接受创造了良好的环境。因此，斯宾塞的思想可以说是出现在了最合适的时间，同时利用了最完美的宣传渠道。19 世纪晚期，许多著名的思想家都曾推崇"斯宾塞主义"（Spencerism，也被称作"斯宾塞哲学体系"），以此表达他们对经济管制、工会和移民政策的反对（这些反对意见也得到当时大众媒体的支持 [①]）。

　　当然，如果你将所有认同社会达尔文主义的企业家都当成主张"人吃人"的冷血商人，那就大错特错了。包括"钢铁大王"卡内基在内的许多富翁，都致力于帮助那些低收入者，使他们获得成功的机会。卡内基利用巨额个人财富捐助建造了几百个图书馆，用来帮助工人阶级和非裔美国人获得受教育的机会。卡内基认为，如果能给人们提供充分的机会，那么大多数有能力的人都会获得成功，这种社会达尔文主义思想要比其他

[①]　Caudill，E.（1997）. *Darwinian Myths*: *The Legends and Misuses of a Theory*. Knoxville: University of Tennessee Press.

仁慈得多。不幸的是,大多数支持社会达尔文主义的富人和中产阶级不会像卡内基这样乐善好施。在 19 世纪 70—80 年代,"人类社会通过适者生存机制得以进化"的观念很快在学术界蔓延开来。

斯宾塞和萨姆纳——社会学的早期发展

《物种起源》对 19 世纪晚期社会科学尤其是社会学思想的发展起到了巨大的推进作用。不幸的是,那些最早尝试将进化论与其他学科相结合的研究者往往信奉的是"斯宾塞主义"而不是"达尔文主义"。

在美国,斯宾塞的思想对萨姆纳(William Graham Sumner)产生了深刻影响。萨姆纳是第一位在美国大学教授社会学课程的学者(也有人认为他在 1875 年开设的社会学课程可能是世界上最早的社会学课程),也是耶鲁大学第一位社会学教授。受《物种起源》启发,萨姆纳认为,进化生物学应该在社会学的发展中扮演重要角色。另外,萨姆纳也极为尊崇斯宾塞的思想,他坚信强烈的竞争才是社会进步的驱动力。通过为《大众科学月刊》《国家》以及《纽约论坛报》等通俗报刊撰写文章,萨姆纳和斯宾塞为社会达尔文主义招揽了许多受众,毫无疑问,这影响了北美的政治历程和文化认同感(1869 年至 1896 年间,斯宾塞在通俗读物上发表的文章数量达到了惊人的 125 篇)。借助这种传播形式,社会达尔文主义成功吸引了权贵阶层的注意力,得到了上层社会的普遍拥护。正如美国总统威尔逊(Woodrow Wilson)在 1909 年宣告的:"宪法在理论和实践上都应该践行达尔文主义的原则。"[1]

① West,J. G.(2006). *Darwins Conservatives*:*The Misguided Quest*. Seattle:Discovery Institute Press.

尽管风行一时，但进入 20 世纪后，社会学领域对社会达尔文主义的态度开始向相反方向发展，许多学者有意识地回避关于人性的进化解释观。讽刺的是，让学者感到厌恶的那些用进化或生物学理论来解释人类行为的内容，追根溯源往往与达尔文无关，而是来自萨姆纳和斯宾塞的作品。

对社会达尔文主义的批评

对于斯宾塞对《物种起源》的接纳和推广，达尔文起初感到受宠若惊，他在给斯宾塞的信中热切真挚地表示 [1]：

> 任何耳聪目明的人（虽然我认为这样的人并不多）都应该向您屈膝致敬，我也不例外。

不幸的是，斯宾塞对"适者生存"的看法显然与达尔文不一致（这种差异既体现在具体理论假设层面，也体现在政治引申层面）。达尔文因此日渐失落沮丧，他对斯宾塞滥用进化论的方式感到绝望，这一点在他写给胡克的信中有清晰的展示 [2]：

> 除了极个别内容，我完全无法理解斯宾塞的学说。

其他人也对社会达尔文主义提出非议。特别是剑桥大学的哲学家摩尔（G. E. Moore），他专门著书批判"自然的就是正当的"这种观念，认为这种观念将"是什么"（自然选择）与

[1][2] Caudill, E.（1997）. *Darwinian Myths: The Legends and Misuses of a Theory*. Knoxville: University of Tennessee Press.

"理应如何"(例如,我们的行为应该遵循自然选择原则)错误地等同于一体。这就像基于"男人比女人高"这个事实,我们就草率地推演出"男人比女人高"这件事具有道德正当性。摩尔在 1903 年出版的著作《伦理学原理》(*Principia Ethica*)中,将这种错误称为"自然主义谬误"(naturalistic fallacy)。对于斯宾塞和萨姆纳来说,他们的错误在于把社会进步模式和生物进化模式混为一谈(我们在最后一章会再次论述自然主义谬误的相关问题)。

有趣的是,虽然自然主义谬误在关于进化论的辩论中经常出现,但就像我们在第八章将会指出的,如果以自然主义谬误为论据指责达尔文主义,这本身就是一种错误,因为达尔文实际从没有支持过类似的想法。

另外,值得注意的是,虽然斯宾塞和萨姆纳在 20 世纪中叶遭受过严厉的批判,然而,如果我们只是因为社会达尔文主义而记住他们的话,这对他们也是极大的不公平。斯宾塞和萨姆纳都是学识渊博的杰出学者,他们兴趣广泛,语言通俗易懂,写过很多大众读物和哲学著作(斯宾塞在 1902 年曾被提名诺贝尔文学奖)。同时,我们也必须强调,虽然斯宾塞并不赞成政府利用公共税收实施社会福利项目,但他却非常支持私人慈善捐助。

达尔文的表弟——高尔顿和优生学的兴起

正如我们在第一章看到的,达尔文家族和韦奇伍德家族有长期通婚的传统(这两个家族缔结婚姻的人不仅有达尔文与艾玛,还有其他人)。《物种起源》(也包括斯宾塞的作品)为高尔顿(Frances Galton)——一位来自韦奇伍德家族的达尔文的表弟——带来了很多触动,他接纳了社会达尔文主义的理论,并在此基础上推陈出新，而这一做法却导致极为可怕的后果。

　　高尔顿于 1822 年 2 月 16 日出生在伯明翰一个富裕家庭。作为一名百科全书式的多产学者，高尔顿对统计学、地理学和刑侦学的发展做了重要的奠基性工作。同时，他在遗传学和心理学研究领域也提出了许多创见（他涉猎的领域甚至比达尔文和斯宾塞都要广泛）。要说明甚至只是概述他的成就，可能也会远超本书所能容纳的篇幅，不过好在我们的目标只是介绍他影响最大的研究领域——优生学。高尔顿创立的优生学旨在鼓励血统"优良的"个体进行选择性生育，借此改善人类整体质量。最初，优生学只是一种构想，后来则发展成一项社会运动。追根溯源，高尔顿优生学的概念和想法都来自古希腊，柏拉图（Plato）曾有过一个优生主张：国家应该对国民的生育情况进行控制，尽量避免生出那些身体孱弱、不被社会需要的后代。另外，高尔顿对"天才到底是如何产生的"这一问题很感兴趣，他认为遗传是塑造天才的最主要因素。由于受自然选择概念以及其中蕴含的遗传假设的影响，他计划通过坚实的数据来证明，优秀的父母会养育出优秀的子女。

33　　通过对政治家、法官、文学家、音乐家、划桨员、摔跤手等各行各业人员的出身进行研究，高尔顿得出结论：个体的能力主要来自遗传。需要指出的是，高尔顿的"智力"概念与我们如今看待智力的方式有很大区别，他将人们对特定刺激的反应速度作为衡量智力的指标。另外，他还用问卷搜集数据，基本可以确定，他是第一个使用问卷搜集数据的人。然而，这种利用问卷调查个体能力的测量方式也常因太不可靠而被诟病。

　　基于自己搜集的实证证据，高尔顿在 1869 年出版了《遗传天才：对其规律和结果的探究》（*Hereditary Genius: An Inquiry into its Laws and Consequences*）一书。书名的前半部分已经清晰地表明高尔顿对天才的看法——天才几乎全部来自遗传，不太容易受环境的影响。《遗传天才:对其规律和结果的探究》开启了高尔顿的变革计划,他认为自己的研究可用于指导如何降低低能者的出生率以及提高天才的出生率。像斯宾塞和萨姆纳一样,高尔顿将自己的理论与社会政治相结合,并为其套上达尔文主义的外衣。他指出,允许低能者出生的做法会妨碍自然选择原则发挥作用,而优生学则可以对自然选择起辅助作用。正如他在一段常常被引用的话中所表达的[①]:

> 自然选择机制的运行主要依靠过量生育以及淘汰大批不合格者,而优生学只把那些最优秀的人带到世上,让人口数量不再超过能被照顾和养育的上限。

为了实现他的目标,高尔顿建议政府应该鼓励那些有优秀遗传品质的人早结婚,以完成他们的繁衍任务;相反,那些身体羸弱、低能或有犯罪记录的人应该被单独隔离起来,以保证他们无法获得繁衍的机会。如今,大多数人都应该会对这样的想法感到不快。不过,我们还应该考虑英国维多利亚时代的婴儿出生后第一年夭折的比例,高尔顿认为,自己的优生学可以大大减少这种悲惨事件。在 19 世纪晚期到 20 世纪初期,高尔顿的优生学吸引了众多支持者,其中不乏被贴上"自由主义者"或"社会主义者"标签的人物,例如萧伯纳(George Bernard Shaw)[②]、威尔斯(Herbert George Wells)[③]以及罗斯福

---

① Galton, F. (1869). *Hereditary Genius: A Inquiry into it's Law and Consequences*. London: Macmillan.

② 萧伯纳,爱尔兰作家,现实主义戏剧大师,诺贝尔文学奖获得者,其作品有很强的理想主义与人道主义情怀,信仰社会主义,主张社会改革。——译者注

③ 威尔斯,英国著名小说家、新闻记者、政治家、社会学家、历史学家、未来学家,被誉为"科幻界莎士比亚",积极倡导社会改革,他也是赫胥黎的学生。——译者注

（Theodore Roosevelt）①。

34　　　达尔文的儿子伦纳德·达尔文（Leonard Darwin）一直活到 1943 年，他成为高尔顿优生学运动的坚定拥护者。在 1926年，伦纳德·达尔文出版了一本名为《优生学改良之必要性》（*The Need for Eugenic Reform*）的书，书名已将他对优生学的态度显露无遗。实际上，伦纳德·达尔文在优生学运动中算得上是领军人物。从 1911 年至 1928 年，伦纳德·达尔文一直担任英国优生学学会主席。斯宾塞和高尔顿对《物种起源》的解释是相同的，但立场有所不同。在斯宾塞那里，自然选择引发的竞争和优胜劣汰可以改善物种质量；而在高尔顿的优生学那里，还可以通过人工选择辅助自然选择，推动自然选择更高效地运行。

　　在 20 世纪前 30 年，优生学成为美国社会一股政治主导力量，大约 6.5 万人被判定身体有缺陷并因此接受强制绝育。实际上，优生学的真正影响要比如今大多数人想象得还要广泛和深刻。例如，瑞典在 1935 年至 1975 年间强制绝育了将近 6 万人②。英国 1913 年也通过了专门针对智力缺陷的法案，不过这一法案很快被废除，强制绝育并没有付诸实践。

最终后果

　　上面的这些数字当然不会让我们感到心情愉悦，不过，比起纳粹犯下的罪行，这些数字实在不算什么。在 1930—1940年间，纳粹对成千上万人实施了强制绝育，并最终以"种族净

---

① 罗斯福，第 26 任美国总统，在任期间推行改革政策，最著名的政策是旨在打破大企业垄断的"反托拉斯行动"。——译者注

② Gould，S. J.（1996）. *The Mismeasure of Man*. New York：W. W. Norton.

化"的名义在大屠杀中剥夺了几百万人的生命。达尔文的《物种起源》是否对这样的惨案负有一定责任？第四章将会仔细探讨同时期其他人是如何补充和拓展达尔文理论的，之后我们再来思考这一问题的答案。

达尔文如何回应高尔顿的工作

优生学运动在达尔文还在世时就已经兴起。从达尔文的作品中可以看出，相比高尔顿（高尔顿也不是残酷冷血之人），达尔文的观念更加务实且更具有人道主义精神。达尔文认真审视过优生学，认为优生学在理论上有重大缺陷，在目标上也不切实际。达尔文出生于高尔顿笔下典型的"天才世家"，但他能意识到自己家族（包括他自己）也存在很多缺陷。更重要的是，他不相信人们会自愿服从不婚或绝育的号召。对达尔文来说，强制执行优生政策是十恶不赦的罪行，因此他对优生学摆出一副拒之千里的态度。公平地说，高尔顿优生学理论的主要关注点其实是鼓励优秀人才结婚生育，而不是对所谓的"劣等人"实施强制绝育。

35

《物种起源》的遗产

晚年时，达尔文对自然选择理论的态度发生了微妙转变，他在后几版《物种起源》中有意地弱化自然选择的重要性，同时对拉马克主义越来越宽容。这种转变背后的原因可能是自然选择理论一直未能解释一系列问题（第三章会谈到这些问题）。实际上，在同一时期，孟德尔对遗传问题的研究已走在正确道路上，这些研究可以让自然选择理论变得更加稳固。遗憾的是，虽然孟德尔的成果早在1865年就发表，但没有得到科学界的重视，直到 19 世纪才被重新发现。许多达尔文既没有预见也不希望出现的后果真实地发生了。引发人们指责达尔文主义的社会达尔文主义和优生学是《物种起源》意料之外的产物。《物种起源》还导致人们开始对人类的独特性产生怀疑，这样的怀疑在当时无疑会让一部分人不满。不过，达尔文在面对这一问题时采取的是回避态度，他没有在《物种起源》中谈论任何细节，只是宣称，人类的起源与历史终将得以阐明。[1]

不过这已经足够了。12 年后，达尔文已准备好将关注点放到这一主题上了。1871 年，达尔文决定打破人类与其他物种在进化上的隔阂，为我们呈现他关于"性"的深刻洞见。

---

[1] Darwin, C.（1859）. *On the Origin of species by Natural Selection*. London：John Murray, p.458.

第三章 性与情绪：达尔文的其他重要研究

行为进化

在西方世界中，几乎每个人都听过达尔文的大名并知道他是进化论的主要创立者。其中，大部分人也知道达尔文的主要观点是通过《物种起源》这本书公之于世的。不过，学术圈之外似乎很少有人了解，达尔文后来还出版了另外两本关于进化论主题的著作，而这两本著作对我们近年来认识和思考人类行为产生了巨大影响。1871 年，达尔文出版了《人类的由来与性选择》(*The Descent of Man and Selection in Relation to Sex*)，随后，在 1872 年，达尔文又出版了《人类和动物的表情》(*The Expression of the Emotions in Man and Animals*)。这两本著作发展了达尔文的进化论思想，同时将他的研究范围拓展到行为进化，特别是人类行为进化领域，体现了达尔文作为"心灵塑造者"的影响，而这正是本章关注的问题。

1871 年——达尔文重回进化领域

从 1860 年至 1870 年，整整十年，达尔文几乎都生活在自己郊区的庄园里。作为 19 世纪最杰出的科学家之一，达尔文在社交场合的出镜率与其名声完全不成正比。不过，达尔文并没有在家里虚掷光阴，他对植物和家养动物做了不少研究。到 1871 年，达尔文已准备好重回进化领域了，而这一次，达尔文没有再刻意回避人类进化的问题，新书书名清楚地展现了他的计划。

《人类的由来与性选择》

两卷本的《人类的由来与性选择》出版于 1871 年 2 月 24 日，像之前的《物种起源》一样，这本书一经上市就被抢购一空，第一版 4500 本在 3 周内全部卖光。《人类的由来与性选择》主要包括两部分，每一部分是对《物种起源》中进化论的拓展。第一部分讨论了人类进化问题，不过它并没有像古人类学研究一样，分析人类进化的化石证据（在当时，几乎没有人类的化石记录），而是证明了像推理、同情心，甚至艺术审美这些过去被认为是人类独有的特质，其实在其他动物身上也有不同程度的展现。通过这种方式，达尔文提供了人类与其他动物之间进化连续性的证据，他让我们认识到人类与其他动物存在共同祖先。

第二部分探讨了性选择问题，其实达尔文在《物种起源》中就提出了这一概念，在《人类的由来与性选择》中，他系统扩充了这一概念的内涵与假设。性选择与自然选择是相对应的。自然选择认为，个体的优势特征是在生存和繁殖的竞争中被选择出来的；而性选择则认为，个体的优势特征通过争夺配偶就可以被选择出来。

自然选择和性选择是进化中两种平行的驱动力量，不过在某些情况下，它们也可能走向不同的方向（后文更多讨论这一点）。我们可以这样认识"性选择"这一概念：如果自然选择可以被概括为适者生存，那么性选择则是"性感者生存"①。这当然是一种非常粗糙的简化理解（我们之前已讨论"适者生存"这一概念的问题），不过大体来说并没有太大错误。

为什么关注性的问题？

作为一种基本进化原则，性选择可以解释许多动物和人类行为的性别差异——特别是涉及择偶行为时。我们随后会详细讨论这一问题，不过眼下有必要先说明为什么达尔文在《物种起源》中只是稍微提及性选择，但后来他决定将关注点放到性选择机制上。导致达尔文发生转变的原因可能包括两方面：首先，当他用自然选择理论来解释人们在自然环境中观察到的某些生物特性时，结果并不能使他感到满意。像我们看到的，自然选择塑造的生物特性可以帮助动物应对来自诸如气候、食物、捕食者和寄生虫等方面的环境压力。不过，达尔文也意识到，许多生物特性其实并不符合这一规律。例如，孔雀或极乐鸟五彩缤纷的羽毛会让它们更显眼，这无疑会增加它们被捕食者猎杀的风险；再如公牛或雄鹿造型夸张的兽角不但不具有实用性，反而因为太过笨重，反而成为它们奔跑或进食时的障碍。这些特征让达尔文极为疑惑和惊愕，因为它们看起来与自然选择原理完全背道而驰。在写给密友格雷②（Asa Grey）的一封信中，

38

---

① Workman，L.，& Reader，W.（2015）. *Evolutionary Psychology*：*An introduction*（3rd ed.）. Cambridge：Cambridge University Press.

② 格雷，美国哈佛大学的植物学家，与达尔文长期保持密切的书信往来。1858年7月1日在伦敦奈学会上宣读的达尔文进化论提纲的一部分内容就来自达尔文前一年写给格雷的一封信。格雷是美国最早接受和传承达尔文思想的科学家之一。——译者注

达尔文承认了自己对艳丽羽毛进化问题的担忧，他宣称："每次看到雄孔雀鲜艳的尾巴，都会让我感到恶心难受。"①

考虑到孔雀尾巴最后促使达尔文发展出性选择理论，达尔文其实不应该对它们持有这么消极的态度。达尔文后来认识到，某些生物特征虽然存在缺陷，但依然会世代传递，原因可能在于这些生物特征会得到异性的欣赏或者在与同性的性资源竞争中发挥特定优势。在一定程度上，我们可以将性选择看作是自然选择的一种特殊形式，只不过是"异性"取代"环境"成为选择机制的执行者。

在揭示性选择是进化的驱动力后，达尔文很快就领悟到性选择包含两种不同形式：同性间选择和异性间选择。同性间选择是"雄性个体战胜其他雄性依靠的力量"。异性间选择是"雄性个体征服其他雌性依靠的力量"。因此，同性间选择主要与同性成员（一般是雄性）争夺异性成员（通常是雌性）而产生的竞争有关，而异性间选择主要与吸引异性有关。同性间选择可以解释雄性更强壮的身体、更具侵略性的心理倾向，以及身上的许多战斗特质。异性间选择可以解释雌性的挑剔与雄性的"性感"（这里的"性感"主要指一些华而不实、仅用来给异性留下深刻印象的特征）。当然，这些规律对大多数动物适用，不过如今我们知道，自然界中还存在极少数性别角色互换的物种。

语言的进化

由于《物种起源》几乎没有涉及人类由来的问题，因此达尔文在那时也没有考虑过进化和语言的关系。然而，在《人

---

① Letter 2743, Darwin, C. to Gray, A., 3rd April 1860. Darwin Correspondence Project. Retrieved from http://www.darwinproject.ac.uk

类的由来与性选择》一书的第二章，达尔文认真思考了语言交流的问题，并用了 10 页的篇幅尝试解释语言的起源。达尔文之所以会这样做，实际上是对最严厉的批评者之一——牛津大学的穆勒（Friederich Max Müller）教授进行直接回应。穆勒是当时著名的语言学家，他在 1861 年皇家学院的一次演讲中曾义正词严地批判过达尔文主义，他认为"人类的语言能力让我们与其他物种完全不同"，而达尔文则认为，人类和野兽之间并没有牢不可破的分界线（这也是他与华莱士的分歧之一，华莱士相信物种间存在清晰的分界线）。在《人类的由来与性选择》的第二章"人类与低等动物的心智能力比较"中，达尔文通过提出语言的"音乐始祖语模型"[①] 来反击穆勒的观点。达尔文指出，人类的有声语言与鸟类的鸣叫有许多共同特征，语言源于基本的交流需要（这一点与鸟类很像），之后通过自然选择特别是性选择机制进一步进化，以承担越来越多的功能。

达尔文认为，音乐式的原始语出现的时间要大大早于人类真正的语言，人类祖先正是使用音乐节奏来实现求爱和确立领地的目标（包括表达爱和嫉妒等情绪）。在进化的早期阶段，人类是通过发出各种声调进行情感交流的，经过漫长发展，人类逐渐让这些声调承载越来越多的意义。或许很多词最早都是拟声词，它们来自我们对自然现象的模拟。例如，我们可能用"呼"的声音来表示"风"，但在性选择的驱动下，语言逐渐复杂化和抽象化。用达尔文自己的话来说，他认为[②]：

> 语言起源于模仿，模仿的对象包括各种自然界的声

[①②] Darwin, C. (1871). *The Descent of Man and Selection in Relation to Sex.* London: John Murray.

音、动物的嚎叫声以及人类本能的呼喊，之后又辅助于手势和符号。

如今，人们关于语言起源话题的讨论依然会涉及音乐始祖语模型（尽管直到最近才受到学术界的重视）。许多研究都认为，性选择是促使人类智力水平（具体而言就是语言能力）不断提高的主要因素[1]。更有趣的是，一些证据显示，鸟类鸣叫与人类语言之间确实存在广泛的相似之处，因此鸟类鸣叫成为科学界探讨人类语言起源的一个重要的研究对象。

性选择与人类起源的结合

虽然《人类的由来与性选择》一书的上、下两部分看起来是不同的内容，但达尔文将这两部分——人类进化和性选择——结合在了一起。例如，他认为，性选择导致人类脱掉了毛发，并使女性形成对男性来说富有吸引力的身材［莫里斯（Desmond Morris）在 20 世纪 60 年代重新检验了这一观点，我们在第五章会进行讨论］。像上文所阐述的，在达尔文看来，人类脑容量扩大以及智力水平提高（特别是对男人来说）都是性选择的结果，与之相对应，女性则发展出所谓的"母性"并变得更富有同情心。另外，达尔文还指出，由于每个种族有自己独立的审美标准，因此性选择在一定程度上还塑造了人类不同种族间外貌形态的差异（达尔文认为，自然选择同样造成了种族差异，例如，黑皮肤更有利于保护居住在赤道附近的

---

[1]　Locke, J. L., & Bogin, B.（2006）. Language and life history: A new perspective on the development and evolution of human language. *Behavioral and Brain Sciences*, *29*, 259–280.

人，使他们免受太阳辐射伤害）。在当今社会，种族是个极富争议的概念（后文我们会解释），但在达尔文生活的时代，达尔文对种族差异的看法已经相当宽容开放。达尔文对人种问题持有人类同源论（monogenism），他认为地球上所有人都属于同一物种，种族的差异只存在于非常表面的层次［在维多利亚时代，大多数人在人种问题上持多源发生论（polygenism），即每个种族都是不同的物种］。达尔文在《人类的由来与性选择》中是这样总结人类进化的 ①：

> 经过一连串缓慢的过渡，一些类似于猿类的物种变成如今的人类，我们根本无法确定从哪一时刻起就可以将祖先定义为"人"。但是这其实并不重要……人类的身体上依然有进化早期不可磨灭的印记。

对《人类的由来与性选择》的反应

达尔文在《人类的由来与性选择》一书中试图传达的信息是，人类是从猿类逐渐演化而来的，包括猿类在内的很多动物都与人类有共同特征，而物种进化会受到性选择作用的塑造，人类也不例外。虽然这些观点很具有轰动性，不过与《物种起源》不同，《人类的由来与性选择》的出版并没有在科学界引起太多争论。尽管当时达尔文还承受着许多指责（现在也还有），但科学共同体早已对进化论表现出较为一致的接受态度。其中一个主要原因是，19 世纪 60 年代累积了许多有助于支持进化论的证据。例如，1863 年人们发现了具有部分爬行动物

41

---

① Darwin，C.（1871）. *The Descent of Man and Selection in Relation to Sex*. London：John Murray.

特征的始祖鸟（archaeopteryx）化石，这与达尔文的预测一致（达尔文曾预言在爬行动物和鸟类间存在过渡形态）。还有一个原因是，在《物种起源》和《人类的由来与性选择》出版的十几年间，其他一些关于人类进化主题的著作也陆续出版，例如赫胥黎 1863 年出版的《人类在自然界的位置》（*Evidence as to Man's Place in Nature*）。不过，《人类的由来与性选择》一书中的某些观点，在刚出版时并没有被普遍接受。例如，虽然科学界承认雄性间的竞争会导致雄性有更大的体型及更强的攻击性，但女性选择在进化中扮演的重要作用却被相当大一部分人否定了。在批评者眼中，女性的力量和体型要比男性小得多，因此她们在交配繁殖活动中不可能有什么选择权。但就像我们在第七章将看到的，达尔文的论断是正确的，他敏锐深刻的洞察再一次领先了整个时代（支持女性选择的证据直到 20 世纪末才开始出现）。

　　虽然《人类的由来与性选择》在刚出版时受到的指责要比《物种起源》少得多（但来自教会的攻击一点都不少），但这本书也遭受了《物种起源》没遭受的三类批评。这三类批评的呼声逐渐升高，至今依然牵涉达尔文主义，它们分别是拟人观（anthropomorphism）①、性别歧视和种族主义。由于达尔文后来出版的另外一本关于情绪的著作再次面临"拟人观"的指控，因此我们可以在谈论那本书时再考虑这一话题。

达尔文有性别歧视和种族主义吗？

　　按照今天的标准，毫无疑问，达尔文在《人类的由来与性

---

① 拟人观，又称拟人论，指以人的能力、行为或经验的术语来解释动物或非生物的有关特性。该理论源于达尔文"人猿同祖"的结论。——译者注

选择》中的某些表达确实带有性别歧视和种族主义的色彩。不
过，如果我们参照 19 世纪后半叶流行的观点，达尔文在种族
问题上的态度其实是非常开放和进步的。总体来说，《人类的
由来与性选择》实际上是减少而不是增加了种族主义。当时，
人类学作为一门新学科刚刚兴起，人们普遍接受的观点是，不
同种族属于不同物种，他们是独立进化的（或者他们是上帝分
别创造的，并让他们居住在不同的地方，这种观点常用来支持
奴隶制）。达尔文则认为，所有人类种族都是同一物种，这种
假设在逻辑上与自然选择理论相辅相成。根据自然选择理论，
当环境塑造作用导致物种在进化树上分叉时，便会产生新的物
种，但我们没有理由认为人类在最近的进化中曾经分叉过。他
指出，不同种族间的差异是非常表面的，这些差异都是性选择
的结果，没有一种差异足以让进化的方向发生改变。另外，达
尔文还指出不同种族可以通婚繁衍，按照华莱士对种族的定
义，这也可以进一步说明人类的种族之别不能与物种之别相提
并论。

尽管对人种问题进行了辩护，达尔文也确实将来自非西
方文化的人称为"野蛮人"，并将他们放到比欧洲人更低的位
置上 ①：

> 当文明国家的人与野蛮人接触时，冲突会很快结束，
> 除非冲突地点发生在一个野蛮人已经适应的恶劣环境中。
> 导致文明国家的人胜利的原因，有些简单明了，有些则复
> 杂模糊。我们能看到，如果让某些野蛮人适应农业种植生
> 活方式，反而会导致种族灭绝，因为他们不能也不会改变

① Darwin, C.（1871）. *The Descent of Man and Selection in Relation to Sex*. London: John Murray.

他们的生活习惯。

"野蛮人"这样的词汇现在看来当然是不恰当的，这种表达甚至会引发人们的不适感（认为"野蛮人"无法也不会改变生活习惯的观点也同样会让人不快），但我们必须考虑社会背景因素。在维多利亚时代的英国，种族主义是司空见惯的事情，几乎每个盎格鲁-撒克逊裔白人都自视比其他种族更为优越（达尔文在《人类的由来与性选择》一书中经常使用"所谓的种族"这个说法，这其实也表明达尔文在种族问题上态度非常开放）。因此，要达尔文做到完全真正的种族平等并在著作中体现出来，几乎是不可能的事情。许多专家都承认，虽然达尔文在具体表述上有种族主义的倾向，但我们不应该以今天关于种族平等的开明立场为标准去审视达尔文，这样是不公平的。如果我们用 21 世纪的标准去评判 19 世纪的作家，你会发现所有的英国作家都是种族主义者。

因此，当参照背景不同时，达尔文的种族主义态度会在种族歧视和种族平等间摇摆，这种带有妥协性的评判立场被很多专家接受（尽管并不是所有人都这么看），但当涉及对达尔文的性别歧视指控时，一些专家的态度就不再这么摇摆不定了。这可能是因为，在他们看来，达尔文在《人类的由来与性选择》一书中创造了一种新的性别歧视思想。达尔文认为，由于男女双方在交配繁衍活动中扮演的角色不同，因此性选择会导致人类情感和认知特征的性别差异（这种争议如今还在继续）[1]。一些支持者指出，心理特征存在性别差异并不能算是性别歧视，除非还对男女区别对待。

---

[1] Vandermassen, G.（2005）. *Who's Afraid of Charles Darwin? Debating Feminism and Evolutionary Theory.* Lanham, MD: Rowman & Littlefield.

来自女权主义的批评

在《人类的由来与性选择》中，达尔文指出，性选择更青睐那些善于制造武器和工具并因此可以在竞争中淘汰对手的雄性祖先，这导致男性比女性进化出更发达的智力。他宣称[①]：

> 如果我们列出两份清单，上面分别是世界上在诗歌、绘画、雕塑、音乐（包括作曲和指挥）、历史、科学和哲学等领域成就最卓越的男性和女性，在每个领域下写出六个名字，这两份名单会完全不在同一个水平。

因此，在达尔文看来，男性在智力上要优于女性，这可能既来自直接的雄性竞争（同性竞争），也来自女性对智力水平的选择（异性竞争）。《人类的由来与性选择》出版后，女权主义者的批评就接踵而至。著名作家布莱克威尔（Antoinette Brown Blackwell）在她 1875 年针对《人类的由来与性选择》（也包括《物种起源》）而发表的作品《自然界中的性别》（*The Sexes Throughout Nature*）中批评达尔文的结论"让人无法满意"。布莱克威尔是美国第一位女性受戒牧师，同时也是一位受过高等教育、著述颇丰的科学工作者[②]，她在 19 世纪 70 年代的美国非常有影响力。布莱克威尔对达尔文的指责部分源于自己的宗教情感，同时也与达尔文贬低女性能力的想法有关，她在《自然界中的性别》中表达了自己的难过之情[③]："人类不可

[①] Darwin, C. (1871). *The Descent of Man and Selection in Relation to Sex*. London: John Murray.

[②] 布莱克威尔也是一位女权活动家，撰写过许多科学类著作，如《科学概论研究》《个性的哲学》和《心理与行为的社会属性》，等等。——译者注

[③] Blackwell, A. B. (1875). *The Sexes Throughout Nature*. London: Putman Sons.

能承认和促进健康公平的性别关系。"

　　总之，布莱克威尔的核心观点是，进化确实导致男女双方在许多能力上具有差异性，但在智力水平上，从整体看双方是对等的。如今这一观念被进化研究者普遍（当然并不是全部）接受，因此布莱克威尔的观念可以说领先于她生活的时代。虽然按照如今标准看，布莱克威尔的写作风格过于轻浮冗长（相比之下，达尔文和斯宾塞的作品就显得极为简练凝重），但她讨论了性别歧视的社会性，诉说了女性的弱势地位根源于她们被社会安放到本身就不可能取得成就的位置，这些思想即便放在当代女性主义文学作品中也不会不合时宜。就像我们在第八章将会看到的，女权主义者对达尔文思想的指责由来已久，而且至今仍在持续。可以说在达尔文的所有作品中，《人类的由来与性选择》这本书遭受的指责是最为严厉的，这根源于它对两性差异及成因的探讨。

　　不过我们应该注意到，学术界还存在另一种完全相反的声音，即达尔文主义女权运动，这项运动旨在利用《人类的由来与性选择》中介绍的概念来解释性别差异，进而为女性争取更多权益。我们在最后一章还会讨论女权主义者对达尔文思想的批评和支持。总之，达尔文在当时提出用性选择来解释男女差异，面对这一理论时，我们一定要警惕自然主义谬误，避免将"事实"当成"道德正当性"。（由于我 20 年前曾指出性选择可以解释为什么男性比女性高，导致我自己被女权主义者责备，原因是我用达尔文主义来解释性别差异，而没有尝试去寻找一个更好的解释）。问题是，如果男性和女性真的有所不同，那么是哪些因素导致这些差异？这就是一个需要事实解答而不是道德解答的问题了。尽管对这一问题的探讨一定会引起道德和社会政治的后果。

进化和情绪

1872 年 11 月 26 日，《人类的由来与性选择》出版仅仅 21 个月后，达尔文又出版了《人类和动物的表情》。有趣的是，《人类和动物的表情》一书最早只是作为《人类的由来与性选择》一部分内容的拓展版而出现的，但很快，这本书呈现出其自身的价值。与《人类的由来与性选择》一样，《人类和动物的表情》这本书探讨的主要问题依然是人类和其他动物的进化连续性。达尔文在书中比较了不同物种以及不同种族的人的面部表情。他的结论是，不同种族的人在表达相同情绪时使用相同的表情，人类与其他物种的表情也具有连续性，这可以说明人类与其他物种的表情具有共同起源，它们都是在自然选择和性选择的作用下形成的。达尔文的这一结论部分是在回应贝尔（Charles Bell）爵士 ①1824 年出版的著作《关于表情的哲学和解剖学研究》（ *Essays on the Anatomy and Philosophy of Expression* ）。贝尔爵士在书中提出，神创造了人类的面部肌肉以便人类可以向他人表达自己的感受。达尔文虽然从不打算引发论战，但他有信心向贝尔爵士的结论发起挑战 ②：

> 贝尔爵士坚信，我们许多面部肌肉的作用仅仅在于引导表情，或者说面部肌肉是为了表情而存在的。不过事实上，类人猿也有与我们相同的面部肌肉，这说明这些面部肌肉不可能除了表情外没有其他意义。

虽然达尔文比较的是人与猿类的面部表情而不是情感状态

---

① 贝尔爵士是一位英国外科医生，他发现了感觉神经与运动神经的区别，并因其在人脑和神经系统领域的开创性贡献而闻名。——译者注

② Bell，C.（1844）. *The Anatomy and Philosophy of Expression as Connected with the Fine Arts*（3rd ed.）. London：John Murray.

的内部体验，但相似的面部表情往往具有相同的内部体验。达尔文将生物的情绪与它们在生存繁衍活动中的作用联系了起来。他指出，人和动物相同的情绪往往都是在相似的情境下产生的。最明显的例子是，当个体感到愤怒时会张开上嘴唇露出牙齿，因为这样可以威吓对手，同时让自己处于警戒状态。因此，对于我们的祖先来说，情绪具有重要的生存意义。达尔文认为，通过描述和比较人类与其他动物的表情，可以展现人与动物情绪的连续性，并解答情绪的起源问题。

46 　　达尔文是如何研究情绪的？

　　虽然达尔文在"小猎犬"号返航后就再也没有离开英国，但在《人类和动物的表情》一书中，他根据自己当年航海旅途中搜集的资料，丰富翔实地描绘了人类和其他物种的表情。此外，达尔文还是一个疯狂的"信友"，他几乎每天都会与世界各地的博物学家以及其他专家信件往来，以了解他们的研究进展及观点。像他的表弟高尔顿一样，达尔文在研究表情时也使用了问卷作为工具。不过，达尔文主要将问卷寄给他那些遍布世界的"笔友"，他向各地的笔友询问了不同种族和新生婴儿的表情（当然他也观察过自己的孩子）。达尔文同当时法国著名的神经生物学家德布洛涅（Duchenne de Boulogne）曾有过交流，德布洛涅是一位研究面部肌肉的专家，他为《人类和动物的表情》一书提供了很多医学与心理学方向的重要洞见。达尔文还同韦克菲尔德精神病院负责人克赖顿-布朗（James Crichton-Browne）爵士通信，克赖顿-布朗爵士为达尔文寄去许多精神病患者的面部表情照片（达尔文认为，精神病患者更容易做出"自然"的表情）。另外，达尔文还搜集了形形色色的人类的表情照片（他在出版《人类和动物的表情》几年前开始的这一工作），其中既包括成年人，也包括儿童（达尔文认为，社会会压抑成人天生的表情，因此他对观察儿童表情非常热情）。需要指出的是，虽然照片在维多利亚时代已经广泛普及，但因当时的曝光时间较长（一般要几秒钟），而面部表情转瞬即逝，在当时用摄影术捕捉表情仍然是一件非常困难的工作。也正因如此，可以对一些用来进行表情举例的照片进行修饰。

对匹配性的描绘

达尔文观察总结了许多人类与其他动物相似的情绪表达，包括恐惧会让人毛发竖立，愤怒会让人露出牙齿，以及集中精神时我们会像类人猿一样紧闭嘴唇。他还描述了情绪发生的具体过程，例如当怒火刚刚点燃时，我们眼部肌肉会紧缩，而当发展为暴怒状态时，我们则会像其他猿类那样（其实家犬也会这样做）面目狰狞地张开嘴露出牙齿。达尔文也探讨了很多积极的情绪状态，他观察到人类有时会像猫和狗一样亲昵地轻咬伴侣。在《人类和动物的表情》一书中，达尔文提出"表情对照"概念，也就是说，当一种积极情绪与一种消极情绪在感受上完全相反时，与之对应的表情也是对立的。例如，当一只狗对你充满敌意时，它会身体紧绷并弓起背部，而当它对你非常友善时，身体会表现出开放姿态，并可能四脚朝天躺在地上。"表情对照"在人类身上同样存在。达尔文特别强调人类和动物的许多情感与表达都是相匹配的，而这些特征之前没有人注意到过。

与珍妮的相遇

由于看到类人猿和人类间惊人的相似性，达尔文对类人

47

猿产生了深深的痴迷。1838 年，在摄政公园北角的伦敦动物园，达尔文第一次见到了类人猿——一只名叫珍妮的年轻雌猩猩，珍妮一年前刚刚来到伦敦动物园，它给达尔文留下了不可磨灭的印象。最让达尔文难忘的是珍妮的智力、它理解人类指示的能力，以及它在情绪方面的显著变化，同样的情绪状态达尔文在儿童身上也曾见到过。在达尔文看来，珍妮可以表现出愤怒、难过和失望的表情。他特别注意到，珍妮被动物管理员用一个苹果戏弄之后发脾气的样子，那个样子与人类婴儿受挫后的样子几乎一样。他后来写道："猩猩会躺在地上又踢又喊，如同一个顽皮的小孩儿。"达尔文后来又去过两次，深入研究珍妮（达尔文是伦敦动物学会的会员，园方允许达尔文对动物进行近距离观察），其中一次达尔文发现，珍妮会使用镜子观察自己，而使用镜子进行自我观察的能力如今经常被用来作为测试动物是否具有自我意识的指标。

48　　通过自己的研究以及与世界各地专家的通信，达尔文在动物身上找到丰富多彩的情绪状态，包括悲痛、焦虑、愤怒、惊讶、厌恶、内疚、骄傲、恐惧、惊惧、羞怯、羞耻、忍耐和热爱等。在《人类和动物的表情》一书中，达尔文不仅详细地描绘了这些情绪表达的细节，还在书中插入大量的图片。因此，《人类和动物的表情》是世界上第一本内页附有图片的图书。由于使用了胶版印刷，这本书可以说代表了当时最先进的印刷技术，当然，这也就大大提高了出版成本。不过，尽管卖价高达 12 先令，《人类和动物的表情》仅仅出版 4 个月就卖出 9000本之多。

"天生表情"的沉浮

达尔文认为表情是先天固有的，且具有普遍性，这一观点在《人类和动物的表情》出版时还仅仅是一种未证实的猜测。实际上，尽管《人类和动物的表情》销量惊人，但这本书的核心论点在整整一个世纪内要么被忽视了，要么不为人所信。特别是关于人类情绪方面，人类学家米德（Margaret Mead）①对萨摩亚（Samoa）地区的土著人进行观察后指出，不同文化下的人们会发展出不同的情绪表达方式（实际上也包括情绪的内在体验方式）。米德和同时代的文化相对主义者对 20 世纪社会科学的发展产生了深远影响（这种影响如今在很多领域依然存在）。当时流行的观念认为，人性是由文化而不是进化塑造而成的，进化对了解人类的智力、能力和心理倾向起不到什么作用，因此，人性的"白板说"（blank slate）将达尔文主义驱逐出社会科学的领地。在 20 世纪的大部分时间，使用文化因素术语解读人类行为和内部状态成为一种研究规则——这被进化心理学家贴上"标准社会科学模型"（standard social sciences model，SSSM）的标签。我们在第五章和第七章还会继续讨论这一主题，不过此刻我们更要说明的是，许多进化论者对标准社会科学模型产生了极大的不满，原因是这种研究思路不但在实证研究方面毫无建树，而且它的信徒还急于消除达尔文思想在人类行为研究领域的影响力。

跨文化的基本情绪

49

20 世纪 60 年代末，在达尔文提出人类表情具有普遍性后

---

① 米德，美国 20 世纪最著名的人类学家之一，曾担任美国自然史博物馆馆长、美国人类学会主席，并被誉为"人类学之母"，她在文化决定论、女性主义和三喻文化理论方面做出了重要贡献，代表作包括《萨摩亚人的成年》《三个原始部落的性别与气质》《社会变革与文化指令》和《两性之间：变迁世界中的性研究》等。——译者注

一百年，加州大学的埃克曼（Paul Ekman）和弗里森 ①（Wallace Friesen）前往巴布亚新几内亚的西南高地进行科学考察，去研究当地原始部落中土著人的表情。他们选择了一个与外界文化几乎没有任何接触的部落，因此部落中原始人的表情不可能受到其他文化的影响。埃克曼和弗里森在那里发现，部落原始人能从他们学生的表情照片中辨认出相应情绪。这些原始人同时也能确认，在相同的环境下他们会做出像西方人一样的表情（例如，做出"看到新奇事物时的表情"，即惊讶；或做出"亲密的人去世时的表情"，即悲伤）。除了观察原始人的表情，埃克曼和弗里森还将他们的表情拍摄下来，带回加州大学，向学生展示，学生们也能非常精确地辨认出原始人表情所代表的情绪 ②。这强有力地支持了达尔文的观点，用埃克曼和弗里森的话来说："特定面部动作与特定情绪的联系具有普遍性"。不过需要强调的是，埃克曼和弗里森并不认为人的表情是完全天生的，他们同意不同文化下人的情绪表达有一些轻微差异。例如，社会规则会影响人们在公众场合微笑或哭泣的方式、频率和力度。

最初的研究结果让埃克曼和弗里森决定将研究继续深入下去，他们对 20 种不同文化背景下人们的情绪表达进行了调查，最后发现至少存在 7 种基本的跨文化情绪类型，它们是惊讶、愤怒、悲伤、厌恶、恐惧、蔑视和愉快。这与达尔文在《人类和动物的表情》中提出的情绪类型非常一致。

---

① 艾克曼和弗里森合作多年，他们较早深入研究了脸部肌肉群运动及其对表情的控制作用，开发了面部动作编码系统来描述面部表情。艾克曼教授也是电视剧《别对我撒谎》主角莱特曼的原型人物。——译者注

② Ekman, P., & Friesen, W. V.（1971）. Constants across cultures in the face and emotion. *Journal of Personality and Social Psychology*, *17*, 124–129.

达尔文的重大发现——情绪的功能

在埃克曼的研究发表之后，越来越多的研究者开始考虑情绪的适应性功能，他们不再将情绪视为一种文化现象。达尔文曾提出，人类有一些情绪是先天固有且具有普遍性的，而且在这方面，人类与其他动物具有很大的相似性。如今，通过跨文化识别与比较研究，这些假设被证明是准确无误的。人类在动物世界中血缘关系最近的黑猩猩，会对人类的不同表情做出不同反应。而且就像儿童会慢慢发展出解读人类表情的能力一样，黑猩猩也会发展出解读代表恐惧、侵犯或投降等不同意义吼叫声的能力[①]。这也可以作为支持人类与其他灵长类动物存在进化连续性的证据。

不再坚持"达尔文主义"的达尔文

相较于《物种起源》，《人类和动物的表情》这本书的"达尔文主义"色彩并没有那么强烈。这听起来可能很奇怪，不过《人类和动物的表情》某些部分的立场确实是"拉马克主义"的。而达尔文虽然认为表情源于自然选择和性选择，不过他也承认，表情对于人类来说不再具有适应性功能了。基于拉马克的遗传理论，达尔文在《人类和动物的表情》一书中提出"有用习惯原理"（the principle of serviceable habits），即如果个体在一生中经常需要并利用某些特征，而且这些特征频繁出现并具有特定优势，那么它们就会通过有机体的生殖繁衍传递给下一代。例如，当我们惊讶时会睁大双眼，这样可以提升我们的视

---

① Hess, U., & Thibault, P.（2009）. Darwin and emotion expression. *American Psychologist*, *64*, 120–128.

域范围，如果这一动作出现得足够多，那么我们的后代也会这样做。在达尔文看来，我们一部分情绪符合这一规律，还有一部分情绪是先天固有的。另外，达尔文认为，表情对我们当下的生存或配偶选择起不到什么作用，它们只是进化的残留物。有趣的是，这些假设并不符合当下进化心理学的观点，在某种程度上，进化心理学家比 1872 年时的达尔文有更强烈的"达尔文主义"色彩（第七章会涉及）。

对自然选择的科学反驳

人们对达尔文在《人类和动物的表情》中立场的改变感到好奇，为什么达尔文不再坚持"达尔文主义"？实际上就像我们之前讲述的，在 19 世纪 70 年代，虽然大多数学者都对进化的真实性持乐观态度，但他们不再那么确信自然选择是生物进化的主要驱动力了。在 1859 年至 1870 年间，先后形成四种对自然选择的反对意见，我们有必要在这里依次解释一下。第一种反对意见是由动物学家米瓦特（St. George Mivart）提出的，他指出，如果自然选择可以解释成功的适应的话，那么它如何解释朝向成功进化迈出的第一步？例如，眼睛对生物来说无疑是非常有用的器官，不过在眼睛进化成一个成熟的、有用的器官前，它必然存在很多无用的过渡形态，这些无用的过渡形态为什么会保留下来，最后进化成眼睛？第二种反对意见来自化石证据，从化石证据来看，并没有许多"中间过渡型"[①]（而"中间过渡型"则恰恰是自然选择所需要的）。第三种反对意见是由格拉斯哥大学年轻的物理学家托马斯（William Thomson）

---

① "中间过渡型"指的是从一种生物到另一种生物的中间过渡生物。例如，在人和猿之间存在的具有半人半猿特征的动物。——译者注

提出的（即后来的开尔文爵士），他认为，地球和太阳的年龄并不足以使进化得以缓慢地发生。最后一种对自然选择的反对意见来自苏格兰工程师詹金斯（Fleeming Jenkins），他认为，随机的有利变化在几代后就不存在了，因为即便有机体具有某些优势，但如果与之交配繁殖的对象不具备这种优势的话，优势特征就会被稀释，最后逐渐消失。

达尔文对这些反对意见也做出了回应，不过，由于比较解剖学和古生物学在当时是新兴学科，还没有形成成熟完善的研究方法，而核物理学和基因科学更是还没出现，因此，达尔文能利用的反驳证据非常有限，他只能有意淡化自然选择理论。遗憾的是，所有这些批评在达尔文去世后20年都得到了合理的解决（第四章会提到），但在达尔文人生的最后十几年，达尔文却饱受这些问题的困扰，以至于在重重压力下转向了拉马克主义。

实际上，正是由于这些反对意见，在1860年至1899年间，产生了一种新的"用进废退"式的拉马克主义遗传学思想，相较于达尔文主义，这种思想在科学界变得越来越受欢迎。而达尔文自己在一定程度上也顺应了这一趋势，他有意识地回避自然选择理论，不再强调自然选择在生物进化中的作用。在这期间，科学钟摆摆动的幅度是如此之大，以至于到19世纪末时，几乎只有两位科学家还坚信自然选择是进化的主要驱动力。他们是华莱士和德国博物学家魏斯曼（August Weismann）。当我们在第四章谈到达尔文主义的复兴时，会详细分析魏斯曼的贡献。

《人类的由来与性选择》与《人类和动物的表情》对维多利亚时代文学的影响

52

《人类的由来与性选择》与《人类和动物的表情》拆解了

人类作为动物与天使间中间型的神圣形象。从古希腊时代起，这种将人类置于动物界之外的观念就一直占据主导地位。但是通过最早的《物种起源》以及后来的《人类的由来与性选择》和《人类和动物的表情》，达尔文重新书写了人类在动物等级列表中的位置。实际上更准确地说，在达尔文之后，动物等级列表就不再存在了，达尔文用随机变异和自然选择代替了天生注定的动物等级。

除了抹消人类和其他动物的分界线，达尔文在《人类的由来与性选择》和《人类和动物的表情》中还为我们呈现了新的世界观：人类与其他动物具有共同的祖先，人类在表情和交流能力方面具有进化连续性。对达尔文来说，所谓的物种差异是变化程度的问题，而不是类别的问题。这种想法直接影响了当时通俗小说的创作，对"体内动物"的恐惧成为维多利亚时代文学的流行主题。例如，在史蒂文森（Robert Louis Stevenson）[1]创作的小说《化身博士》（*The Strange Case of Jekyll and Mr Hyde*，1886）中，主人公杰基尔白天是一位文明善良、温文儒雅的医生，但在晚上他体内的野兽会觉醒，化身成邪恶、毫无人性且人人憎恶的猥琐男子海德。史蒂文森在写《化身博士》前读过达尔文的著作（也读过斯宾塞和赫胥黎的著作），许多文学评论认为，杰基尔身上两种人格的斗争正是隐喻了宗教与达尔文主义的对立。[2]

在王尔德（Oscar Wilde）[3]的《道林·格雷的画像》（*The*

---

[1]　史蒂文森，19 世纪后半叶英国伟大的小说家，代表作品有长篇小说《金银岛》《化身博士》《绑架》等，对 20 世纪现代主义文学影响巨大。——译者注

[2]　Dawson, G.（2007）. Darwin, literature and victorian respectability. *Cambridge Psychologist*, *64*, 120–128.

[3]　王尔德，19 世纪英国最伟大的作家与艺术家之一，创作的戏剧、诗歌和童话作品享誉全球，他对"唯美主义"的探求拓展了美的领域和艺术表现的范围，《道林·格雷的画像》是他唯一的长篇小说。——译者注

picture of Dorian Grey，1890）中，道林在某种程度上出卖了他的灵魂，他一生都在满足对兽欲的渴望。就像杰基尔一样，道林天真纯洁的外表之下潜藏着邪恶的人格。另外，除了《化身博士》和《道林·格雷的画像》外，威尔斯的《莫罗博士岛》（*The island of Dr. Moreau*，1896）和斯托克（Bram Stoker）[1]的《德古拉》（*Dracula*，1897）也受到达尔文"人兽同源"思想的影响。在《莫罗博士岛》中，科学家莫罗利用器官移植和变形手术创造出半人半兽的怪物。而在《德古拉》中，斯托克则为我们呈现了拥有人的外表与思维而以人血为食的吸血鬼形象。受本书的篇幅和主题限制，我们不可能深入分析这些文学作品，但它们足以证明，就像许多文学评论所指出的，维多利亚时代许多文学作品的灵感都可以追溯到达尔文的科学著作，达尔文以这样的方式对文学发展产生了深刻影响。

53

　　在停止谈论 19 世纪晚期文学与达尔文思想的关系这一话题前，我们有必要再特别说一下玛丽·雪莱[2]（Mary Shelly）创作生涯早期的小说《弗兰肯斯坦》（*Frankenstein*，1818），她在书中创造出一个用死人尸体拼凑出的怪物。玛丽·雪莱的写作时间要大大早于达尔文，所以她的小说当然没有受到达尔文的启发。但有趣的是，据玛丽·雪莱自己在书中的序言所述，她的写作灵感其实源于达尔文祖父伊拉斯谟·达尔文的进化著作。[3]因此，如果我们认为，没有达尔文，这种充满魅力的哥特式恐怖故事完全不会出现，这种想法就有些过于夸张了。

---

① 斯托克，爱尔兰小说家，一生创作了大量的以超自然邪恶幽灵为特征的作品，其中以吸血鬼为题材的小说《德古拉》最为著名。——译者注

② 玛丽·雪莱，英国浪漫主义诗人雪莱的妻子，著名小说家，她在 1818 年创作的《弗兰肯斯坦》（也叫《科学怪人》）被公认为人类历史上第一部科幻小说，玛丽·雪莱因此被誉为科幻小说之母。——译者注

③ Butler M.（Ed.）.（1993）. *Mary Shelley' Frankenstein: The 1818 Text*. Cambridge: The University Press.

　　我们还应该意识到，达尔文对文学的影响并不仅仅局限于维多利亚哥特式小说。在 19 世纪 80 年代之前，许多作家都从达尔文的思想中汲取灵感，包括金斯利的《水孩子》(*The Water-Babies*，1864）就有进化色彩（书中提到达尔文和赫胥黎），艾略特（George Eliot）的《米德尔马契》(*Middlemarch*，1874）则讨论了人性的先天和后天之争。其他从达尔文主义那里汲取了创作养分的作家还包括盖斯凯尔（Elizabeth Gaskell）、吉卜林（Rudyard Kipling）、托尔斯泰（Leo Tolstoy）、康拉德（Joseph Conrad）和哈代（Thomas Hardy）等（哈代自己提到过，达尔文是他的灵感来源，并且哈代还参加了达尔文的葬礼）。过多讨论达尔文与文学脉络的关系会超出本书的写作范围，不过实际上，围绕这一主题已经有大量可轻易获取的研究资料。[1]

对拟人观的指控

　　虽然《人类和动物的表情》和《人类的由来与性选择》刚一问世时极为畅销，而且对科学和文学两大领域的发展都产生了巨大影响，但《人类和动物的表情》这本书在 20 世纪的大部分时间却被人们遗忘了。导致这一结果的原因有很多：一方面是因为 20 世纪前期人性的"白板说"成为潮流（第四章会讲到），另一方面则是因为达尔文被指控犯有"拟人观"的错误。拟人观最初源于古希腊，它指神也具备人的思想、情感和性格。在 1858 年刘易斯（George Henry Lewes）[2] 的著作《海边

54

---

[1]　Carroll, J.（2011）. *Reading Human Nature: Literary Darwinism in Theory and Practice*. Albany, NY: SUNY Press.

[2]　刘易斯，19 世纪中前期英国哲学家、传记作者、文艺评论家。——译者注

研究》(*Seaside Studies*)中，刘易斯将人的素质归结于海洋动物。此后，人们开始广泛使用"拟人观"这一概念代指那些为动物赋予人类精神特质的观点。许多人都认为，达尔文在《人类和动物的表情》一书中解释动物行为时使用了太多专用于描述人类的词汇，他为动物行为赋予了过多的人格化色彩。

　　尽管达尔文在《人类和动物的表情》中利用了很多当时最新的科学成果与研究技术，如面部肌肉分析和摄影术，但他似乎也未经鉴别就接受了很多由他笔友提供的关于动物行为的奇闻轶事。他直接对比了人类和其他动物的情绪反应："看看狗的嫉妒心有多么强烈，婴儿小时候会表现出同样的行为特征。"①

　　如今拟人观往往被当作一个贬义词使用，比如，当有人谈到他的宠物多么像人时，其他人便可能用到这个词。然而，对达尔文来说，这一术语只代表一种研究方式。他的想法是这样的：如果一种动物在相似的情绪环境下展示出与人类相似的表情，从逻辑上来说，它们也应该具有与人相似的内部感受。达尔文做出这些推论是为了证明动物和人在内部感受方面也具有进化的连续性。这种思路其实是一种循环论证，因而削弱了书中观点对读者的说服力。达尔文的名声无疑受到损害，不过这也因此开启了一个关于动物内部感受的话题，相关探讨如今仍在继续（见第四章和第八章）。

　　虽然20世纪关注动物行为的心理学家和生物学家（主要是比较心理学家和动物行为学家）使用情绪词汇描述动物时往往都会打上引号，如"嫉妒"或"同情"，以此使自己免于"拟人观"的指控。但最近几年，一些对动物认知（animal

---

① Darwin, C.(1872). *The Expression of the Emotions in Man and Animals*. London: HarperCollins.

cognition）感兴趣的研究者却指出，我们确实和其他动物具有一定程度的情绪连续性。荷兰动物学家德瓦尔（Frans de Waal）多年来一直密切观察黑猩猩团体中的权谋和利他行为，他认为，达尔文当初的论断是正确的——至少对类人猿来说确实如此。而牛津大学的动物学家斯坦普-道金斯（Marian Stamp-Dawkins）在对许多动物进行研究和观察后也指出，大量证据都说明其他动物也会有自我意识。

《人类的由来与性选择》与《人类和动物的表情》的实际影响

我们应该如何总结达尔文生前最后两本著作的意义呢？虽然《人类的由来与性选择》和《人类和动物的表情》对动物行为研究产生了直接影响（如第五章将会讨论的，比较心理学和动物行为学也可以追溯到这两本书），不过在一个世纪后，达尔文这两本著作对人类行为研究具有的价值才开始真正浮现。随着进化生物学的发展，《物种起源》对生物科学的直接影响是显而易见的，但遗憾的是，《人类的由来与性选择》和《人类和动物的表情》对社会科学的启发却在很长时间内被人们忽视，直到现在，科学界才重新重视它们中蕴含的深刻洞见。一百年来，社会科学特别是心理学遭遇了很多挫折与阻碍，但达尔文其实早就指引了正确方向[①]：

> 我看到在不远的将来会出现一些重要的开放性研究领域。心理学将会建立在一个全新的基础之上，每一种我们

---

① Darwin, C.（1859）. *On the Origin of Species by Natural Selection*. London: John Murray.

如今所必需的心智能力都是经过代际传递逐渐形成的。

　　1882 年 4 月 19 日，达尔文在妻子艾玛怀中溘然长逝，一周后，他被安葬于威斯敏斯特教堂。虽然在晚年时达尔文已经不再那么坚持"达尔文主义"，1915 年时，奥普（Elizabeth Hope）夫人甚至宣称，达尔文在临终前最终放弃进化论并回归宗教信仰，但达尔文实际上自始至终是一个不可知论者，这也让他被安葬在威斯敏斯特教堂①这件事显得有点讽刺。总之，达尔文彻底改变了我们看待世界的方式，他留给了全人类一份无比丰厚的精神财富。

---

① 威斯敏斯特教堂具有特别的人文意义，国王加冕、皇家婚礼、国葬等重大仪式往往都在这里举行，英国历史上为国家做出过重大贡献的伟人（如牛顿、狄更斯、哈代、丘吉尔等）也安葬于此。达尔文凭借其在科学上的贡献，当然有资格葬在这里，虽然进化论与宗教的对立在当时举世皆知，但达尔文去世后，一些议员还是联名向教堂主教写请愿信，希望允许达尔文安葬于此。——译者注

第四章　达尔文和达尔文主义

就像我们已经看到的，达尔文的理论并不是纯粹的科学理论。他深受许多伟大思想家的影响，同时也给其他杰出的思想家带来启迪。从 19 世纪末开始，一直到 21 世纪初，在这漫长的一百多年中，无数被达尔文启发的科学家和哲学家都往达尔文主义这锅"浓汤"中加入自己的"调料"，从而烹饪出丰富多彩的思想"盛宴"。对于不同的人来说，"达尔文主义"这一概念经常具有不同的含义，他们都试图利用进化论来包装自己的观点。这导致直到今天，很多人还是对"达尔文主义"这一含义模糊的概念感到困惑。在本章，我们会探寻达尔文死后生物学的进步，并进一步介绍受达尔文思想影响的杰出学者。你们将会看到，达尔文的进化论使得生物学得到进一步的规范与发展，但与此同时，也不乏有人将达尔文的思想拓展到生物学之外，以这种方式实践自己的政治理念（就像我们在第二章中看到的斯宾塞的做法）。在说明这些思想前，我们需要先介绍一些对进化论极为必要的生物学研究，只有取得这些研究成果后，才能证明自然选择理论不应该退出历史舞台。

自然选择"沉沦"的那些年

达尔文生前因许多成就名满天下，特别是他证明了生物

进化是真实存在的。然而，像我们之前提到的，达尔文用来
解释进化机制的自然选择理论在19世纪末期却逐渐失去了市
场。其中最主要的症结是，在达尔文生活的时代，遗传的生理
基础尚未为人所知。如果这一问题得不到解决，人们就无法进
一步确定自然选择到底是如何影响生物变异的，再加上我们在
第三章谈到的进化论遭遇的种种问题，这给其他解释留下可
乘之机。在达尔文死后20年，涌现了一批描绘进化细节的理
论，这些充满想象力甚至有些"奇幻"的理论却在当时获得与
自然选择理论平起平坐的地位。德国博物学家和哲学家海克
尔（Ernst Haeckel）①堪称达尔文坚定的追随者，他提出"重演
论"。简单说，这种理论认为，生物的胚胎在发育过程中会精
确地"重演"祖先进化的每一个阶段。海克尔之所以会提出这
个理论，是因为他曾发现所有脊椎动物的胚胎都具有很大的相
似性。例如，在发育到第四周时，鱼、狗和鸡的胚胎看起来非
常像。

　　然而，这种相似是具有误导性的，人类胚胎的发育实际
上并不会经历祖先进化中一系列的形态转变（虽然人类在发育
最早期与其他哺乳动物的共同祖先确实有点相似，这也可以作
为进化的证据之一）。另外，认为生物是沿着既定的进化顺序，
从简单逐步变为复杂的直向进化观（orthogenetic view），在当
时获得的支持力度不亚于达尔文主义。这种理论与拉马克主义
有许多共同之处，而拉马克主义在19世纪末时也迎来了一次
复兴（讽刺的是，拉马克主义的复兴，部分是因为达尔文在后
几版的《物种起源》以及其他著作中对拉马克的理论持开放态

57

---

① 海克尔，19世纪末20世纪初德国著名博物学家，最早在德国引入并推广达
　尔文理论的人之一，是达尔文理论的坚定捍卫者。海克尔同时还推崇优生学
　思想，他具有强烈的民族沙文主义，许多人因此将他视为纳粹主义的铺路
　人。——译者注

度）。为了淡化自然选择并推广自己的立场，斯宾塞甚至提出，进化是通过一种宏观变化而实现的。当然，这些观点并不会贬损达尔文在进化论领域至高无上的地位，也不会消除公众对人类和其他物种间关联的想象，不过，它们确实导致许多生物学家和哲学家像无脑的野鹅一样在不同观点间疲于追逐，而这样的场景至少持续了 40 年。直到 20 世纪 20 年代，达尔文的理论才被完全接受为关于进化机制的正确解释，而重新点燃世人对自然选择热情的人则是奥地利遗传学家孟德尔（虽然他在生前并没有见到自己的研究成果验证了自然选择假设，以及自己名扬天下）。

孟德尔和自然选择的复兴

孟德尔于 1822 年出生在奥地利的一个小城镇（现在这里属于捷克），1843 年，孟德尔在布鲁诺的圣托马斯奥古斯汀修道院注册成为修士。虽然下半生一直从事神职工作，但孟德尔在 1851 年至 1853 年间曾在维也纳大学学习物理学。然而，孟德尔回到修道院后并没有开展任何物理学研究，反而对植物学产生了兴趣。1856 年至 1863 年间，孟德尔在修道院的花园种植和检测了 2.9 万株植株，并利用豌豆做起了艰苦的植物育种实验，这些实验获得了一系列关于豌豆颜色与高度等遗传特征的重要发现，并最终促进遗传科学的大发展（这要等到 34 年之后）。孟德尔的遗传学研究主要有三大发现：第一，遗传因子（也就是"基因"，孟德尔那时还没有这一术语）不会相互混合，而是以"微粒"的形式被原封不动地传递给下一代（一些是显性的，一些是隐性的）；第二，遗传特征是由成对基因决定的（分别来自双亲）；第三，同一父母的后代会有不同的基因组合。遗憾的是，虽然孟德尔在 1866 年将自己的成果发表在《布尔诺自然历史协会杂志》，但他的发现仅仅被认为是关于植物杂交的一个新奇解释，而不是系统完整的遗传理论。孟德尔的研究补足了达尔文自然选择理论缺失的那一环，可惜当时俩人都没有意识到这一点。

为什么达尔文是对的？

为了审视自然选择假设面临的问题是如何被解决的，我们有必要回顾一下它最初遇到的反对意见（第三章）。首先，你可能还记得第三章提到的动物学家米瓦特的疑惑：既然自然选择是渐进式的，某些器官的功能或特征在完成最终进化前应该是不完整的，那么它们是如何迈出进化第一步的？如今我们已经完全明白，有机体基因组中任何一处基因突变或者微小变异，只要能为有机体带来一定的生存优势，就有更高的概率遗传给后代。道金斯在《盲眼钟表匠》(*The Blind Watchmaker*)一书中曾举过眼睛进化的例子：眼睛在进化之初只是一些感光细胞，经过一系列逐步累积的变异过程后，终于形成脊椎动物复杂的眼睛，因此并不是完整的眼睛才具有选择性优势。其次，自然选择理论最初面临的质疑还包括在化石记录中并没有找到物种过渡的中间形态，但随着许多被视为具有中间形态特征的生物化石出土，这一指责也被证明与事实不符（实际上，正如在第三章所提到的，具有部分爬行动物特征的始祖鸟化石是 1863 年被发现的，这只比《物种起源》的出版晚 4 年）。特别是人类与猿类的"中间型"物种被发现，为人类进化提供了强有力的证据。再次，开尔文爵士曾认为地球年龄并不足以支持渐进式进化发生，20 世纪初，这一观点也被证明是不正确的，地质学家推算出地球年龄已超过 40 亿年（这比开尔文爵士估计的结果要长出整整 40 倍）。最后，詹金斯提出的反对意

59

见是，随机的有利突变会在繁殖中逐渐稀释并最终消失，这一质疑后来也被证明不再具有实际意义。因为孟德尔的研究证明，遗传因子不会相互混合，而是以"微粒"的形式完整传递给下一代，因此，优势特征是不会随着繁衍生殖而被稀释的。

现代综合——大一统理论

随着 21 世纪的到来，进化论向前迈进了一大步——不过也可以说是退回到达尔文的体系。在 1900 年，三位欧洲科学家柯伦斯（Carl Correns）、德弗里斯（Hugo de Vries）和丘歇马克（Erich von Tschermak）发现孟德尔当年的研究成果，而且他们三人分别独立地验证了孟德尔的观点，这促使人们重新接受达尔文的自然选择理论（然而需要指出的是，这种接受并不具有普遍性，一些生物学家对孟德尔的研究在多大程度上可以支持达尔文理论存疑）。

在几年后，人们意识到基因位于细胞核的棒状染色体上（正如魏斯曼在 1885 年预测的），1905 年，英国博物学家贝特森（William Bateson）创造了"遗传学"一词。20 世纪 20 年代时，美国遗传学家摩尔根（Thomas Hunt Morgan）用果蝇完成了繁殖实验，确认并提炼了孟德尔关于生物遗传的发现。在 1920 年至 1950 年间，两位英国科学家费舍尔（Ronald Fisher）和霍尔丹（Jack Haldane）同另一位美国科学家赖特（Sewall Wright）一起，创造了将孟德尔遗传学整合进达尔文主义的群体遗传学，而这最终又促进现代综合［modern synthesis，1942 年，托马斯·赫胥黎的孙子朱利安·赫胥黎（Julian Huxley）在《进化：现代综合》(*Evolution the Modern Synthesis*) 一书中提出这一概念］的发展。

通过借鉴和整理孟德尔、赖特、费舍尔、霍尔丹以及其他人的研究，朱利安·赫胥黎已经能证明，达尔文的渐进式进化可以被解释为微小基因突变的积累（"突变"这一概念是由德弗里斯提出的）以及这些基因在代际间的重组。因此，现代综合进化论实际是补充了孟德尔遗传学的达尔文主义［现代综合进化论也常被称为"新达尔文主义"，这一概念是由一位达尔文的追随者罗曼斯（George Romanes）提出的］。

对生物学成为一门独立的学科来说，现代综合进化论起到的重要作用再夸张也不为过。在此之前，生物学不同学科分支都是独立发展的，包括生态学、形态学、植物学、动物学、古生物学和遗传学等。一旦现代综合进化论被接受，它不仅为不同分支领域提供了联系的纽带，也为生物学提供了大一统理论，生物学中的一切知识都可以与进化论相结合。目前，生物学是唯一一门在学科内被广泛接受的大一统理论的学科。

除了为生物学奠定基础外，现代综合进化论在多大程度上能被我们延展到生物学之外，帮助我们理解诸如行为科学这样的领域？为了尝试回答这一问题，19世纪末20世纪初，许多卓越的思想家对达尔文的理论进行了重新开发（其中一部分做法也受到了指责）。他们包括海克尔、尼采（Friedrich Nietzsche）、弗洛伊德（Sigmund Freud）、阿加西斯（Louis Agassiz）、詹姆斯（William James）和罗曼斯（George Romanes）等人。在简要回顾20世纪上半叶进化论的发展后，现在我们应该探讨一下，这些思想家是如何将达尔文的理论拓展到自己感兴趣的研究领域的。

达尔文和德国哲学家

两位重要的德国哲学家在整个西欧广泛传播了他们自己对达尔文主义的理解，这种做法引发了一系列关于进化论的新的争吵。我们将依次检视他们的理论。

海克尔和种族主义

如果说达尔文是英国最伟大的进化论者，那么德国也有了自己最杰出的博物学家——海克尔。海克尔于1834年出生在普鲁士，他有医学和动物学双博士学位，到中年时，他已经成为19世纪德国最具影响力的生物学家（实际上，海克尔直到1919年85岁时才去世）。海克尔不仅作为一位博物学家或生物学家声名卓著，他的艺术作品、哲学著作和政治意识形态同样闻名遐迩。公平地说，海克尔应该被当成德国的斯宾塞，而不是德国的达尔文，他既有能力也有决心将进化论引入自己感兴趣的政治和道德领域。像斯宾塞一样，海克尔将心理学和社会学都当作生物学的分支。如今，许多进化学家对海克尔有非常复杂的情感。海克尔的科学贡献是毋庸置疑的，他发现并命名了许多新的物种，创造了"生态学"一词，精确地预测了形似猿类的人类祖先化石的存在——这在几年后得到证实。海克尔还是一位才华横溢的艺术家，他创作了上百幅关于陆地和海洋动物的彩色插图。另外，他宣传了达尔文的思想，或者说，他传播了他对达尔文思想的解读。不过，这也正是问题所在。正如我们在上文所介绍的，海克尔提出的重演论认为，个体发育会重演祖先进化的一系列阶段。他对此理论深信不疑，并称其为"生物发生律"（biogenic law）（在科学领域，如果某一理论被称为"XX律"，往往意味着这是一个无可辩驳的真理）。重演论的错误观念把达尔文主义这池清水搅浑了很多年，不过还有更糟糕的事情。海克尔还提出，不同物种处于不同进化阶段（人类在第22阶段），而进化是由一种拉马克式的获得性遗传驱动的，有些种族在进化过程中处于比其他种族更领先的位置。所有这些观点最终都变成对达尔文主义的伤害，这不仅存在于海克尔所在的时代，今天也依然如此。像我们在第三章所了解到的，不同于达尔文，一些生物学家相信的是"多源发生论"，即不同人类种族是从不同的猿类分别独立进化而来的（在第三章我们曾强调过，达尔文赞成的是"人类同源论"，即我们都是从一类早期人类进化而来的）。海克尔是"多源发生论"最著名的支持者，而这种立场会激发种族主义倾向。如果不同的种族有不同的祖先，那么他们受到差异化对待也是理所当然的。海克尔提出，可以将人类划分为 10 个种族，按照能力高低排序，最底层是黑人，而最顶层则是欧洲白人（像海克尔自己一样的高加索人种）。用他的话来说 ①：

> 作为最成熟、最完美的人类，高加索人种或者地中海人种从远古时代就一直领先于其他所有人种。

海克尔还借助重演论来支持自己的观点，即欧洲白人在种族上要优于非洲黑人，他宣称后者还没有达到前者已经完成的进化程度。对于海克尔和他的支持者如斯宾塞和后来的弗洛伊德来说（见下文），"黑人"在智力上只能达到欧洲白人儿童的水平。海克尔不仅仅是一个坐在扶手椅上的思想家，1905 年，他还创建了一个名为"一元论者协会"的政治团体来传播自己的右翼政治理念和宗教信仰。一元论者协会主张，由于一些种族比其他弱势种族更具适应性优势，因而最终会取代弱势种族。从这个意义上来说，这一主张与斯宾塞的社会达尔文主义

① Ernst, H. (1868). *The History of Creation*. Translated by E. Ray Lankester. London: Kegan Paul, Trench, Trubner & Co., 1883, 3rd edition, Volume 1.

具有强烈共鸣。而更令人担忧的是，他们还认为，这种发展模式正是人类最理想的发展模式。

很显然，尽管海克尔对近代生物学的发展贡献颇丰，但他对达尔文主义的解释却是有所选择的，而且这一做法的出发点是基于他自己的政治意识形态而不是科学原理。

尼采和超人

当我们从德国哲学的角度去回顾达尔文和达尔文主义的影响时，如果忽视了尼采，这一回顾一定是不完整的。尼采同海克尔一样出生在普鲁士（1844 年生人，比海克尔晚出生 10 年），尽管没有像海克尔一样接受过正规科学训练，但尼采却对他那个时代的科学思想具有深刻见解，另外，他在哲学和文学等领域也取得不凡成就。1869 年，在尼采 24 岁时，他被任命为巴塞尔大学古典哲学教授。

总结尼采对达尔文主义的观点是一件非常困难的事情（但必须尝试），原因在于他就达尔文、进化论和自然选择等话题发表的作品往往令人难以理解，而且时常观点不一致。尼采还饱受精神疾病的困扰，这无疑会对他的创作产生影响。另外，尼采对达尔文有支持与反对的双重立场，他同意达尔文关于人类进化的观点，甚至也支持人性是进化的产物 ①：

> 虽然从虫变成人，但我们的身体内依然有许多虫的特征。我们不但曾经是猿，而且有时我们的猿性比其他猿类

---

① Nietzsche, F.（1885）. *Thus Spake Zarathustra*, *Prologues 2–3*. Translated by A. del Caro, edited by R. Pippin. Cambridge: Cambridge University Press.

更像猿。

更重要的是，尼采正是从达尔文那里汲取灵感发展出著名的"上帝已死"的观点（我们不再需要一个万能的神来解释我们的存在）。然而，他和同时代的许多人一样，对自然选择理论以及"个体之间的生存竞争构成了进化的驱动力"这一观点有所不满，尼采更愿意相信，生命可以由权力意志（will-to-power）主宰。有趣的是，一些作家认为尼采可能并没有直接读过达尔文的著作，而是相信了斯宾塞关于达尔文主义的二手资料，因为达尔文从来没有像斯宾塞那样过分强调生存竞争的作用，并且他实际上认为，自然选择是可以导致合作行为进化的[①]。尼采的问题在于他的"权力意志"概念定义得非常模糊，对他来说，权力意志包括人类的野心和对成就的追求，但他也把这个概念扩展到其他物种身上。权力意志在尼采哲学体系中是一个非常核心但同时又很泛化的概念，在一些作品中，它似乎是一个可以提升尊严的心理概念，而在另一些作品中，它又被描述成一种在生命体和非生命体中都存在的、构成宇宙万事万物的普遍力量。但无论在哪种描述中，达尔文的自然选择与权力意志相比都居于次要地位。

实际上，任何被包装为"宇宙普遍力量"的概念都与达尔文的核心思想有很大不同，但由于尼采将达尔文的理论与这种"有目的的驱动力"相结合，他可能无意中让许多他的读者远离了达尔文式的自然选择，转而接受了直向进化观。另外，尼采在权力意志的基础上又发展出"超人"的概念。这一概念最早出现在尼采 1883 年的作品中，它指的是实现了自己全部潜能、可以完全无视宗教和政府这些外界因素的人。超人有能

64

---

① Desmond, A., & Moore, J. (1991). *Darwin*. London: Penguin Books.

力去创造自己的善恶标准，他相信自己的力量，并能意识到任何阻碍他实现自己潜能的障碍（包括国家）都应该被战胜。像之前的海克尔一样，在某种程度上，尼采相信超人是人类进化的最终阶段，而且他认为，我们人类尚未达到这一阶段，应该为之奋斗。如果仅仅这样简单概述尼采的哲学立场，我们绝不可能公正地评价他复杂的思想，但这样做确实可以让我们稍微了解他对达尔文主义的曲解。很明显，"超人"的概念和海克尔的"种族秩序"概念有许多共同之处，而这最终成为希特勒（Adolf Hitler）的雅利安人"种族至上论"的素材之一。

从达尔文到海克尔和尼采，再到希特勒

很明显，海克尔和尼采都从达尔文那里获得启发，发展出自己的"达尔文主义"，而其中海克尔的观点更像是斯宾塞的社会达尔文主义，希特勒的很多思想理念也正是基于海克尔的理论提出的。这就引出一个问题：达尔文该对纳粹的罪行负有一定责任吗？

很明显，把希特勒的罪恶战争直接归咎于达尔文是不恰当的，但是一些社会科学家，也包括一些神创论者（creationists），都认为希特勒在他的著作《我的奋斗》（*Mein Kampf*）中借鉴了自然选择的思想 [1]。这样的说法经得起推敲吗？实际上，希特勒在《我的奋斗》中从没有提起达尔文及其作品，甚至没有提过进化论。不过，即便希特勒真的如此做了，我们也不应该责怪达尔文，我们总不能因为一位历史人物的科学贡献被后人扭曲和滥用（就像海克尔和尼采所做的那样）而去指责他本人。用

---

[1]　Morris，H.（1982）. *The Troubled Waters of Evolution*. San Diego：Creation-Life Publishers.

遗传学教授帕伦（Mark Pallen）的话来说，这样做在逻辑上等 　65
同于将西班牙宗教法庭的罪责归咎于耶稣 ①。

弗洛伊德的解释和误解

弗洛伊德与达尔文和马克思被誉为 19 世纪和 20 世纪最具
影响力的西方思想家。马克思与弗洛伊德都宣称自己深受达尔
文的启发，但马克思只是在作品中谈到达尔文（马克思还曾将
德语版的《资本论》送给达尔文），而弗洛伊德则将达尔文主
义融入自己的思想。事实上，弗洛伊德在他的作品中至少有 20
多次直接提到达尔文，而且他将达尔文的观点引入自己对精神
分析、癔症和焦虑症的研究中 ②。由于弗洛伊德从达尔文那里汲
取了灵感，而他本人在 20 世纪思想史中又具有极为重要的地
位，我们理所当然要在本书中为他留出一定空间。

弗洛伊德于 1856 年——《物种起源》出版前 3 年——出生
在奥匈帝国的摩拉维亚省（Moravia）弗赖堡镇（Freiberg）。他
4 岁时，全家搬到维也纳定居，弗洛伊德一直生活在那里。直
到 1938 年纳粹吞并了奥地利，弗洛伊德才离开维也纳搬往英
国。1885 年时，已经从维也纳大学获医学博士学位的弗洛伊德
获得一笔留学奖学金 ③。第二年，弗洛伊德开设了一个专门治疗
心理障碍的私人诊所。这项工作为弗洛伊德后来创立自己的精
神分析理论积攒了大量经验。

---

① Pallen，M.（2009）. *The Rough Guide to Evolution*. London：Penguin.
② Stevens，R.（2008）. *Sigmund Freud：Shaper of the Unconscious Mind*. Basingstoke：Palgrave Macmillan.
③ 弗洛伊德 1881 年获得医学博士学位。1882 年，他进入维也纳综合医院工作。1885 年，他获得留学奖学金，之后，他前往巴黎萨彼里埃医院，跟随当时的法国神经学家沙可学习。——译者注

精神分析——弗洛伊德的美丽新世界

　　简单来说，精神分析是一种基于特定理念发展出的治疗方法，这种理念认为，我们所感、所思和所做都是由内心深处自己很少意识到或完全意识不到的想法控制的。通过否认或压抑等方式，不愉快的想法或记忆（如侵犯的经历或引发内疚感的幻想）会被驱赶到潜意识层面。当这些被压抑的想法或记忆进入到意识层面时，就会引发焦虑感，此时意识层面会试图将它们驱逐出去。如果焦虑没有得到解决，就会引发侵犯行为、沮丧或抑郁等心理问题，弗洛伊德将这些问题统称为"神经症"。因此，精神疾病与被压抑或否认的早期负面经历有关（一些不愉快的经历甚至可以追溯到童年期）。治疗师利用"自由联想"（让患者在放松状态下毫无保留地报告头脑中出现的所有想法）等技术，让患者意识到自己被压抑的不愉快想法或记忆，就可以帮助患者克服神经症。

　　精神分析只是弗洛伊德的成果之一，他的终极目标是创立一种系统的心智模型。虽然精神分析理论并不是直接建立在达尔文理论的基础上，但需要注意的是，正是因为达尔文开创了全新的世界观，精神分析才具备发展的条件。如我们在第二章提到的，在达尔文之前，人类世界与动物世界是截然分开的，而在达尔文之后，关于人类与动物之间是否具有连续性的争论终于消失了，人们接受了从科学角度对人类进行解释。而弗洛伊德正是在群星璀璨的后达尔文时代第一个尝试对人性进行科学理解的人。

　　在弗洛伊德看来，心灵具有动态发展性，他特别强调了人格是如何在童年早期形成的。弗洛伊德认为，儿童会经历一系列的性心理阶段（psychosexual stages），在不同阶段，儿童身体的特定部位会成为注意（愉悦）的焦点，具体包括：口唇期、肛门期和性器期。成年后的心理问题可以追溯到在这些阶段尚未解决的任务。例如，个体如果在儿童期的如厕训练中产生问题，会导致他成年后形成"肛门滞留型"人格①。

弗洛伊德是一位雄心勃勃的学者，在二十几岁时，他就和未婚妻玛莎谈论过，今后的传记作者会如何评价他在理解人类心灵方面做出的丰功伟绩。在1923年出版的著作《自我与本我》中，弗洛伊德提出心灵主要由三种相互制约的力量组成，它们分别是"本我""自我"与"超我"（值得注意的是，弗洛伊德只用德语提出这三个术语，后来更为流行的英文单词 id、ego 和 superego 是翻译词）。对弗洛伊德来说，"本我"是这些力量中最原始的部分，它是所有本能能量的源头，并根植于人类的生物特性②。因为我们生来就拥有这种力量，它可能被理解为达尔文的适应性特征。随着婴儿逐渐成熟，他会逐渐认识到自己不单单是环境被动的接受者，同时也可以改变自己的环境。此时，便会发展出"自我"以调节儿童和外部世界间的关系。"自我"也与获得愉悦感密切相关，由于儿童在这一阶段已经能认识到行为的后果，他可以为了未来利益而放弃即刻满足。也正因如此，在合适的环境下，"自我"能对"本我"施加控制影响。当儿童逐渐长大后，他会开始对父母或其他成年人产生认同，并将他们的行为规范和行事准则内化为自己的规范与准则，这就是"超我"的发展过程。

对于弗洛伊德来说，"本我""自我"和"超我"都是非常抽象的心理概念，而不是具体的神经机制。正如史蒂文斯

----

① 弗洛伊德认为，儿童1—3岁时，如果父母训练儿童排便时过于严格，就会导致儿童成年后形成"肛门滞留型"人格，表现为过分干净、强迫症、固执、小气等。——译者注
② Stevens，R.（2008）. *Sigmund Freud: Shaper of the Unconscious Mind*. Basingstoke：Palgrave Macmillan.

（Richard Stevens）所言①：

> 需要注意的是，弗洛伊德并没有暗示本我、自我和超我是脑中可辨认的成分。它们只是抽象概念，是用来描述影响行为的相互制约的力量。本我源自遗传本能；自我源自对现实经验的学习；而超我则源自对社会文化和家庭背景展现出的规范的同化。

弗洛伊德的人格结构模式促进了自我心理学的发展，而精神分析的其他追随者认为，神经症与自我的病态发育有关。虽然本书的很多读者都简要了解弗洛伊德的思想，但我猜测，并没有多少人会知道弗洛伊德的某些观点其实受到达尔文《人类的由来与性选择》与《人类和动物的表情》这两本书的启发。

弗洛伊德的想法与达尔文的想法有多么相似

在形成精神分析概念的过程中，弗洛伊德从许多比他更早的学者那里汲取了营养，其中就包括尼采、海克尔和达尔文（当然，他在这些人的观念基础上也增加了许多自己原创性思想）。如果说弗洛伊德的成功有赖于达尔文，这可能有些夸张，不过他的理论成果确实在很多方面借鉴了达尔文主义。在《癔症研究》[*Studies on Hysteria*，该书是弗洛伊德与精神病学家布洛伊尔（Josef Breuer）在 1895 年合作出版的] 一书中，弗洛伊德直接引用了达尔文的《人类和动物的表情》。在叙述一个著名的案例——R（Elisabeth von R）女士时，弗洛伊德强调

---

① Stevens，R.（2008）. *Sigmund Freud: Shaper of the Unconscious Mind*. Basingstoke：Palgrave Macmillan.

了她症状的象征意义，指出它们"像达尔文告诉我们的，症状是情感行为表达的一部分"，他还强调，她的情绪表现"动机充分且反应恰当"。弗洛伊德想说明的是，人类的情绪最初具有进化适应性，如今则具有更多象征意义。这种想法与达尔文的想法非常相似，但弗洛伊德在生活的许多方面都看到象征意义，这远远超越达尔文在《人类和动物的表情》一书中提到的那些内容。深入探讨弗洛伊德在象征意义方面的研究已经超出本书的写作范围，但我们还是需要特别指出，在达尔文那里，表情呈现的意义与个体内心状态并没有太大差别（例如，咆哮象征着愤怒），但在弗洛伊德那里，情感的外在反应追根溯源往往可以归结到性方面的原因（这与达尔文对情感表达意义的看法有很大差异）。不过，弗洛伊德对"性"的迷恋和关心实际在部分上也可以追溯到达尔文，因为他曾引用达尔文《人类的由来与性选择》来说明"力比多"（性本能，下文会介绍）与性选择和交配本能有关①。

达尔文和弗洛伊德的本能概念

达尔文对本能的看法与自然选择密切相关，他认为，那些帮助人类祖先获得生存优势的先天行为将会遗传给后代（虽然他就本能是在个体层面还是在群体层面发挥生存优势，曾前后观点不一致）。弗洛伊德的本能概念与达尔文相似，但它不那么明确直白，而是会随着他作品的更新不断演变——这样的情况在弗洛伊德身上经常发生。就像弗洛伊德其他的理论一样，弗洛伊德的本能观也与欲望和满足有关。弗洛伊德认为，个体

---

① Dar，C.（1871）. *The Descent of Man and Selection in Relation to Sex*. London：John Murray.

发展是童年期社会环境和生理发育周期间复杂互动的结果。弗
洛伊德将影响个体发展的生物成分称为"冲动"，我们也经常
用"本能"或"内驱力"这些概念来表达相同的含义。因此，
对弗洛伊德来说，我们生来就具备驱使我们面向欲望对象的生
物力量——这些对象就是那些给我们带来满足的东西，它们可
以带给我们满足和愉悦感。如史蒂文斯所指出的，弗洛伊德并
没有将内驱力的概念与达尔文的自然选择理论直接联系起来，
虽然这两个概念在某种程度上是一致的——正是许多本能驱
力促使自我保护（例如，口渴和饥饿）①。弗洛伊德将本能区分
为"自我本能"和"性本能"（即力比多），前者主要与个体生
存有关，后者则主要促成物种延续。这与达尔文的观点有所差
异，因为达尔文认为，所有的本能都是为了维持个体生存（种
族延续只是生存本能的副产品）。弗洛伊德后来修改了这一理
论，他将生物本能分为厄洛斯（Eros）——"生的本能"和塞
纳托斯（Thanatos）——"死的本能"。这也导致他与达尔文分
道扬镳，因为自然选择（或性选择）理论中不可能包括死的
本能。

当人们研究弗洛伊德的作品时，通常会得到这一印象：虽
然弗洛伊德明显借鉴了达尔文的性选择以及本能等概念，但是
那些对达尔文思想进行了自我拓展解读的人对弗洛伊德产生了
更强烈的影响，斯宾塞和海克尔就是这些人中的典型代表。例
如，弗洛伊德吸收了海克尔关于"个体发育会重演物种进化
史"的观点。在《一例幼儿神经症病史记录摘编》（*From the
History of an Infantile Neurosis*，1918）一书中，他提出潜意识
是从婴儿与生俱来的系统发育模式中发展出来的。这种形式的

① Stevens，R.（2008）. *Sigmund Freud: Shaper of the Unconscious Mind*. Basingstoke:
   Palgrave Macmillan.

"遗传本能"与达尔文的理论并不一致，它更像是照搬了海克尔对达尔文理论的误读。海克尔认为，个体的生理发育过程是物种生理进化史的复现，而弗洛伊德则认为，个体的心理发育过程是物种心理进化史的复现。像弗洛伊德的其他理论一样，这是一个非常"圆滑"的假设，因为我们很难去对它进行驳斥或证实（无法验证这样的结论）。

当弗洛伊德思考文明社会的进化时，他也参考了达尔文的《人类的由来与性选择》。达尔文认为，人类和动物存在进化连续性，在此基础上，弗洛伊德认为不同种族也存在进化连续性，优等种族（如盎格鲁-撒克逊人）在进化上要高于原始种族。这一假设乍看之下与达尔文的种族观似乎极为相似（达尔文的观点我们在第三章介绍过），不过实际并非如此。达尔文确实认为不同种族间存在一定差异，但他认为这些差异主要是文化背景造成的，与进化阶段无关（虽然有时他也会前后矛盾）。而弗洛伊德引申解读了这一观念，以使其符合自己的目标。按照弗洛伊德的假设，西方儿童在成长过程中会先经过"原始野蛮状态"，之后才进入"文明状态"（这种观点的源头当然是海克尔而不是达尔文）。在此基础上，弗洛伊德又提出"退行"的概念，该概念指个体有时会退回到更原始的心理进化阶段（像原始种族或低等动物那样），更多依靠本能驱力行事。这种观点的源头当然也应该是海克尔，而不应该是达尔文。

弗洛伊德的地位

从结果来看，弗洛伊德对达尔文思想的借鉴可能并不仅仅是一种自利的行为。弗洛伊德将他发展的精神分析理论与达尔文的自然选择理论相提并论，通过赞扬达尔文，弗洛伊德在一定程度上也提升了自己的地位。在弗洛伊德 1925 年出版的著作《自传研究》（*Autobiographical Study*）中，弗洛伊德称人类的自豪感曾遭遇三次重创，施以重创的是提出三大发现的三位伟人，他们分别是哥白尼、达尔文和弗洛伊德自己。其中，哥白尼让我们知道地球不是宇宙的中心，达尔文让我们知道人类与其他动物有共同的祖先，而弗洛伊德则让我们知道，我们无法控制自己最深层的心理过程。不过，前两项成就后来已成为科学界的共识，第三项成就如今却依然容易引发争论。

对弗洛伊德滥用达尔文主义的指责

毫无疑问，弗洛伊德是一个达尔文主义者。然而，弗洛伊德也是一个越界的、激进的达尔文主义者，他将进化概念拓展到达尔文从未设想过的领域。例如，弗洛伊德提出的"死的本能"的概念实际上是对达尔文主义的否定（因为进化强调的是生存和繁衍）。而弗洛伊德提出的强调本能驱力的"本我"概念，虽然可以与达尔文主义相容，但也从未被完全整合到进化论的框架中。

虽然弗洛伊德在自己的作品中频繁引用达尔文的观点，并利用达尔文的学说阐述和发展了精神分析理论，但他创立的大部分概念，如潜意识、厄洛斯（生的本能）、塞纳托斯（死的本能）、本我、自我和超我等，却是科学哲学家的批判对象，原因是这些概念具有不可证伪性 ["可证伪性"是著名科学哲学家波普尔（Karl Popper）提出的科学研究原则 [1]]。也就是说，我们

---

[1]　Popper, K.（2000）. Science: Conjectures and Refutations. *Readings in the Philosophy of Science*（edited by T. Schick, Jt, 9–13）. Mountain View, CA: Mayfield Publishing Company.

很难（甚至完全不可能）寻找到这些概念真实存在的证据，而许多科学家都相信，只有当一个假设能通过实验的方法被检验时，才能满足成为"科学假设"的基本条件 ①（如果想了解更多对弗洛伊德的批判，可以参考史蒂文斯关于弗洛伊德的作品 ②）。

　　可以确定的是，即使在 21 世纪，达尔文和弗洛伊德的思想也会对人类看待自身的方式产生深远的影响。虽然我们并不赞成弗洛伊德滥用达尔文理论的做法，但我们也必须强调，弗洛伊德是当时少数几个认真考虑情绪适应性功能的人，并且弗洛伊德还看到，许多情绪机制不需要意识参与也会发生——而这正是如今流行的观点。此外，弗洛伊德就像达尔文一样，也认为人类和其他物种在心理特征方面存在进化连续性。文明外衣下的原始兽性驱力是弗洛伊德精神分析理论的核心概念。在 19 世纪，受达尔文的影响，人们对内心的兽性充满恐惧，这在那个时代的文学作品（例如，史蒂文森的《化身博士》）中有深刻反映。而在 20 世纪，受弗洛伊德的影响，人们又开始对潜意识心理产生恐惧，我们惧怕被赤裸裸的欲望（即弗洛伊德所谓的"本我"）驱使，成为为了满足内心冲动而行事的原始动物。

　　尽管对弗洛伊德的精神分析理论的质疑如今依然存在，但弗洛伊德对 20 世纪文化产生的影响是毋庸置疑的。即使在今天，我们的日常对话也经常会夹杂着弗洛伊德式的术语。我们会认为在公众场合讲出的令人尴尬的口误是潜意识想法的反

---

① 波普尔"可证伪性"原则的含义是，只有从理论推导出的各种预测有被证伪的可能性时，该理论才有可能是科学的理论。也就是说，好的理论一定存在被证伪的可能。一旦一个理论有被证伪的可能，这个理论才可以不断发展。相反，如果一个理论笼统、概括，包含所有可能的事实，反而会导致知识的停滞。——译者注

② Stevens, R.（2008）. *Sigmund Freud: Shaper of the Unconscious Mind*. Basingstoke: Palgrave Macmillan.

映；我们会利用弗洛伊德的精神分析理论大谈特谈父母对自己
的影响；我们会提到当自己注意力不集中时，如何下意识地做
了一些事。弗洛伊德的野心是创造一套理解人类欲望、思维和
行为的系统理论，为了实现这一目标，弗洛伊德选择站在一些
比他更早的伟大思想家的肩膀上，利用他们的成果构建自己的
理论基石，达尔文正是其中之一。如果没有达尔文，弗洛伊德
留给我们的可能是完全不同的思想遗产了。

阿加西斯——达尔文在美国的宿敌

　　尽管许多美国人都对达尔文主义大加赞赏（然而，正如我
们在第二章所介绍的，斯宾塞主义更受欢迎），但是就像在欧
洲一样，达尔文主义在美国遭遇的指责也不在少数。其中，最
具影响力的批评来自美国哈佛大学著名的动物学教授阿加西
斯。阿加西斯于 1807 年出生于瑞士，曾获得医学博士和哲学
博士双博士学位，后来搬到美国，在哈佛大学获得教授教职。

　　阿加西斯强烈反对达尔文关于自然选择促成生物进化的观
点，这种反对既源于他的科学认知，也源于他的宗教立场。像
海克尔、尼采和弗洛伊德一样，阿加西斯在人种问题上也赞成
多源发生论，即不同的种族是分别独立出现的。但不同的是，
阿加西斯是一种新形式的神创论（creationism）——神创论科
学（creation science）的支持者。神创论科学将化石记录归因
于一系列不同的物种（第八章还会涉及）。与他对达尔文主义
的态度一样，阿加西斯对种族问题的看法也很坚定。如果说海
克尔等德国哲学家与弗洛伊德只是认为白人要优于黑人，那么
阿加西斯的观点则更系统，也更深入。阿加西斯指出，这种种
族差异是上帝有意制造的，因为每个种族都有自己的使命。基
于这一理念，阿加西斯还主张种族隔离，虽然不公开支持奴隶

72

制，但他认为，种族融合与上帝的本意背道而驰。而美国南方的奴隶主则会利用阿加西斯的观点来作为对抗废奴主义者的论据[1]。对阿加西斯来说，创造不同的种族并使他们具有不同的能力和倾向，这都是上帝神圣计划的一部分，而神创论科学则揭示了这一奥秘。虽然神创论科学在当时还是一项新风潮，但是它的背后却是已经有 200 年历史的自然神学。自然神学认为，研究自然界可以让我们更好地理解上帝的意图，18 世纪晚期和 19 世纪早期，许多科学家都信奉这一宗旨（讽刺的是，有些人认为达尔文最初受到自然神学的启发）[2]。不过到了 19 世纪中后期，这一观念逐渐失去了支持，原因是即使是那些信仰虔诚的科学家，也开始将他们的信仰系统与科学研究工作分开。

尽管阿加西斯在自然神学和进化论上的立场，如今看来很有问题，但他作为科学先驱的身份也不应被忽视。阿加西斯是第一个提出地球经历过系列大冰期的科学家，同时，他还创建了系统的鱼类分类方法（后来被其他分类方法取代）。阿加西斯被认为是美国 19 世纪最杰出的博物学家，但恰恰由于他卓越的成就与非凡的影响力，阻碍了美国社会对达尔文思想的接受。

作为神创论科学的主要推广者，阿加西斯像其他反对进化论的人一样，认为达尔文的进化论无法解释生命的复杂性，在 1870 年，他曾写道[3]：

> 三叶虫的眼睛告诉我们，阳光曾照射过它居住的海滩，自然界中没有任何特征是无目的的，当如此复杂的器

[1] Lurie，E.（1954）. Louis Agassiz and the Races of Man. *Isis*，*453*，227–242.

[2] Nora.（Ed.）.（1967）. *Darwin and Henslow：The Growth of an Idea*. London：John Murray.

[3] Agassiz，J. L. R.（1870）. *Geologicd Sketches*. Boston：Field，Osgood & Co.

官被制造出来用以接收光线时，就一定会有光线进入。

阿加西斯的观点是，复杂结构的产生说明曾有更高级的力量对生物特征进行干预，这是他对进化论尤其是达尔文进化论最主要的反对论据。这种观点似乎极其富有吸引力，以至于如今许多神创论的支持者依然对此大肆宣扬（见第八章）①。除了相信复杂结构来自上帝手笔外，阿加西斯还认为，仅仅依靠偶然变异，并不足以产生如今地球丰富多彩的生物种类。如果地球真的像一些宗教人士所宣称的那样，只有4000年的历史，那么这确实会成为一个反对进化论的强有力论据。不过，20世纪初时，科学家就已经推测，地球年龄有40亿年，因此这一论据也就完全失去说服力了。

与许多强烈反对达尔文的人不同，阿加西斯不仅仅是在口头上指责达尔文主义，为了证明进化论的荒谬，他还进行了大量实地考察。1865年，他前往巴西研究当地的化石与岩石，这次远行的目的部分是为了搜寻物种不变的证据，以对抗进化论。阿加西斯认为，在巴西，古老冰期曾杀死所有形式的生命，这迫使上帝介入其中，为这一区域注入新的物种。他预期自己找到的证据可以驳斥达尔文关于物种缓慢转变的观点。不幸的是，阿加西斯团队中最资深的地质学家哈特（Frederick Hartt）最终认为，他们搜寻到的证据只能支持而无法反驳达尔文的进化论。

在1873年阿加西斯去世前，阿加西斯关于种族和进化的观点在科学团体和社会大众间的接受度差异很大。据说，他被很多人认为是最后一个完全拒绝进化论的著名科学家。让阿加

---

① Petto, A. J., & Godfrey, L. R.（2007）. *Scientists Confront Creationism*. New York: W. W. Norton.

西斯感到失望的是，他的大部分学生，甚至包括他的儿子，都成为进化论者。另外还有一件事情也很讽刺，由于阿加西斯为建造大博物馆努力筹集资金，因此为我们留下了举世闻名的哈佛大学比较解剖学博物馆，而这里后来成为一个具有国际声誉的进化论研究中心。

我们绝不应轻视阿加西的影响，他在许多领域的想法生命力极其旺盛，直到今天，神创论研究协会依然会利用他的著作作为反对进化论的证据。在第八章，我们会进一步探索神创论科学秉持的这些观点。

詹姆斯和心理学的发展

阿加西斯的一位学生深受达尔文思想启迪并成为美国历史上成就卓越的科学家。1865 年时，23 岁的詹姆斯陪同阿加西斯完成巴西之旅，这次科考对詹姆斯产生的影响同上文提到的对哈特产生的影响非常相似：詹姆斯对达尔文进化论的信仰不但丝毫没有动摇，反而更加坚定了。1842 年，詹姆斯出生于纽约一个富裕家庭。詹姆斯笃信宗教的父亲非常重视教育，他曾带着全家人在欧洲数次长途旅行，以拓展他们的知识范围，他还为自己所有的孩子都支付了昂贵的学费［包括詹姆斯的弟弟，著名的文学家小詹姆斯（Henry James Jr.）］，以让他们能够接受 19 世纪中期美国中产阶级能接触到的最好的教育。

詹姆斯曾学习医学并在哈佛大学教授生理学，1875 年，詹姆斯开设了美国大学第一门心理学课程。1878 年，詹姆斯开始撰写自己的著作《心理学原理》(*The Principles of Psychology*)，这本 1000 多页的鸿篇巨制最终于 1890 年出版。在某种程度上，《心理学原理》对心理学的影响可以与《物种起源》对生物学的影响相提并论。《心理学原理》将心理学不同的研究领域联系在一起，因而通常被认为是第一本心理学教科书。《心理学原理》借鉴了达尔文的许多观点并提出很多相关概念，这些概念成为之后一个世纪心理学研究的主要议题，其中特别包括机能主义心理学（functionalism）。机能主义心理学主要研究意识是如何帮助人们适应环境的。换句话说，机能主义心理学研究者专注于揭示意识和行为到底服务于什么目标。认识到这些目标在特定背景下与适应性功能密切相关是至关重要的。詹姆斯的机能主义心理学强调行为和心理状态的生理源头，这可以具体追溯到达尔文对情绪的研究工作。《心理学原理》中曾提出一个涉及情绪反应的重要科学假设，即我们如今所知的詹姆斯-兰格情绪理论［James-Lange theory of emotions，该理论之所以被称为詹姆斯-兰格情绪理论，是因为詹姆斯和丹麦科学家兰格（Carl Lange）于 19 世纪 80 年代，在大致相同的时间，分别独立得出相同的结论］。该理论对情绪的看法与我们通常想象的相反。该理论认为，情绪是植物性神经活动的产物，个体首先获得生理反应，之后才决定相应的情绪类型。因此，当出现了一个可怕的刺激物，例如凶猛的狗时，个体首先浑身战栗心跳加速，当注意到这些变化后，他才产生恐惧的感觉，而不是相反的过程。詹姆斯-兰格情绪理论吸收了达尔文在《人类和动物的表情》一书中的观点，它强调了表情对理解有机体内部状态的重要性。不过，与达尔文不同的是，詹姆斯主张情绪体验在情绪表达之后而不是之前出现。尽管现有证据表明，这个理论中有一部分假设与现实相符，但从更大范围看，在 20 世纪 20 年代人们就已经发现大量相反的情况 ①。不过，无论怎样，詹姆斯都是将达

① Walter, C. (1927). The James-Lange theory of emotions: A critical examination and an alternative theory. *American Journal of Psychology*, 39, 106–124.

尔文成果引入心理学情绪研究领域的主要人物。

本能与先天一后天的争论

在《心理学原理》一书中，詹姆斯除了描述情绪和意识之外，还详细讨论了本能的概念。为此，他对达尔文《物种起源》中关于本能的章节进行了大量研究。达尔文认为，本能是个体非习得产生的、对外界刺激程式化且潜意识的反应。达尔文的意思是，本能行为模式总是一成不变，而且不需要主观意图的参与。詹姆斯继承了达尔文的思想，将本能看作自然选择的产物，是祖先在漫长时光中生存适应的结果。然而，不同于达尔文的是，詹姆斯宣称人类拥有的本能比其他物种拥有的本能多而不是少。正如人们普遍认为的，詹姆斯对人类本能的讨论，重新点燃了人们对"先天一后天"的争论（也就是说，个体在多大程度上是生物或环境因素决定的），而这一话题历史久远，甚至可以追溯到古希腊时期（这种争论有时也被称为"遗传决定论与环境决定论之争"）。詹姆斯也没有认同达尔文对遗传的看法。达尔文认为，个体的本能没有任何可塑性，而詹姆斯则认为，个体的一些本能会被后天经验改变，另外，当两种本能陷入冲突时，一种本能会压倒另一种本能。

因此，虽然最初受到达尔文本能概念的影响，但随着写作的深入，詹姆斯开始构想出一种更灵活的本能观。尽管如此，毫不夸张地说，对"自然选择如何塑造个体的情绪和潜意识行为"这一问题的思考，始终是詹姆斯研究与写作的核心。事实上，如果不是 20 世纪 20 年代行为主义心理学兴起（见第五章），这个主题很可能在 20 世纪和 21 世纪的心理学研究中一直得以延续。

76

　　詹姆斯的写作风格无疑是很吸引人的，但《心理学原理》一书却常常因为缺乏结构性而受人诟病。虽然在心理学历史上，《心理学原理》是一本影响深远的著作，不过它却很难像《物种起源》或达尔文其他作品那样，被称为畅销书。幸运的是，詹姆斯的思想如今依然存在于主流心理学中，这部分是因为《心理学原理》后来出版了诸多简化版。事实上，正是由于詹姆斯最先开始思考社会行为和自然选择的关系，后来一些权威科学家才陆续提出基于达尔文主义的行为科学——社会生物学和进化心理学 [①]（第六章与第七章会介绍）。

罗曼斯——保护达尔文的资料

　　正如我们在第三章所看到的，达尔文的后两本书——《人类的由来与性选择》和《人类和动物的表情》都指出，人类与动物的心智能力存在进化连续性。由于提出这一看法，达尔文实际上打开了动物行为研究的大门，动物行为学成为正规的学术研究领域。如果人类与其他物种具有亲缘关系并且是由共同的祖先进化而来的，那么按照这一假设，我们可以通过研究其他物种来了解我们自身许多方面。在年老的时候，达尔文将他收集到的许多关于动物行为的资料整理成笔记，送给了一位他指导过的年轻人——罗曼斯（George Romanes）。通过这一方式，达尔文帮助动物行为学获得了发展。

　　罗曼斯于 1848 年出生于加拿大安大略省的金斯顿（Kingston），其祖上具有苏格兰血统。在罗曼斯 2 岁时，他的父亲获得一大笔

[①]　Salmon, C. A., & Crawford, C. B.（2008）. Evolutionary Psychology: The Historical Context. In C. Crawford & D. Krebs（Eds.）. *Foundations of Evolutionary Psychology: Ideas, Issues, Applications, and Findings*. Hillsdale: Erlbaum.

遗产，于是举家搬到伦敦的摄政公园。1870年，罗曼斯在剑桥大学完成学业，后来他又在伦敦大学学院学习生理学。在此期间，罗曼斯在科学杂志《自然》（*Nature*）上发表了一篇研究报告，而当时录用这份报告的正是年老的达尔文。从此之后，罗曼斯与达尔文定期通信。由于志趣相投，罗曼斯很快成为达尔文最年轻的密友。

像达尔文一样，罗曼斯认为，我们可以通过研究其他物种的能力来理解人类的心智及其进化过程（在达尔文最后一部作品中，达尔文甚至认为蚯蚓也有问题解决的能力）。1882年，罗曼斯出版了一本名为《动物智力》（*Animal Intelligence*）的著作，第二年，罗曼斯又出版了《动物心智的进化》（*Mental Evolution in Animals*）。这两本书都指出，人类低估了其他物种的内部心理状态。罗曼斯宣称，即使像水母或昆虫一样的低等动物，也有一定的智力。罗曼斯在水母身上的研究表明，水母具有网状神经系统，通过这一系统，它们能够利用收缩身体的适当部位来学习如何对物理刺激做出反应。遗憾的是，在这两本书中，罗曼斯的观点似乎更多是基于斯宾塞和海克尔，而不是达尔文，原因是他利用了生物发生律，以人类不同发育阶段为标准，对其他动物的心智能力进行排序。例如，3周大的婴儿智力水平等同于昆虫，4月龄的婴儿智力水平等同于爬行动物。总之，人类个体在成年前每一阶段的能力都有对应的物种。罗曼斯还对一些未经证实的关于动物能力的说法进行了直接引用，比如，狗能理解螺丝是如何工作的，或者一只蜈蚣在经过训练后可以爬上窗帘保护自己的食物，等等。

虽然罗曼斯关于动物心智能力的许多结论都来自他对各种海洋生物的生理学研究，不过他也有一些结论依赖的是动物的奇闻趣事。尽管罗曼斯在选择事例时是比较小心谨慎的，然而这种做法还是招致很多人的批评。罗曼斯同自己的导师达尔文一样，因为秉持"拟人观"而备受指责。就像我们在第三章看到的，如今"拟人观"这一术语常被用来指将人类的心理特征推至动物以解释动物的内部状态，例如，我们说一只鸟鸣叫的原因是它很"开心"。不过罗曼斯的"拟人观"更加细致。他认为，我们人类和其他物种的内部状态具有平行对应关系，因此，一种动物与人类在心智能力方面的相似程度取决于人类与这种动物的亲缘关系以及这种动物脑的体积。罗曼斯的主要研究目标之一是，通过对比人类的心理状态，推断其他物种的心理状态。这种思路本身没什么问题，但罗曼斯论证自己的结论时选用了太多有关动物的奇闻趣事，并且他在描述动物行为时使用了太多心灵主义术语。另外，罗曼斯还是第一个提出"比较心理学"（comparative psychology）这一术语的学者。这种研究取向主张，为了在进化背景下理解人类的心智能力，我们应该对不同种类的动物进行比较（当然这也有助于我们理解一种动物与其他动物的能力差异）。

摩根法则是否能驳倒罗曼斯的观点？

如今提到罗曼斯的名字时，人们经常想到的是他从人类心理状态推断动物心理状态的"粗野"做法。对此，摩根（Conway Lloyd Morgan）要负部分责任。摩根是生物学和行为学发展初期的权威专家，他在 1894 年出版的关于动物行为研究的著作《比较心理学概论》（*A Introduction to Comparative Psychology*）中曾宣称 [1]：

在任何情况下，如果我们能用更低级的心理过程去理

---

[1] Morgan, C. L. (1894). *Introduction to Comparative Psychology*. London：Walter Scott, p.53.

解一种行为，就不应该将这种行为解释为更高级的心理特征的结果。

换句话说，如果可以用更简单的机制来解释动物行为，我们就不应该用更高级的心智能力来解释这种行为。这一假设被称为"摩根法则"（Morgan's cannon），它常被作为直接反驳罗曼斯心灵主义的论据。不过，实际上，摩根并不是要将拟人化的表达从动物行为描述中完全驱逐出去，他只是不赞成无节制地过度使用这类语言。另外，摩根用罗曼斯发明的术语"比较心理学"为自己的作品命名，这也可以表明，他并不是像外界所描写的那样，以罗曼斯的主要批评者自居。摩根为 20 世纪初动物生理学和动物行为学的发展做出了重要贡献，正如在第五章我们将会看到的，在 20 世纪，达尔文的思想终于在动物行为研究领域占据了核心地位。

自然选择的黄金年代

在 20 世纪早期，随着越来越多支持自然选择的证据被发现，达尔文又重新获得在生物学领域超凡卓绝的地位。同样，显而易见的是，19 世纪晚期以及 20 世纪早期，许多哲学家和著名作家都将自然选择的概念拓展到达尔文从未设想过的领域。在发展自己独特理论的过程中，他们频繁地把自我喜好的"风味"融入达尔文主义这道"大餐"。在下一章我们将会看到两种完全相反的发展趋势：一方面，对于动物行为研究领域来说，达尔文通过动物行为学主导该领域的研究进程；而另一方面，对于社会科学研究领域来说，20 世纪的大部分时间，研究者认为他们可以完全不依赖达尔文的理论。

第五章 达尔文危险吗?
来自社会科学的反对与抵制

　　第四章关注的是受达尔文启发并继续影响了达尔文主义发展的那些人。正如我们所指出的，对达尔文理论不同的解释和延伸，使得达尔文主义变成一个模糊不清的概念，同时也导致达尔文主义受到的指责不亚于其获得的赞美。在本章，我们将注意力从 19 世纪的哲学思潮转移到 20 世纪初期若干与进化论相关的学术运动上。这些运动对达尔文主义通常有两种对立的态度：它们或是借鉴吸收了达尔文的思想，或是认为达尔文的思想是危险且有害的，拒绝用进化的思路解释人类行为。例如，动物行为学研究将达尔文的思想纳入对动物行为的研究中（不过，行为主义心理学在研究动物行为时却是部分排斥达尔文主义的），而文化人类学却对达尔文式的解释方式极为抗拒。我们将会看到，之所以文化人类学不接受达尔文主义，是因为许多学者认为，人类已经摆脱进化规则的限制，同时，很多并不光彩的政治运动是以达尔文思想为旗号的。对文化人类学家来说，达尔文主义已经成为一种需要与之划清界限的危险力量。

博厄斯和文化人类学的发展

斯宾塞的社会达尔文主义兴起于 19 世纪后期，它的直接后果之一是促成了文化人类学在 20 世纪的诞生。文化人类学作为与社会达尔文主义对立的"反向运动"，主动放弃了进化解释理论。这场运动的发起者——德裔美国学者博厄斯（Franz Boas）于 1858 年出生在明登市（Minden），他汲取了许多自然科学思想，并在此基础上独创了一种新的人类学理论。在博厄斯之前，人类学领域主要是由未经系统训练的业余爱好者组成的，以当前标准看，他们对来自"未开化"地区的异国人的认识往往带有强烈的种族主义色彩。人类学家经常四处云游观察外民族，并记录外族人的习俗和惯例，以及与西方"进步观念"相比的落后程度①。博厄斯改变了所有这一切。在（三所不同的德国大学）学习了数学、物理和地理三门学科并获得了地理学博士学位后，博厄斯于 1883 年前往北极巴芬岛进行科学考察。这次科学考察的最初计划是完成地理方面的科学考察任务，然而，博厄斯却被当地因纽特人独特的语言和文化传统吸引。此后，博厄斯决定将职业生涯倾注在发展一种全新的人类学上。因此，我们可以认为，这次科学考察改变了博厄斯以及他的那些追随者的命运。博厄斯的想法是先进行观察，再在观察基础上创建理论，这种研究思路我们如今看来再正常不过了。但在博厄斯之前，人类学家却都是先提出理论假设，之后再寻找支持理论假设的证据。通常，这些最初的理论假设都是基于斯宾塞或海克尔的社会达尔文主义思想，假定其他种族天生劣等。事实上，博厄斯离开德国的原因之一就是德国民族

①　Pels，P.，& Salemink，O.（Eds.）.（1999）. *Colonial Subjects：Essays on the Practical History of Anthropology*. Ann Arbor：University of Michigan Press.

主义的兴起以及德意志人对所有非德国人的排斥——这在海克尔的作品中也有所反映。

博厄斯在几所美国大学的支持下完成多项实地考察任务。1896 年，博厄斯接受哥伦比亚大学提供的教职。在那里，博厄斯度过整整 41 年，并一直致力于发展美国的人类学学派。在此期间，博厄斯整理了世界各地关于艺术、语言、舞蹈、雕塑和民族的海量资料与文物。凭借广博的研究基础，博厄斯发展了文化相对主义（cultural relativism）理论。该理论认为，我们在评价一种文化的规范和信仰时，不应该以自己的标准为参照，而应该基于该文化群体独特的生存背景与历史。博厄斯还批评指出，其他人类学家将"文化"与"文明"混为一谈，当他们戴上西方的"有色眼镜"时，不可避免会将其他社会看成是低人一等的劣等社会。

博厄斯的文化相对主义挑战了"西方文化天生具有优越性"的主流观点——这一观点可以追溯到斯宾塞和海克尔。因此，博厄斯创立的美国人类学学派，部分是为了对抗和回应社会达尔文主义对不同种族的看法。实际上，博厄斯可以看到达尔文与斯宾塞和海克尔的区别。作为一名学识渊博的学者，博厄斯意识到斯宾塞和海克尔错误地将进化看作是不断进步且遵从预定计划的过程，而达尔文的进化论则只是将进化看作是对不断变化的环境持续适应变异的过程。博厄斯最初正是受达尔文变异观点的启发才创立文化相对主义的概念，根据这一概念，文化差异只是对不同环境（非生物性）的适应。从这个意义上来看，博厄斯可以说深受达尔文影响，而他之所以后来会成为某种程度上的反达尔文主义者，是因为他坚持科学界应该避免形成以进化论为架构的人性大一统理论，并主张对人类差异寻求基于环境主义而不是遗传主义的解释（即后天与先天的区别）。从他的作品中可以清楚地看出，博厄斯的观点是对已经滥用的达尔文主义以及欧洲正在发展的殖民主义式人类学的回应。

文化相对主义是对达尔文式种族主义的回应吗？

尽管达尔文对种族的看法与西方优越论的立场基本一致，但正如我们已经看到的，达尔文的种族主义要比同时代的许多人温和得多。作为一名人类同源论者，达尔文认为，不同文化之间的差异很大程度上是表层的，而且具有可塑性。通过阅读达尔文与种族有关的作品，我们可以推测，如果活得足够久，达尔文很可能会与博厄斯的观点产生许多共鸣。尽管如此，随着文化相对主义越来越有影响力，该领域研究人员的立场变得非常极端，他们坚决排斥对人类行为进行生物学解释，同时也特别反对 20 世纪初发展起来的各种形式的达尔文主义。

在博厄斯的影响下，美国人类学学派从人类行为的进化解释迅速转向强烈的文化相对主义立场。博厄斯的研究工作原本是为了对抗西方人对外族人的种族刻板印象，但最终结果是导致人类学对所有形式的达尔文主义都横加指责。

在哥伦比亚大学期间，博厄斯堪称整整一代人类学家的精神导师，他们从他那里得到启发，试图将生物学和进化论驱逐出新兴的社会科学。特别是他的学生罗伊（Robert Lowie）、萨丕尔（Edward Sapir）、本尼迪克特（Ruth Benedict）、克鲁伯（Alfred Kroeber）和米德，他们都成为杰出的文化相对主义学者，并在其他大学发展了这一学派。1917 年，在没有提供任何实证证据的情况下，克鲁伯和洛伊就宣称，在文化人类学和生物学之间存在"一条永远无法弥合的鸿沟"[①]。然而，如我们即

83

---

① Freeman，D.（1996）. *Margaret Mead and the Heretic*. London：Penguin.

将看到的，正是米德的作品，促使社会科学界重新开始考虑是否可以用达尔文理论解释人类行为的根源了。

人类学对人类天性的排斥

达尔文主义对人类的看法表明，尽管个体之间存在差异，但是人性具有普适性，差异只是表象，核心则是一致的，人类存在共同的认知和情感反应。如果达尔文是正确的，那么不同文化的个体，在两性关系、生殖行为和情感状态等重要领域应该表现出更多的相似性而不是差异性。相反，文化相对主义的人性观则认为，每个人生来都是一块"白板"，每个社会独特的文化规范会在这张白板上书写并留下印记。其中，性别角色就被文化规范赋予特别强烈的社会属性 [1]。

米德对人类普遍情绪的反对

达尔文的情绪观是受文化相对主义冲击最为严重的理论之一。根据达尔文的假设，人类的表情具有普遍性，情绪是经过自然选择形成的、具有适应性功能的心理机制。尽管这一假设有詹姆斯和弗洛伊德的支持，但却受到 20 世纪许多人类学家的质疑。事实上，在 20 世纪的大部分时间里，人类学家（以及大多数其他社会科学家 [2]）都认为情绪具有几乎无限的可塑性。

这一观点与米德密切相关。米德于 1901 年出生在美国费

---

[1]　Margaret, M.（1949）. *Male and Female*：*A Study of the Sexes in a Changing World*. New York：Morrow.

[2]　Pinker, S.（2002）. *The Blank Slate*：*The Modern Denial of Human Nature*. London：Allen Lane.

城，是博厄斯的学生。米德曾通过实地考察描述和分析了萨摩亚女孩的两性行为，并因此获得资助，将她的博士论文在1928年以图书《萨摩亚人的成年》（*Coming age in Samoa*）出版。在这本畅销书中，米德断言，土著居民并不会体验到性嫉妒情绪，他们之间流行的是自由相爱。她还宣称，在那个岛上，年轻的女性在婚前可以随心所欲地享受性关系而不会引起人们任何恐慌。米德和博厄斯曾考虑，女性守贞是西方文化对女性进行限制的产物，而米德的研究则为这一正在逐渐形成的观点增添了证据。这本书实际上满足了大众对于太平洋岛国文化的刻板印象：那里如天堂一般，人们可以自由自在地调情求爱而不受西方社会任何乏味琐碎的限制（20世纪60年代，嬉皮士"要做爱，不作战"[①]的口号可以追溯到米德的研究[②]）。正因如此，《萨摩亚人的成年》在当时极为畅销。米德后来在其他太平洋"原始"岛屿部落又进行了实地调查，她的结论是，情绪反应和性别角色都是由文化规范而不是达尔文的性选择决定的。因此，每种文化都有自己独特的情绪模式，特别是在内心感情方面。

随着《萨摩亚人的成年》一书在口碑和商业上的成功，米德继续将自己的人类学研究成果出版，其中包括1935年问世的《三个原始部落的性别与气质》（*Sex and Temperament in Three Primitive Societes*）。在这本书中，米德指出，男性与女性的性别角色在巴布亚新几内亚三个原始部落差异很大。在塞皮克（Sepik）盆地湖边的一个原始社会"查恩布里"，女性凌

---

① 美国嬉皮士一族的著名口号，出自著名摇滚歌手列侬的一首歌《给和平一个机会》的歌词。——译者注

② Foerstel, L., & Gilliam, A.（Eds.）.（1992）. *Confronting the Margaret Mead Legacy*：*Scholarship*，*Empire and the South Pacific*. Philadelphia：Temple University Press.

驾于男性之上，具有统治地位。相反，在塞皮克盆地山区的另一个原始部落"阿拉佩什"，男性与女性的地位非常平等，一方不会对另一方颐指气使。而在塞皮克河区的原始部落"蒙杜古马"，两性都极为凶狠好斗，这一部落有长期的战争、偷袭和食人的历史。基于这些研究，米德一直积极倡导提升女性权利。她认为，性别角色在很大程度上是由文化决定的且具有可塑性 ①。这些成果被广泛引用，并被证明对 20 世纪后期女权主义的发展产生了深刻影响。另外，达尔文认为，性选择在人类进化史中具有重要作用，而米德的发现却显示，性别角色与攻击行为都是可塑的，这无疑可以成为反驳达尔文观点的坚实证据。与博厄斯一起，米德的研究还对 20 世纪社会科学的发展趋势产生了重大影响，在他们的引导下，环境决定论"战胜了"遗传决定论成为解释人类行为的主流观点。对许多人来说，米德既是那个时代最具前瞻性的人类学家，也是被大众崇拜的文化偶像 ②。

米德错了吗?

米德的研究意义重大，在长达半个世纪的时间里，科学界将她的观察奉为经典，很少有人对她的结论发起挑战。然而，1983 年开始，风潮发生了变化。在那一年，新西兰人类学家弗里曼（Derek Freeman）出版了《玛格丽特·米德和萨摩亚：一个人类学神话的形成和破灭》（*Margaret Mead and Samoa：The*

---

① Margaret, M.（1949）. *Male and Female：A Study of the Sexes in a Changing World*. New York：Morrow.

② Nardi, B.（1984）. The height of her powers：Margaret Mead's samoa. *Feminist Studies，10*，323–337.

Making and Unmaking of an Anthropological Myth）一书。在书中，弗里曼批评了米德的研究方法和研究结论。与米德相比，弗里曼和萨摩亚人相处的时间要长得多（米德的考察总共 5 个月，而弗里曼则考察了几乎 4 年），而且不同于米德，弗里曼已经完全掌握萨摩亚人的语言，因此他更了解萨摩亚人的生活细节。弗里曼声称，"一个预先设定的期望和一场不幸的骗局"构成米德结论的底色〔弗里曼没有采取骑墙观望的态度，他在 1999 年继续出版了第二本带有强烈批判性质的作品《玛格丽特·米德的致命闹剧：对其萨摩亚研究的历史分析》（*The Fateful Hoaxing of Margaret Mead*：*A Historical Analysis of Her Samoan Research*）〕。在分析米德的考察过程时，弗里曼发现，米德关于萨摩亚年轻女性"性自由"的所有发现都是以两个女孩的口述经历为依据，而这两个被采访者为了自我消遣编造了许多关于"性自由"的故事。根据弗里曼的说法，这种诙谐的恶作剧才是萨摩亚人日常生活的常规组成部分，而米德竟没能发现这一点。而更令米德名誉扫地的是，一位当年参与过访谈的萨摩亚人向弗里曼告密称，米德曾引诱受访者说出她想要获得的答案。为了支持这一说法，1987 年，弗里曼找到当年对米德"性自由"观点产生重要影响的两位萨摩亚女性中的一位——已经 86 岁的法阿帕阿·法阿穆（Fa'apua'a Fa'amu），并就她当年的经历进行了采访。法阿帕阿承认，当米德向她和她的朋友询问她们的性行为时，她们感到非常尴尬和不好意思，因此她们开了一个玩笑，告诉米德完全相反的事实。

弗里曼总结道，萨摩亚社会的真实情况与米德描绘的"性自由""恋爱自由"以及"性关系随意"的社会大相径庭。在萨摩亚，人们同样期望并要求年轻女性在婚前保持处女之身。更重要的是，弗里曼还发现，萨摩亚的父亲有权杀掉在婚前"玷污"自己女儿的青年男子，而这无论如何也不像一个和谐、自由和性开放的社会。

86　　弗里曼认为，为了排斥生理机制，为文化相对主义的观点提供证据，米德忽视了当时围绕在她身边那些显而易见的因素，而这些因素本可以解释萨摩亚人的性行为以及他们为什么缺乏性嫉妒。弗里曼还声称，在米德动身前往萨摩亚之前，米德和博厄斯就已经决定要找到性别角色相对性的证据（具有讽刺意味的是，这种从假设出发再进行实践检验的研究方式，正是博厄斯在他的职业生涯早期所努力对抗和扭转的研究模式）。在总结米德关于原始文化的结论时，弗里曼评价道[1][2]：

> 米德的核心结论是，文化或后天教养会决定青少年发展与人类行为。不过这些结论如今被证明是毫无根据、缺乏事实基础的。
>
> 基于两位年轻女性天真无邪的谎言，米德构建了她关于人类的所有观点。

另一位曾在萨摩亚进行过考察的著名人类学家欧兰斯（Martin Orans）也对米德提出毫不留情的指责。他认为，米德的发现能被接受且广为流传，是媒体和大众想象力"合谋"的结果[3]：

> 有时，大众会非常急切地接受媒体所传递的某些信

---

[1][2][3] Freeman, D.（1999）. *The Fateful Hoaxing of Margaret Mead: A Historical Analysis of Her Samoan Research*. Boulder, CO: Westview Press.

息，以至于他们会关闭自己所有的批判性思维，无条件地全盘接受这些信息。这正是发生在米德那本著名的《萨摩亚人的成年》上的事情。

其他人也对米德的实地考察提出进一步的批评，其中就包括她的丈夫（同时也是她的合作者）福琼（Reo Fortune），他发现，在巴布亚新几内亚"温和的"阿拉佩什部落中，很大一部分老年男性都曾在冲突中杀掉过其他男人（米德与福琼夫妻后来婚姻破裂了）。

文化相对主义的反击

人类学团体没有接受弗里曼对米德的批评。事实上，在1983年9月召开的第82届美国人类学会（American Anthropological Association）的年会上，大会代表团甚至专门投票通过了一项动议，动议的内容是对弗里曼驳斥米德的行为表示谴责。有趣的是，正如弗里曼在当时所指出的，一件事情到底是否正确通常是由证据而不是举手表决决定的。在后来的作品中，弗里曼还表示，米德和博厄斯的目标都是"将生物学——尤其是进化生物学——完全排除在人类行为研究领域之外"[①]。弗里曼相信，米德和博厄斯都认为"人类的进化史会影响我们的行为"这一假设对文化人类学家来说太危险了，因为它很可能导致恶魔再次从瓶中逃脱出来，就像当年社会达尔文主义的流行曾引发许多罪恶一样。

一些人类学家提出更多的证据对弗里曼进行反击。他们认

---

① Orans, M.（1996）. *Not Even Wrong*: *Margaret Mead*, *Derek Freeman*, *and the Samoans*. Novato, CA: Chandler & Sharp.

为，弗里曼过度放大了米德研究的缺陷。直到今天，在这个问题上仍然有意见对立的两派，双方各执一词，毫不相让。应该特别指出的是，尽管如今大多数人类学家都承认米德在早期田野调查中确实犯了一些错误，但米德和博厄斯提出的"文化相对主义"概念确实对人类学、社会学和文化研究领域的发展起到意义深远的推动作用。现代社会出现的文化平等与性别平等观念，在很大程度上可以归结为"文化相对主义"的贡献，然而，对于研究生物学特别是进化生物学的科学家来说，"文化相对主义"概念却是束缚他们研究的一道绳索①。

文化相对主义导致达尔文主义备受冷落

到 1934 年，博厄斯已经确信在解释人类行为时，环境决定论比进化论更符合事实，他在《社会科学百科全书》（*Encyclopedia of the Social Sciences*）中写道："相对于文化环境的强大影响，基因遗传因素在决定个体性格中的作用几乎可以忽略不计。"② 这种立场比进化支持者的立场更加极端，但是它被很多希望与社会达尔文主义保持距离的社会学学者欣然采纳。在 20 世纪 30 年代，环境决定论已经迅速取代遗传决定论，成为社会科学界对人性看法最主流的理论。具有讽刺意味的是，也正是在这一时期，达尔文的自然选择理论与孟德尔的遗传学理论相结合，促使自然科学领域现代综合进化论的发展。因此，当生物学再次青睐达尔文的概念时，由于文化相对主义的推动，导致 20 世纪大多数时间，达尔文主义在社会科

88

① Shankman, P. (2009). *The Trashing of Margaret Mead: Anatomy of an Anthropological Controversy.* Madison: University of Wisconsin Press.

② Pinker, S. (2002). *The Blank Slate: The Modern Denial of Human Nature.* London: Allen Lane.

学领域备受冷落。

坠落到凡间的天使，还是崛起的猿类？

也许有人认为，尽管博厄斯和米德推崇的人性相对性的观点最初是为了打破人们关于性别角色和种族差异的那些毫无根据的刻板印象，但他们在否定进化解释方面太过片面，因此失去了平衡。而揭示米德研究缺陷的弗里曼则成为达尔文主义的极端支持者，他认可用达尔文式的进化视角对人类行为进行解读。1996 年，弗里曼在悉尼学院的一次演讲中宣称[①]：

> 现在已经完全清楚，我们人类是进化的产物。或者更夸张地说，我们不是坠落到凡间的天使，而是崛起的猿类。这一关键的认识改变了所有我们长期建立起的关于人类自身的假设。当我们从进化的角度出发，人类历史第一次变得如此容易理解，而人类的行为同样可以被清楚地认知，这是之前从未有过的情况。

因此，我们能看到至少还有一位人类学家支持达尔文式的解释。就像文化相对主义学派的发展部分是对极端遗传决定论的回应，弗里曼坚定的达尔文主义立场则是对极端经验决定论的回应。有趣的是，1996 年，欧兰斯出版了一本名为《不完全错误：玛格丽特·米德、德里克·弗里曼和萨摩亚》(*Not Even Wrong：Margaret Mead，Dreak Freeman and the Samoans*) 的著作，探讨了弗里曼和米德支持者之间的争论。正如书名所揭示

---

① Freeman，D. (1996). *Margaret Mead and the Heretic：The Making and Unmake is of an Anthropological Myth*. London：Penguin.

的，欧兰斯的结论是，双方都不完全错误，虽然米德过分夸大了她的调查结果，但弗里曼也过分夸大了米德的错误。

重新发现达尔文——情绪的本质与功能

　　尽管关于米德的许多争论如今依然悬而未决，没有定论（她真的被受访者骗了吗？她是否故意忽视了性压抑的证据？），但有一点可能是比较确定的：米德认为人类的情感状态和情绪表达纯粹是文化的产物，这种观点没有经受住时间的考验。相反，达尔文曾指出，在所有文化背景下，人们都具有一致的情绪与表情。如今，达尔文的假设已经得到坚实的支持。根据埃克曼和弗里森等学者的研究成果 ① （我们在第三章曾提到），自20世纪90年代以来，科学界对情绪研究的兴趣逐渐增大，越来越多的研究发现，情绪是一种普遍的适应机制，并不具有文化特异性。许多研究者在深入分析了达尔文关于情绪的研究成果后，都认为他的观点不但谈不上极端，甚至还有些太过温和，因为许多表情都具有提高适应性的功能（达尔文认为，表情在起源时具有这种功能，但如今已不复存在）。例如，一张看起来高兴的面孔可能会告诉其他人，他喜欢其他人的陪伴，而这会促进潜在合作；一张看起来愤怒或恐惧的面孔可能充当警告信号，提醒其他人不要再试图越雷池一步或接近；而一副轻蔑的表情则可能预示着占便宜的不速之客已被发现，他们应该见好就收。然而，这些想法目前还具有一定推测的成分，如达尔文所预见的，人们意识到面部表情具有潜在的适应性意义，不过，相关研究探索只是刚刚起步而已。

---

① The register of Derek Freeman Papers 1940—2001. Mandeville Special Collections Library，Geisel Library. San Diego：University of California.

动物行为学——研究动物行为的达尔文主义取向

在 20 世纪的大部分时间，达尔文的后两本著作《人类的由来与性选择》和《人类和动物的表情》都没有对社会科学的发展产生什么影响。然而，它们确实对动物行为研究的新领域——动物行为学的产生起到了重要的推动作用。动物行为学"ethology"一词来源于希腊语中表示"气质"和"品质"的词语"ethos"。在 19 世纪末 20 世纪初，两位研究者——海因洛特（Oskar Heinroth）和惠特曼（Charles Whitman）分别独立尝试用达尔文的观点（同时也借鉴了罗曼斯的研究）来理解野生动物的行为模式。惠特曼于 1842 年出生于美国缅因州北部的伍德斯托克（Woodstock），他曾跟随阿加西斯学习海洋生物学，并于 1878 年获得胚胎学博士学位。惠特曼对自然史与博物学极为痴迷，是一位坚定的达尔文主义者，同时也是动物行为研究领域的专家。惠特曼对鸟类的本能行为进行过很多有趣的观察，1898 年，他发表了一篇极为有影响力的论文，这篇论文的题目就简称为《动物行为学》(*Animal Behavior*)。

1871 年出生于德国美因茨–卡斯特尔的海因洛特在科学研究方面的人生轨迹与惠特曼极为相似。海因洛特同样热衷于研究鸟类的本能行为，并重新发现了印记现象［imprinting，这种现象最早是由斯伯尔丁（Douglas Spalding）发现的］。海因洛特认为，动物的本能行为模式可以追溯到共同的祖先。他与惠特曼观点相同，认为动物的行为就像生理特征一样，也是通过自然选择来传递的。这两位杰出的动物行为学家共同开创了"动物行为学"这一研究领域。另外，海因洛特和惠特曼两人还有一个重要贡献，他们发现，相关物种的行为模式具有明显的一致性，两个物种在亲缘关系上越接近，它们的整体行为表现就越相似。由于亲缘关系越接近的物种就有更"年轻"的共

90

同祖先，这一发现可以作为动物行为也遵循达尔文进化模式的强有力证据。

三位诺贝尔奖获得者

紧随着海因洛特和惠特曼的步伐（当然同时也受到尔文学说的直接影响），在 20 世纪 20 年代到 50 年代，三位欧洲动物学家继续拓展动物行为研究的达尔文主义取向，发展了古典动物行为学。他们分别是来自奥地利的冯·弗里希（Karl von Frisch）、洛伦茨（Konrad Lorenz），以及来自荷兰的廷伯根（Niko Tinbergen）。1973 年时，由于在动物社会行为规律方面有卓著的贡献，他们共同获得了诺贝尔生理学奖。这三位科学家的成就大大增加了我们对动物行为的认识，但更重要的是，他们对动物行为"达尔文式"的探索，深刻影响了后来社会生物学、行为生态学和进化心理学这三门新的学科领域的创立。在第六章与第七章，我们会详细介绍这些学科领域，而当前更重要的是，我们要先搞清楚动物行为学的发展历史以及相关争论。

冯·弗里希——被遗忘的诺贝尔奖得主

冯·弗里希于 1886 年出生在维也纳一个科学世家，在他众多的研究成果中，最闻名于世的是发现蜜蜂彩色视觉，正是这项研究帮助他在 20 世纪建立了世界级声望。受达尔文《物种起源》《人类的由来与性选择》和《人类和动物的表情》三本著作的启发，冯·弗里希提出"共同进化适应"（co-evolved adaptations）的概念。要理解这一概念，我们可以想象这样一个例子。如果花朵有明亮的颜色，蜜蜂会被颜色吸引到那里收集花蜜，这样蜜蜂就可以帮忙传播花粉，把花粉带到其他花丛，为了实现自己采集花粉的目标，蜜蜂需要进化出彩色视觉。在这一过程中，两个不同物种可以互惠互利，共同适应。因此，两种非常不同的物种可以为了共同利益而共同适应——而这一机制实际上达尔文早已意识到 [1]。冯·弗里希在漫长的职业生涯中（他于 1982 年去世）还做出许多其他重要的贡献。例如，他发现：蜜蜂具有嗅觉，蜜蜂可以通过"舞蹈"来表达方位与距离，以引导其他同伴飞往花蜜丰富的花丛；鱼类具有辨别颜色、亮度和声音的能力，等等。这些研究在不同程度上将达尔文的思想与动物行为研究联系在一起。不过，他在动物行为学领域的贡献，在很大程度上被洛伦茨和廷伯根耀眼的光辉掩盖了。

91

洛伦茨和廷伯根——将达尔文引入动物行为研究

在 20 世纪 30 年代，洛伦茨和廷伯根通过对自然行为的现场研究，各自独立推动了动物行为研究领域的发展。与行为主义心理学不同（后文会介绍），他们直接从达尔文那里汲取了灵感，探讨了许多动物的本能行为。

洛伦茨于 1903 年出生在维也纳，他的父亲是一位富有的外科整形医生。由于父亲渴望儿子进入医学领域继承家族事业，洛伦茨先在纽约的哥伦比亚大学攻读医学，随后又前往维也纳大学学习，并在 1929 年获得医学博士学位。然而，洛伦茨对动物学的兴趣实际上要高于对医学的兴趣。1933 年，洛伦茨又取得了比较解剖学领域的博士学位，并完成了鸟类翅膀

---

[1] Ekman, P., & Friesen, W.（1971）. Constants across culture in the face and emotion. *Journal of Personality and Social Psychology*，*17*，124–129.

进化方面的研究。在后续几年，洛伦茨继续深化自己的研究成果，并在 1939 年获得柯尼斯堡大学心理学教授的聘职。从孩提时代起，洛伦茨就迷恋各种野生鸟类，并饲养了许多鸟类作为宠物。他既对鸟类行为兴趣浓厚，也对进化论坚信不疑，后来他开始将两者结合在一起，主张应该把动物的行为归结为进化，就如同它们的解剖结构也是进化的结果一样（洛伦茨认为达尔文是动物行为学的"先师圣人"）。洛伦茨一生研究成果丰厚，他分析过鸟类对幼鸟与配偶等亲属的特殊行为，发现了寒鸦的交流方式，甚至对精神分裂症也有所涉猎。不过，在他所有的贡献中，最被世人熟知的应该是他对灰雁幼雏印记行为的研究。印记指家禽孵化后会对第一个接触的对象产生依恋，并对这一对象展现的特征和行为进行快速模仿学习 ① （尽管这种行为反应模式在鸟类以外的其他物种中也极为普遍）。1873年，一位名叫斯伯尔丁的英国博物学家最早对印记行为进行了记载，之后，海因洛特对印记行为进行了后续观察（海因洛特教过洛伦茨）。不过，虽然洛伦茨并不是印记行为的首位发现者，但他确实是第一个对这种行为的生物学习机制进行详细而深入研究的学者。在洛伦茨看来，印记行为的发生并不需要特别强化（只要将动物幼崽暴露在合适的环境中就会自然发生），这一反应机制是天生且不可逆转的。自然选择之所以会赋予鸟类这种类型的学习方式，是因为它会对幼鸟产生生存优势。洛伦茨对印记机制的研究成为动物行为学研究领域的重要组成部

92

---

① 印记学习的时间一般极短，如灰雁的幼雏出生后仅有几小时的印记学习时间。许多印记行为仅在动物一生中的特定时期才能学习，如将孵出的灰雁幼雏关在笼内几天，不让它看到母灰雁或是其他的"代替物"，幼雏便会丧失印记学习的能力。动物的印记学习虽发生在早期，但对晚期行为也具有一定影响，如果灰雁幼雏对人形成印记，它便会与人长期结伴，对人形成依恋。——译者注

分。在整个 20 世纪（以及之后的 21 世纪），世界各地的动物行为学家都将印记行为视为动物生命中最早的学习形式，并通过这种机制来探讨行为的发展与进化 ①。

洛伦茨对印记行为的研究还催生了一种新观念：某些特定的学习形式只发生在特定的关键期（一段限定的发育时间，也就是窗口期，动物的脑已准备好去学习特定技能动作或对特定环境特征产生反应）。这一假设非常重要，因为它显示行为发展中先天素质与后天环境间的交互作用关系（基因使脑做好准备，而刺激信息则来自环境）。通过这种方式，有机体可以在合适的时间提高对某些学习形式的敏感性，以增加生存的适应性。因此，"关键期"可以被视为达尔文式的适应机制。在动物行为学领域之外，发展心理学家也借用洛伦茨提出的"关键期"概念，用来表达和解释人类的情感依恋（在第七章会进一步介绍）。

从 20 世纪 30 年代后期开始，洛伦茨通过一系列理论与实际观察工作，开始发展"本能"概念以解释许多动物的行为反应。在这一过程中，洛伦茨还创制了许多专业术语，而这些专业术语后来被广泛应用于动物行为学研究领域。洛伦茨指出，即使一些看起来极为复杂的反应，也可能是动物没有经过后天学习而自动出现的。灰雁的"滚蛋"行为就是一个典型的例子（灰雁有一种非常程式化的"滚蛋"方式，它们会用自己的脖子将掉出鸟巢的蛋滚回巢内）。基于自己的研究，洛伦茨总结指出，本能行为具有四种特性：第一，它们天生存在；第二，本能行为极其刻板（也就是说，总是采取相同的反应模式）；第三，本能行为具有物种特异性；第四，由于先天释放机制

---

① Lorenz, K. (1965). *Evolution and Modification of Behavior*. Chicago：University of Chicago Press.

（innate releasing mechanism）的存在，本能行为才能得以出现。其中，洛伦茨将"先天释放机制"的概念引入动物行为学，我们有必要在此解释一下。先天释放机制是洛伦茨假定的一种有机体内部系统，该系统可以对特定的刺激产生反应以引导有机体表现出合适的行为。例如，当一个陌生男人进入一片鸟的领地时，鸟类在先天释放机制的作用下会鸣叫并立即飞走。刻板反应是一种固定的行为模式，而引发刻板反应的刺激被称为"信号刺激"。因此，洛伦茨（通过与廷伯根的合作）以"本能"概念为核心，将一系列达尔文式的概念与术语引入动物行为学研究领域。

廷伯根于 1907 年出生在海牙。像洛伦茨一样，廷伯根自幼年起就对野生动物特别是鸟类深深着迷。1932 年时，廷伯根凭借对狼蜂（一种攻击性很强的猎食型黄蜂）导航能力的研究获得莱顿大学生物学博士学位。之后，他留在莱顿大学任教并继续自己对动物行为的研究。廷伯根曾与妻子伊丽莎白（Elisabeth）在格陵兰岛长期观察和研究野生动物。回到荷兰后，他开展并指导了许多动物行为学研究项目，揭示多种鸟类与其他动物的行为机制。有趣的是，就像之前的博厄斯一样，廷伯根在格陵兰岛考察期间，也对当地因纽特人狩猎采集的原始生活方式产生了浓厚的兴趣。此后，从动物行为学视角出发对人类行为进行观察，成为贯穿廷伯根研究生涯的主要兴趣点之一。1937 年春天，廷伯根前往奥地利与洛伦茨会面，经过一番细致交流后，两人认识到：他们各自独立发展了自己的动物行为学体系，但他们又有非常相似的理论主张与研究取向。此后，廷伯根与洛伦茨迅速建立了亲密无间的友谊以及合作关系，两位杰出的科学家将达尔文的自然选择理论与性选择理论应用到动物行为研究领域，用以解释动物在自然状态下的行为特征。公平客观地说，这次合作正是现代动物行为学基本框架及研究准则的源头。不幸的是，随着第二次世界大战的到来，他们的合作与友谊都中止了——他们发现自己在战争中分别属于对立的阵营。

　　由于支持自己在莱顿大学的犹太裔同事，廷伯根在战争期间被关押在纳粹拘留所两年。与此同时，洛伦茨却在1938年加入纳粹党，成为德国陆军的随军医师。1944年，随着德军溃败，洛伦茨被俘。此后很长一段时间，洛伦茨都被关在战俘营，直到1948年才被释放。1949年，廷伯根与洛伦茨终于又重新打开了合作的大门（不过，虽然他们表面上还是朋友关系，但他们身边的人透露，廷伯根与洛伦茨之间的互动变得很微妙，他们不再像以前那么亲密无间了）①。1949年，廷伯根开始在牛津大学任教，而洛伦茨则在威斯特伐利亚（Westphalia）的马克斯-普朗克研究所组建了比较动物行为学系。他们对动物行为学开创性的工作贯穿了20世纪50年代、60年代以及70年代。

洛伦茨是随意借鉴达尔文的思想吗？

　　尽管洛伦茨和廷伯根都利用达尔文的思想来发展动物行为学，但他们在一些具体的研究方法、研究路线和知识传播方面依然有一定差异。廷伯根总是先进行旷日持久的实地观察，之后再开展准实验研究，在这些坚实的实证研究基础上，他才会去解释动物特定行为机制的生存价值。洛伦茨虽然也会使用类似的观察和实验等实证研究手段，但他更热衷于发展宏观、概括甚至无所不包的行为理论。其中，行为驱力的"水压模型"（hydraulic model）是他最著名的理论之一。洛伦茨指

94

---

① Bateson，P.（2011）. Imprinting. *Scholarpedia*，6（2），6838.

出，一种行为（如进食行为、性行为或攻击行为）的驱动力会随着时间进程不断提高与积聚，而积聚的能量就是动作特异势能（action-specific energy）。如果动作特异势能不通过适当的刺激间歇性地释放出来，那么当聚集到一定程度时，它在没有刺激的情况下也会自发释放。这一理论也可以说明，如果有机体（人或动物）任凭能量不断累积，但却没有被给予正确的刺激以通过合理途径进行宣泄，那么他（它）们最终可能会做出不适当的性行为或攻击行为。有趣的是，虽然"水压模型"借鉴了达尔文关于情绪的观点，但就像我们在第四章讨论的弗洛伊德的概念一样，也有人认为"水压模型"是对自然选择理论与性选择理论的"随意借鉴"。

很多当时的动物行为学家就对这一主张表达了不满，例如，剑桥大学的动物行为学家辛德（Robert Hinde）曾对此提出指控，他指出"水压模型"与来自野外或实验室的观察结果并不一致 ①。另外，如果以达尔文的原则来看待这一理论，我们很难想象动物为什么要做出完全没有适应性的行为（按照洛伦茨的假设，当能量积累到临界点后，有机体也会对不适当的刺激产生反应，但这种行为并不会帮助有机体繁衍后代、传递基因）。

廷伯根的"四个问题"

到 20 世纪中叶，在冯·弗里希、洛伦茨和廷伯根的带领下，动物行为学已经发展成为一个非常成熟的研究领域。到 20 世纪 60 年代，廷伯根澄清并概括了研究动物行为的几种基本

---

① Kruuk，H.（2003）. *Niko's Nature: The Life of Niko Tinbergen and His Science of Animal Behavior*. Oxford：Oxford University Press.

的研究方法，通过这些基本的研究方法可以对同一问题进行交叉论证，这样就能避免草率的结论。因此，动物行为学又向前迈进了重要一步。1963 年，廷伯根出版了著作《动物行为学的目标与研究方法》（*On the Aims and Methods of Ethology*，他宣称将此书献给 60 岁生日时的洛伦茨）。在这本书中，廷伯根提出，在解决一个动物行为学研究任务时，研究者必须处理好四个问题：第一，起因（causation），指当下行为背后的生理机制；第二，发展（development），指行为能得以出现的发展过程；第三，进化（evolution），指行为的进化发展过程；第四，适应（adaptation）或功能（function），指这种行为如何帮助有机体生存与繁衍。值得注意的是，为了不对"发展"的概念产生误解，廷伯根分别用"个体发生"（ontogeny）与"种系发生"（phylogeny）这两个术语区分了个体层面的行为发展与物种层面的行为发展。他提出的这四个问题则构成现代动物行为学的基石，对我们如今研究动物（和人类）行为依然具有重要的启发性。我们在随后的章节中将会看到，一些当代的进化心理学家会将对前两个问题的解答视为行为近因解释（它们涉及的是有机体一生甚至是极短时间内的变化），而将对后两个问题的解答视为远因解释（它们涉及的是物种在进化尺度上的变化），而远因解释正是直接来自达尔文的工作。

裸猿——人类习性学

在 20 世纪 50 年代早期至 70 年代中期，通过媒体的宣传，洛伦茨和廷伯根促进了动物行为学在社会大众中的传播。与此同时，洛伦茨也越来越关注人类行为。在两本极富争议的作品中，洛伦茨开始形成自己关于人类行为的观点，这两本书分别是 1966 年出版的《暴力论》（*On Aggression*）以及 1974 年出版

的《文明人的八宗罪》(*Civilized Man's Eight Deadly Sins*)。在
《暴力论》一书中，洛伦茨指出，暴力行为可以为进化目的服
务，因此暴力并不总是坏事。而在《文明人的八宗罪》一书
中，他又再次强调，随着人口增长，人与人之间往往会变得更
具有攻击性。这一新的学科领域当然具有重要的科学意义，不
幸的是，当人们对这些假设追根溯源时，会不禁联想到斯宾塞
和海克尔的社会达尔文主义，这让洛伦茨开创的新领域同时面
临来自科学方面与道德方面的指责。尽管如此，随着动物行为
学的壮大，人类习性学（human ethology）也逐渐发展起来 ①。
洛伦茨的目标就是努力让公众接受这一新的学科领域，为此，
他试图说明这一学科领域的知识（或者说是他自己掌握的人类
习性学知识）是如何帮助我们改善生存状态的。

　　20 世纪 60 年代，在洛伦茨的领导下，许多接受过动物行
为学系统训练的专家也将他们的注意力转向人类行为。1967 年，
廷伯根的一位英国博士生（同时也是电视节目主持人）——莫
里斯出版了《裸猿：一位动物学家对人类动物性的研究》(*The
Naked Ape：A Zoologists Study of Human Animal*) 一书。在这本
书中，莫里斯将人类看作是一种未知的猿类。莫里斯借鉴并吸
收了大量达尔文关于人类的作品，同时也在其中加入许多自己
的见解与解释。在《人类的由来与性选择》一书中，达尔文基
于自己对"野蛮人"的观察曾指出 ②：

　　　　原始人最初生活在小社群中，每个男人总是在自己供养
　　能力范围内尽可能娶更多的妻子，他会小心翼翼地保护自己

---

① Hinde，R.（1956）. Ethological models and the concept of drive. *The British
Journal for the Philosophy of Science*，6，321–331.

② Hinde，R.（1970）. *Animal Behavior：A Synthesis of Ethology and Comparative
Psychology*. New York：McGraw Hill.

的妻子，避免她们被其他男人引诱……就像大猩猩一样。

在达尔文"生殖遗产"观点的基础上，莫里斯又吸收了当时科学界掌握的关于猿类性与攻击行为方面的知识。莫里斯认为，人类男性天生对女性具有支配感，而女性则进化出对配偶的忠诚。莫里斯还推测，由于男性会经常长期外出狩猎，他们的女性伴侣会进化出一夫一妻的心理倾向（在这一点，莫里斯与达尔文的想法有差异，他认为人类天生是一夫一妻的动物），以保证男性不需忧虑配偶与他人通奸。考虑到公众对性与暴力的兴趣，以及莫里斯充满魅力的写作风格，我们也就不奇怪为何《裸猿》会在全世界成为畅销读物了（《裸猿》一书被翻译成 23 种语言，销量超过 1000 万册）。与莫里斯相似，1966 年，美国进化作家阿德雷（Robert Ardrey）出版了另一本关于人类习性学的畅销书——《领地法则》(*The Territorial Imperative*)。在 这 本 书 中， 阿 德 雷 提 出 所 谓 的 "狩 猎 假 说"（hunting hypothesis）以及"杀手猿假说"[killer ape hypothesis，在阿德雷 1976 年出版的作品《狩猎假说》(*The Hunting Hypothesis*) 中，他再次强调了这两个理论]。"狩猎假说"认为，人类祖先从热带雨林的树上下来进入开阔草原生活后，就开始了狩猎模式。狩猎带来的挑战推动了人类的进化，例如，快速扩大的脑容量和复杂的交流系统都是狩猎导致的结果。而在"杀手猿假说"中，阿德雷则认为，从森林觅食到草原狩猎的转变导致人类祖先与其他猿类相比，攻击性行为大大增加，而最终结果是让如今的人类成一种具有暴力倾向的动物。

97

对人类习性学的指责

尽管像洛伦茨一样，莫里斯和阿德雷的作品重新点燃了公众对达尔文进化论的兴趣，但就像过往达尔文主义被误用一样，他们的作品也让许多动物行为学家产生了深深的忧虑（这种忧虑同样适用于洛伦茨的一些作品）。第一，他们提出的进化观是以男性为中心的，在他们的理论中，女性的进化特征只是为了适应并帮助男性，因此女性进化只是人类进化中被动的、辅助性的过程，而这一思想在他们的作品中反复出现①。第二，他们的作品大多具有西方中心主义倾向，这一点在莫里斯的著作中尤为明显。虽然莫里斯的作品没有展现直接的种族主义观点，但它们无疑是以欧洲社会为中心的，这一点被那些秉持文化相对主义的社会科学家觉察，因此遭到他们的指责。第三，他们作品中的解释方式是关注某一行为特征在物种（群体）层面的进化优势，而在 20 世纪 60 年代中期后，动物学家正在将研究兴趣转向个体层面的进化优势（甚至像在第六章所展现的，许多研究者甚至将关注点放到"基因"这一微观层面，考虑特定行为如何为基因生存带来优势）。第四，他们在作品中提出的假设具有很强的"目的性"，也就是说，进化似乎是面向未来的，是为了今后可能出现的问题而发生的（例如，女性的忠诚），但自然选择机制引导的进化变异特征实际是为了解决当下出现的生存问题的。

　　上述第一个问题可以追溯到达尔文关于进化的后两部著作——《人类的由来与性选择》与《人类和动物的表情》。不过，有所不同的是，达尔文强调的反而是女性选择在性选择机制中的作用。这正是讽刺之处，在达尔文出版《人类的由来与性选择》时的 1871 年，西方社会的女性或多或少被认为是丈夫的财产，但达尔文突出女性在人类进化中的价值与影响力；

① Darwin, C. (1871). *The Descent of Man and Selection in Relation to Sex*. London：John Murray.

而在《裸猿》出版的 1967 年，正是西方社会女性解放以及女权主义高涨的时代，但莫里斯把女性描绘成男性的附属品，在他的笔下，女性在进化中的地位远不如男性。另外，在达尔文的著作中，他主要关注的是物种内部的个体变异和个体行为，而没有对群体变异或群体行为进行太多论述（虽然在这方面达尔文偶尔会前后不一致）。自然选择到底在哪一层面发挥作用？自 20 世纪 60 年代以来，对进化论与生物行为之间关系感兴趣的科学家就一直为此争论不休，在第六章我们会再次阐释这些冲突。另外，虽然有时达尔文也会被指控在作品中有目的论（teleology）含义的表达，但达尔文自己很清楚，自然选择并不会预测未来，也不可能让生物为了未来的生存问题提前做好适应准备。尽管存在种种不足之处，但 20 世纪 60 年代以来出现的这些关于行为学的流行读物，确实向大众传播了关于人类行为研究的新思想。然而，尽管这些作品在图书市场上极为畅销，许多社会科学家（也包括一些动物行为学家）却对此无动于衷，同时也对人类习性学毫无兴趣①。

比较心理学和行为主义的发展

当涉及动物行为研究时，并不是只有动物行为学家占据这一研究领域。在洛伦茨、廷伯根和冯·弗里希正致力于发展动物行为学时，另一门研究动物行为的学科——比较心理学也在同步发展。比较心理学也吸收借鉴了达尔文及其追随者的研究成果。不过，与动物行为学不同（动物行为学关注的是动物在自然环境下的先天行为），比较心理学强调在可控的实验室环境下对动物的学习能力进行研究。虽然"比较心理学"这一

---

① Wright, R.（1994）. *The Moral Animal*. London：Abacus.

术语最早是由法国生理学家弗卢朗（Jean Pierre Flourens）在1864年开始使用的，但它实际的奠基人是罗曼斯、詹姆斯与摩根等人。像动物行为学一样，比较心理学可以追溯到达尔文关于人类进化的两本著作——《人类的由来与性选择》与《人类和动物的表情》。正如我们所看到的，"比较"（comparative）一词最初指的是对人类和一系列其他动物进行比较。在达尔文和罗曼斯之后，另外两本重要的著作促进了比较心理学的发展。在詹姆斯的《心理学原理》中，詹姆斯指出，在动物王国中，有一些特定的学习规律为许多动物所共有。而后，摩根在1894年出版的作品《比较心理学概论》（*Introduction to Comparative Psychology*）中进一步充实了这一领域。在这本书中，摩根提出，我们应避免对动物行为做出主观推断，而应严格接受客观结论。当然，并不是摩根不相信动物也存在复杂的内部心理状态——他只是认为我们不应对动物的内部心理状态进行过度解读（如预先假设动物的心理状态与人类的心理状态具有相似性）。尽管摩根深受达尔文与罗曼斯影响，同时他也对他们充满敬意，但通过摩根关于"如何解读动物行为"的想法可以看出，他对解读动物行为时过度拟人化的方式是有所谴责的（达尔文的拟人化倾向虽然没有罗曼斯那么强烈，但达尔文也确实曾指出蚯蚓有一定程度的智力，并认为动物普遍具有好奇心）。

　　在摩根之后，比较心理学逐渐分化为两个分支：一个分支更强调研究动物的内部心理状态，这一分支最终发展成为关注动物认知的新研究领域（如今这一分支主要关注的是将其他动物的心智能力与人类的心智能力进行比较）；而另一个分支则试图将唯心主义语言从动物行为研究领域驱逐出去，这一分支最终发展成了人们熟知的行为主义。

华生对意识和达尔文主义的驱逐

华生（John Watson）于 1878 年出生在南卡罗来纳州。1903年，华生由于动物学习方面的研究在芝加哥大学获得博士学位。1913 年，华生创立了比较心理学的一个分支——行为主义。华生继承了摩根的观点，认为我们不应对心理状态和可观察的行为进行过度解读。同时，华生还进一步宣称，当我们研究人类和动物行为时，唯一该关注的对象就是他（它）们的行为。实际上，华生并没有完全否认意识的存在（尽管他在这方面的观点有时并不一致），只是由于意识是个体的、私人的，且无法通过科学方法直接观察，因而只有可观察的行为（包括动物和人类的行为）才能构成心理学的研究主题。也正因如此，这种研究取向才被称为"行为主义"。

虽然行为主义与达尔文主义并没有明显的关系（甚至在一定程度上是反达尔文主义的），但是它的核心假设之一实际上却可以追溯到达尔文的观点。华生认为，我们之所以可以用同一套学习原理来解释人和动物的行为，是因为人和动物有共同的祖先——而这一想法最大的贡献者无疑是达尔文。因此，行为主义者和动物行为学家都吸收了达尔文关于人类和动物存在进化连续性的观点，并通过这一观点为动物研究赋予合理性。不同的是，动物行为学家依然强调利用自然选择与性选择理论来解释动物行为，而行为主义者却将达尔文"晾到了一边"。这种差异在一定程度上源于双方对环境重要性的认识有所不同。洛伦茨、廷伯根和冯·弗里希也承认环境对行为的塑造作用。他们认为，不同物种的行为差异正是因为它们要适应不同的环境，因此，环境是通过进化机制对行为产生影响的。而华生则认为，进化式的解释太过于保守，环境并不是只通过少数几种原则和方式才能发挥作用。

尽管华生同意，是达尔文式的进化过程创造了地球各种生命（以及让生物可以与环境形成互动的神经系统），但他认为，动物是通过相似的学习机制来适应环境的。值得注意的是，华生所谓的"适应"指的是个体在一生中的行为改变，而不是达尔文所表述的那种物种在进化时间尺度上的生理变化。因此，与 20 世纪早期到 20 世纪中期的文化人类学家和其他社会科学家一样，行为主义者在解读人类行为时也赞成"白板说"。对于行为主义者来说，动物会带着一些本能反应来到这个世界，但它们并没有学习偏好，只能学习对这个物种合适的特定行为。华生认为，动物生来只有少量的基本反射类型（比如，在听到响亮的声音时蜷缩），而更复杂的行为反应则是通过经典条件反射（classical conditioning）来学习的。经典条件反射［（这个概念最初由俄国生理学家巴甫洛夫（Ivan Pavlov）提出 ①）］通过将新奇反射与先天反射结合在一起，改变行为反应。例如，当看到烤肉时我们会分泌唾液，这是一种先天反射，而如果看到烤肉时我们还听到盘子稀里哗啦的响声，当这样的组合场景重复多次后，我们可能在只听到盘子响但实际没有烤肉时也会分泌唾液。因此，通过这种模式的条件联结，有机体（包括人类和非人类）便可以建立起新的行为反应。华生的行为主义正是借鉴了这种关联学习的形式（即刺激与反应之间原本不存在联系，但通过条件反射建立了联系）来解释有机体的行为。华生认为，无论是人类还是动物，他（它）们的行为都是由环境决定的，且都具有很强的可塑性。这也意味着，尽管行为主义者与文化人类学家没有多少共同之处，但这两个群体却都是坚定的环境决定论者。他们都相信，个体成长的环境经验决定了今后的行为，而进化机制对行为的影响极小或干

---

① Pavlov, I. (1927). *Conditioned Reflexes*. London：Routledge & Kegan Paul.

脆不存在。

1913 年至 1920 年间，华生在芝加哥大学毕业并留校任职，他将全部精力投入到行为主义研究领域。由于卓越的影响力，华生于 1915 年当选美国心理学会（American Psychological Association）主席。在 1925 年出版的著作《行为主义》（Behaviorism）中，华生试图将基因从心理学研究中清除出去，以彻底划清心理学与达尔文主义的界限，他在书中写道[①]：

> 我们的遗传结构让我们具有被塑造成千万种样子的可能……而这取决于儿童被抚养和教育的方式……反对的人可能会说，行为主义者面对我们已知的优生学与进化论知识无动于衷——要知道，遗传学家可是已经证明父母的许多行为特征会遗传给下一代……我们的回答是，遗传学家是在旧有的"官能"心理学的旗帜下进行研究的。人们不需要对他们的任何结论给予太多的重视。我们不再相信任何能力或刻板行为模式是由天赋或遗传决定的。

需要注意的是，这种对遗传能力的批判是向进化论者发出的直接挑战，然而，华生提出的唯一证据是，进化解释在他看来不再流行了！随着华生声望的提高，他越来越相信，非达尔文主义的环境决定论者对行为的看法（包括人类和动物）是心理学研究应该遵循的路线。在 1913 年到 1960 年间，行为主义成为心理学学术研究领域的主导力量，这也是达尔文的影响力会在长达半个世纪的时间里逐渐衰退的主要原因。由于行为主义似乎做到可以完全脱离心理状态解释动物行为，在这一时期，行为主义成为"比较心理学"的代名词。不幸的是，20 世

---

① Watson，J.（1925）. *Behaviorism*. New York：W. W. Norton & Co.

纪 20 年代初期，正处于事业巅峰期的华生却因卷入一桩丑闻而被学术界驱逐。华生的妻子发现了华生写给他的女研究助理雷诺（Rosalie Raynor）的情书，两人因此离婚。这场既不光彩又轰动一时的离婚为华生的名誉带来很大伤害，他被迫放弃大学职位，而由他一手创建的行为主义心理学也只得等待其他人来发扬光大了[①]。

102　　**在箱子里研究行为主义的斯金纳**

　　虽然华生被学术圈"流放"，但他对心理学发展产生的影响却保留了下来，这部分要归功于有人继承并发扬了他的思想。在这些继承者中，最"功勋卓著"同时又"声名狼藉"（这取决于你的立场）的人物无疑当数斯金纳（Burrhus Fredrick Skinner）。斯金纳于 1904 年出生在美国宾夕法尼亚州，他最初的理想是成为一名作家（他大学时在哈佛大学主修英国文学专业），但在阅读了华生的著作后，他改变了想法，重新回到哈佛大学并于 1931 年获得心理学博士学位。

　　许多人认为，斯金纳更像是一个达尔文主义者，而不是纯粹的华生的接班人，因为他实际上利用了自然选择的概念来发展他自己独特的行为主义思想[②]。然而，这可能具有误导

[①]　在 20 世纪初期，婚外情以及与自己的女助手相爱在学术圈是一种严格的禁忌，华生因为这件丑闻在 1920 年被迫离开约翰斯·霍普金斯大学。华生的妻子以及他的女助手雷诺都出自政客家族，这导致他的离婚风波成为报纸热衷报道的大事件，也正因如此，华生之后很难再谋到学术职位。1921 年，华生进入智威汤逊广告公司工作。1924 年，华生成为该公司副总裁。1925 年，华生基本离开了学术圈。1957 年，在华生被学术圈"流放"40 多年之后，美国心理学会为华生颁发了一枚金质奖章，以奖励他对心理学发展做出的巨大贡献。——译者注

[②]　Toates, F.（2009）. *Burrhus F. Skinner*: *Shaper of Behaviour*. Basingstoke: Palgrave Macmillan.

性，因为斯金纳就像在他之前的博厄斯一样，只是用自然选择的逻辑来论证自己的假设，而不是用进化论解释行为。斯金纳最感兴趣的问题是：如何通过奖励和惩罚改变个体行为。斯金纳指出，进化之所以能实现是因为有利特征能为个体带来生存和繁殖优势，习得的行为反应模式也同样如此。动物（和人类）的行为反应模式是由它们成长中的种种经验和事件结果塑造的——这类似于物种在进化时间尺度上的变化模式。因此，虽然斯金纳也极为推崇达尔文的成果，但他的行为发展观与之前的华生一样，是非达尔文主义的①。对斯金纳来说，所有的行为都是有机体逐渐学会的，而在解释这些行为的成因时，达尔文的自然选择与性选择概念可以完全抹除。斯金纳认为，动物的行为会作用于环境并产生不同的结果，其中，积极的结果会增加导致这一结果的行为反应，而消极的结果则会减少导致这一结果的行为反应。因此，斯金纳将自己研究的行为学习形式称为"操作性条件反射"（operant conditioning）。为了研究这种行为学习形式，斯金纳创造了"操作性条件反射箱"——而这一设备还有一个更常见的名字，即"斯金纳箱"（Skinner box）。在某些方面，斯金纳是比自己的前辈华生更激进的行为主义者。华生认为，我们在描述行为时应该避免唯心主义的语言，而斯金纳则认为，内部心理过程并不是行为的原因，它们本身就是一种内在行为。由于这种立场非常极端，为了将它与早期的行为主义相区别，人们将它称为"激进行为主义"。详细讨论斯金纳对内部心理过程的看法并不包括在本书的写作计划中，但简单来说，斯金纳认为想法和感受（华生认为这些因素都是行为的副产品，因此可以不予关注）是内在行为的形式，因此它们也遵循同样的行为操作规律。想进一步了解斯金纳的

103

---

① Watson，J.（1925—1930）. *Behaviorism*（2nd ed.）. New York：W. W. Norton & Co.

行为主义思想（以及他是如何发展行为主义心理学的）的读者可以尝试阅读"心灵塑造者：心理学大师及其影响"的另一本书，托茨（Frederick Toates）的《伯尔赫斯·F. 斯金纳：行为的塑造者》（*Burrhus F. Skinner: The Shaper of Behaviour*）。总之，斯金纳并不否认内部心理过程的存在，只是，他看待内部心理过程的方式与其他心理学流派有所不同。

到 20 世纪 50 年代末，斯金纳的行为主义思想虽然没有被普遍接受，但它几乎渗透到心理学研究的各个领域。然而，当斯金纳把关注点转向语言时，态势开始出现转变。在 1957 年出版的著作《语言行为》（*Verbal Behaviour*）中，斯金纳指出，即使像语言这种人类最复杂的行为，也是通过操作性条件反射建立起来的，父母会对儿童正确的语言进行奖励，对他们错误的语言进行惩罚。这一假设引起了语言学家乔姆斯基（Noam Chomsky）的批评，他证明儿童不可能通过条件反射的方式来学习语言。儿童学习语言速度之快、记忆犯错之少都远超出行为主义所能解释的范围。乔姆斯基认为，婴儿生来就携带固有的语言习得装置（language acquisition device）[1]。这听起来像是一种非常达尔文主义式的观点，但奇怪的是，乔姆斯基并不认为语言习得装置是通过自然选择形成的。我们在第七章会回到语言的进化这一问题，可以说正是这一研究领域的突破，促使行为主义对心理学统治的结束。

比较心理学与动物行为学的对立

科学界对动物行为的兴趣于 20 世纪逐渐发展起来，而动物行为学和比较心理学（以及后来的行为主义）这两大研究阵

---

[1] Chomsky, N.(1957). *Syntactic Structures*. Hague: Mouton.

营采取了截然不同的道路。动物行为学家们继续追随达尔文的进化解释方式，但行为主义者面对（行为研究中的）进化概念时，往往选择忽视或持批评的态度，而这并不仅仅是两者唯一的区别。其他区别还包括：动物行为学与欧洲学术阵营的联系越来越紧密，而行为主义在 20 世纪的大部分时间成为美国心理学的中坚力量。

　　到 20 世纪中叶，两大研究阵营之间的分歧愈演愈烈，以至于引发了一系列激烈的对抗与争吵[1]。比较心理学家质疑动物行为学家所描述的"先天行为"的概念。他们指出，一种行为反应具有普遍性并不意味着它没有涉及习得的过程，我们不可能将动物在完全隔离的环境中健康地饲养长大，在有机体成长的过程中，学习的作用是永远无法被排除的（顺便说下，这一论点忽略了一个基本事实，廷伯根等动物行为学家在发展动物行为理论时并没有完全排除学习的意义，只是按照他们的理解，在行为反应建立的过程中，学习会发挥引导性但不是决定性的作用）。而动物行为学家则指控比较心理学家或行为主义者对动物行为的理解是极其狭隘的，因为他们研究涉及的动物种类非常有限（到 1950 年，几乎 70% 的研究都是以小白鼠为被试）[2]。这是一个极为关键的问题，因为如果仅仅凭借几种动物的研究结论，就可以得到其他动物甚至人类的学习规律，这说明比较心理学家忽视了物种特定的适应性，对于行为发展持彻底的"白板说"。到了 20 世纪 60 年代中期，加州大学伯克利分校的比较心理学家加西亚（John Garcia）报告称，一般学习规律有深刻的局限性，他的一系列动物实验都说明适应性

104

[1] Boakes, R. A.（1984）. *From Darwin to Behaviourism*. Cambridge: Cambridge University Press.

[2] Beach, E. A.（1950）. The Snark was a Boojum. *American Psychologist*, *5*, 115–124.

学习（adaptive learning）的存在，也就是说，动物无法掌握与其"适应性"不相符的行为。例如，加西亚研究发现，老鼠可以发展出对某些味道的厌恶，但不会发展出对视觉刺激或声觉刺激的厌恶（在研究中，老鼠将某种食物与"恶心感"建立联系时只能通过味觉，而不能通过视觉，也就是说，它们只有在吃到或闻到这种食物时才会感到恶心，在看到时不会产生同样的反应）。因此，老鼠的联结学习（associative learning）是有局限性的，而这种局限性可以说明，任何形式的学习只有在与动物天生存在的适应特征相一致时才能存在。动物并不像某些心理学家所设想的那样，是可以通过条件反射被任意描绘的"白板"。

　　适应性学习的观点既可以被看作是一种妥协，也可以被看作是一种对动物行为科学进行整合的方向。尽管争论仍在持续，但动物行为学与比较心理学这两种研究取向间的界限已没有那么严格。正如我们在第六章即将看到的，对动物行为感兴趣的研究人员开始采用新的头衔，例如，社会生物学家（sociobiologist）和行为生态学家（behavioural ecologist）——而这些头衔都可以在达尔文那里找到源头。

达尔文危险吗？

　　从 20 世纪初期起，随着孟德尔遗传学研究的重新发现，达尔文的理论在生物学中一直呈现蓬勃发展的态势。但在 20 世纪大部分时间里，由于文化人类学和行为主义坚持"白板说"的观点，达尔文主义在社会科学中逐渐退潮。更重要的是，对一些人来说，达尔文主义在政治上还具有潜在危险。这到底是什么原因造成的？我们已经了解到，博厄斯对人性的看法部分是对社会达尔文主义的回应，当年正是因为种族歧视的思想在德国大行其道，博厄斯才离开了德国。社会达尔文主义认为，西方白人社会已经达到人类进化的顶峰，而肤色较深的原始人则不可能达到这种进化阶段。不过，具有讽刺意味的是，仔细研究达尔文作品的人会发现，在达尔文看来（与社会达尔文主义相反），不同人类种族由于有共同的祖先，他们之间的差异实际只是肤色深浅的区别。博厄斯可能也意识到这一点，但是随着他对人性的看法逐渐转向极端的环境决定论，他的理论体系已经不可能再为进化论留出空间。博厄斯吸引了许多政治"进步"和志同道合的追随者，其中，他的学生米德对萨摩亚的考察发现，似乎证实了人类行为的极端可塑性。这个有些可疑的观点却成为文化人类学的核心宗旨，它在一定程度上是对当时德国崛起的纳粹党以及右翼思想的强硬回击，而纳粹党看起来却恰恰是高举达尔文主义大旗（正如我们在第四章所看到的，这当然是对达尔文思想的扭曲）。米德在她1972年的自传中，明确地表达了她对进化论的想法。她认为，我们应该（或者至少是暂时应该）忽略达尔文主义与人类行为间的关系。她写道①：

> 我们知道，一旦讨论人类的先天差异在政治上会演变成什么样子……在我们看来，对天赋差异的研究还时机未到，我们必须等待更合适的环境。

也许对米德来说，"人类行为在某种程度上与我们的进化史有关"是一种危险的想法，这一想法过去曾遭到误用，而今后则应该被禁止。但在米德去世四年后，随着一本关于新

---

① Margaret, M.（1972）. *Blackberry Winter：My Earlier Years*. New York：William Morrow.

达尔文主义的著作在 1975 年出版，社会科学界又重新燃起对进化论的激烈讨论，这本书的名字是《社会生物学：新综合》（ *Sociobiology*：*The New Synthesis* ）。

第六章 激进的达尔文主义——
社会生物学与自私的基因

在 20 世纪 70—80 年代，英国与北美科学界出现两个新的研究领域——社会生物学和行为生态学，它们都深受达尔文思想影响，而且都关注有机体的行为与内部心理特征。而 20 世纪 60—70 年代，早期进化生物学家所做的理论和观察研究，为这两个新领域的发展奠定了基础。在当时，许多学者为进一步拓展达尔文的自然选择和性选择理论做出了努力，他们试图将动物研究的重点从物种水平转移到个体或基因水平上，并通过这种方式将达尔文的理论融入对有机体行为的现代解释中。在本章中，我们将介绍这些领域的发展以及与之相关的争论，为大家呈现达尔文的思想到底如何在行为解释中起关键作用。在此之前，我们先回顾一个长久困扰达尔文的问题——为什么个体有时会对彼此施以善行？

选择的层次——什么是适者？

自然选择机制通常可以被概述为适者生存。但是，何谓适者？是物种、群体、个人，还是基因？直到 20 世纪 60 年代，大多数进化论者对此问题都没有明确的答案。或者正如我们在人类习性学家身上所看到的，人类习性学家倾向于认为，自然选择有助于群体或物种的生存。从 20 世纪 60 年代早期开始，这开始成为一个引发激烈讨论的话题。

群体选择和利他主义

尽管大多数进化论者对自然选择的选择对象（适者）到底是什么不甚明了，但在 1962 年，苏格兰生物学家温-爱德华兹（Vero Wynne-Edwards）在其著作《动物的社会行为与扩散》（*Animal Dispersion in Relation to Social Behaviour*）中却明确地提出，自然选择是在群体层面发挥作用的，由进化决定的动物行为是为了帮助群体获得生存和繁衍的优势。温-爱德华兹利用群体选择理论（group selection theory）来解释动物社会行为的许多特征，这似乎很有道理。为什么鸣禽会在捕食者出现时向其他成员发出警报？为什么非洲的豺狗会合作捕猎并把食物带回去给同伴呢？根据温-爱德华兹的群体选择理论，动物群体的成员会不断地评估群体规模与食物或栖息地等资源的相对关系并决定何时繁殖。因此，合作和繁殖行为的根本目的是帮助群体在与其他群体的竞争中获得生存优势。群体选择理论看起来也解决了一个让达尔文极为困惑的问题——既然自然选择的核心逻辑是个体努力赢得生存和繁殖竞争，那么为什么动物和人类有时会做出牺牲自我的举动①？如果自然选择是在群体层面发挥作用，那一切就说得通了，因为自我牺牲虽然对个体不利，但有利于群体生存繁衍。

① Laland, K., & Brown, G. R.（2011）. *Sense and Nonsense：Evolutionary Perspectives on Human Behaviour*. Oxford：Oxford University Press.

梅纳德-史密斯和威廉斯的反群体选择主义

温-爱德华兹关于驱使动物（可能也包括人类）做出合作行为的观点从直觉上来看有一定道理——如果群体进行资源竞争，难道我们不应该期待个体会暂时搁置自我需求，为了群体的利益而行动吗？不幸的是，正如达尔文所意识到的，自然选择并不关心一种假设看起来是否合理，而是要看它是否与自然界的观察相一致。我们可以想象一个群体，其中每个个体只有在繁殖对群体有利时才进行繁殖活动，因此在食物匮乏的情况下，它们会主动减少后代数量。我们再想象一下这一群体中有一个个体，它由于基因突变，会自私地忽视更大的群体利益，尽可能生育更多后代。但这一"自私"的个体，而不是那些为了群体利益可以抑制自己欲望的"无私"的个体，最有可能在资源匮乏的情况下传递基因。正如达尔文曾提出的，在一代代繁殖过程中，自私的个体更容易生下更多自私的后代，因此自然选择会促进"自私"。

1964年，萨塞克斯大学进化论者梅纳德-史密斯（John Maynard-Smith）阐明了群体选择这一内在矛盾性问题[1]。之后，北美的进化论者威廉斯（George C. Williams）出版了一本专著用来进一步反驳温-爱德华兹的论点。威廉斯是纽约州立大学石溪分校的一名生物学教授，他于1966年发表了《适应与自然选择》（*Adaptation and Natural Selection*）一书。在这本书中，他借鉴了达尔文曾提出的一个想法：当动物进行合作时，它们很可能具有血缘关系。威廉斯为这一假设提供了强有力的证据，他进一步论证指出，如果动物的行为对家族亲属是有利的

108

---

[1] Maynard-Smith, J. (1964). Group selection and kin selection. *Nature*, *201*, 1145–1147.

（如为了亲属自我牺牲），那么它们实际上是促进了自己基因在亲属中的复制。在这种情况下，它们的行为在根本上是为自我服务的，并不具有真正的利他性。威廉斯明确表明，达尔文式的自然选择在个体和基因层面发挥作用。可以说，梅纳德-史密斯与威廉斯在很大程度上推翻了温-爱德华兹的群体选择理论，他们将进化的研究重点重新转移到个体与基因水平。

亲缘选择——汉密尔顿解决了达尔文对蚂蚁的疑惑

　　威廉斯和梅纳德-史密斯之所以会对温-爱德华兹的观点提出反驳，是因为他们认为利他行为的目的并不在于帮助群体而在于帮助亲属。这就引出另一个问题：为什么亲属之间要互相支持？显而易见的是，母亲理应照顾她的后代，但在《适应与自然选择》中，威廉斯指出，在父母—子女以外的亲缘关系中，自我牺牲行为也是相当普遍的。在同一时期，剑桥大学的一名年轻的研究生汉密尔顿（William Hamilton）刚刚发表了关于蚂蚁社会行为的研究成果，威廉斯推论的依据正是汉密尔顿的理论和观察研究。汉密尔顿尝试解决达尔文在《物种起源》中点出的一个问题——为什么工蚁愿意选择不育，放弃繁殖〔其他类似的膜翅目昆虫（Hymenoptera）也具有相同特征，如蜜蜂和黄蜂〕，转而抚养蚁后（可以被看作是工蜂的姐妹）的后代？达尔文被这一问题惹得心烦意乱，他在《物种起源》中曾指出 [1]：

　　　　我遇到一个特别困难的、在我看来几乎无法解答的问

---

[1]　Darwin，C.（1859）. *On the Origin of Species by Natural Selection*. London：John Murray.

题，而这一问题对我的整个理论是极为致命的。这个问题 109
是，昆虫群落中有一些中性昆虫或不育雌性昆虫，它们的
本能与生理结构同能生育的雄性和雌性有很大区别，它们
根本无法繁殖。

如果说生殖竞争是自然选择的一个主要部分，那么任何帮
助他人繁殖的个体都理应会从种群中消失。达尔文在《物种起
源》中的回答是，"基于家族的选择"可能能够解释这一现象。
然而，这绝不是一个公认的最终解答，不过它却可以为以后的
研究提供启发。

正是注意到达尔文在《物种起源》中留下的线索，汉密尔
顿最终成功解决了这个让达尔文感到困惑的难题。他发现，由
于特殊的繁殖方式，工蜂与它们的姐妹有 75% 的共同基因。
通过从基因的角度进行观察，汉密尔顿意识到，当工蜂抚养它
们姐妹的后代而不是自己直接繁殖的后代时，反而可以传递更
多的基因副本。因此，蚁群可以被看作是一个扩展的大家族，
在那里，一部分个体的牺牲行为可以为整个家族的基因利益
（同时也为它们自身的基因利益）服务。汉密尔顿将这一论点
扩展到蚂蚁之外的其他生物，他提出，两个个体相同的基因比
例越高（即亲缘关系越近），它们之间发生利他行为的可能性
就越大，这一机制被称为"亲缘选择"（kin selection，该概念
由梅纳德-史密斯提出 ①）。

汉密尔顿的作品一经发表，立即在研究社会行为和进化
关系的进化生物学家那里引发热烈讨论，同时，他的这一成果
也在该研究领域产生了深远影响。亲缘选择作为对达尔文"蚂

---

① Maynard-Smith, J. (1964). Group selection and kin selection. *Nature*, *201*, 1145–1147.

蚁问题"的解决方案，同时也可以应用到很多其他动物中，用以解释为什么一些动物会对自己后代以外的其他亲属也表现出利他行为。在此之前，达尔文的批评者可能会将利他行为作为反对自然选择（或至少是以个体为基本单位的自然选择）的证据。而亲缘选择假设则让这种反驳意见不再具有实际意义。后来，汉密尔顿又将自己的原始假设发展为内含适应性理论（inclusive fitness theory）。该理论指出，个体的内含适应性（即基因副本的传递数量）既可以通过繁衍后代直接满足，也可以通过帮助其他亲属间接满足。凭借内含适应性理论，我们能理解为什么雌矮猫鼬和雌狮允许其他同伴的幼崽吮吸它们的奶水，以及为什么非洲豺狗会将吃进肚里的食物反刍出来喂给其他同伴。在这些例子中，个体通过帮助亲属增加了自己基因传递的优势。

互惠利他——特里弗斯

尽管汉密尔顿解决了达尔文的"蚂蚁问题"，但亲缘选择其实只回答了一部分问题，它只能解释为什么个体会帮助亲属。可问题是，在人类群体中，不具有亲缘关系的个体也会出现利他行为（甚至其他动物偶尔也会出现类似现象）。除非这一现象得到合理解释，否则群体选择理论的合理性仍然不能完全被排除。更重要的是，非亲属间的利他行为是人类活动的重要特征，如果没有对这一现象的基于进化的合理解释，那么达尔文理论在多大程度上适用于人类的社会行为就会存疑。解决方案出现在 1971 年，在那一年，哈佛大学一名叫特里弗斯（Robert Trivers）的博士提出"互惠利他"（reciprocal altruism）的概念。特里弗斯最初获得的是历史学学位，1972 年，他凭借在社会行为进化方面的研究成果获得生物学博士学位。在 20

世纪 70 年代早期的学术界，特里弗斯是（现在仍然是）一名才华横溢的理论生物学家。像达尔文一样，他在最合适的时间和最恰当的领域做出了最关键的贡献。

特里弗斯患有躁郁症，他成年后的大部分时间都在同这种疾病做斗争，不过幸运的是，他在学术生涯中曾受到两位进化科学的重要推动者——汉密尔顿和威尔逊（Edward Osborne Wilson）的指导。特里弗斯认识到，即使原本没有任何关系的人，只要他们在一起互动的时间足够长就可能出现这样的场景：一个人为另一个人提供帮助，之后，被帮助者向帮助者回以报答——于是"互惠利他"便产生了。"互惠利他"可以被简单形象地概括为："你帮我挠背，我也帮你抓痒"——只是更复杂一点。因为同样的客观利益，在被帮助者眼中的重要性一定大于在帮助者眼中的重要性。乍一看，这似乎是不太可能的。我们会疑惑，如果双方在互惠中都付出相同的成本，那么怎么会出现收益超过成本的情况？然而，在实际生活中，如果时机正确，这一情况确实会发生。想象这样一个故事：两个男人离开同一营地开始了各自的狩猎之旅。当夜幕降临气温下降时，一个男人设法点燃了一团火，但另一个男人却没能做到。如果这时第一个男人邀请第二个男人来火边取暖以避开寒夜，他其实不需要付出任何多余的成本。在之后的另一个场景中，他们双方帮助者与被帮助者的角色可能互换，第二个男人记住了这次帮助并在日后给予回报。通过这种互动方式，双方获得的收益都超过他们付出的成本。用特里弗斯的话来说 [1]：

> 无论何时，只要利他行为对被帮助者的益处大于帮助

111

---

[1] Trivers，R.（1971）. The evolution of reciprocal altruism. *Quarterly Review of Biology*，46，35–57.

者付出的成本，那么在以后的某一天，帮助得到回报，双方都将获得额外收益。

特里弗斯最初提出的"互惠利他"的概念只是理论层面的假设建构。然而，后来短短几年内出现的动物研究案例就支持了他的观点。例如，在吸血蝙蝠群落中，一只吃饱了的蝙蝠会把血液反刍给另一只与它毫无亲缘关系的饥饿蝙蝠，狒狒在"约会"时也会表现出类似的行为，雄性狒狒会轮流吸引雄性首领的注意力 ①，以方便其他雄性狒狒去接近雌性狒狒 ②。然而，互惠利他的行为在动物世界中并不是一种普遍存在的现象，动物互惠利他的行为一直富有争议（许多动物学家对我们上面提到的两个例子都提出了质疑）。今天，即使是互惠利他理论的支持者，也认为这种行为在人类之外的动物世界是非常罕见的 ③。考虑到互惠利他行为的发生需要种种条件，如个体间频繁接触以及个体要有足够好的记忆记住他人的行为，我们也就不奇怪，科学界认为互惠利他行为是人类复杂社会行为的重要基础了。特里弗斯后来又提出，对于人类来说，互惠利他的行为模式已经发展成为一种普遍的利他主义，我们都期待从他人那里获得帮助，同时也认识到应该为他人提供帮助。通过这种方式，人类进化出对亲缘关系以外的其他人的适度慷慨 ④。

---

① 在狒狒的社群中，一般雄性首领或居于统治地位的几只雄性首领会占有所有雌性，其他雄性如果想与雌性发生交配关系，只能采取"偷情"的方式。——译者注

② Wilkinson, G. S.（1984）. Reciprocal food sharing in the vampire bat. *Nature*, *308*, 181–184.

③ Clutton-Brock, T.（2009）. Cooperation between non-kin in animal societies. *Nature*, *462*, 51–57.

④ Moore, J.（1984）. The evolution of reciprocal sharing. *Etholoy and Sociobiology*, *5*, 5–14.

虽然特里弗斯毫无疑问为互惠（以及普遍）利他理论的发展做出了重要的贡献，但如果追根溯源，这一理论其实早在达尔文的著作《人类的由来与性选择》中就埋下了种子。在这本书中，达尔文曾写道[①]：

> 每个人都能很快从经验中学到，如果他帮助同伴，自己通常也会得到回报。从这一动机出发，他可能会养成帮助同伴的习惯。

同样值得注意的是，就像亲缘选择中的"利他"其实是"利己"一样，既然在"互惠利他"中双方都获得利益，我们非常怀疑是否还应该为这一行为贴上"利他主义"的标签。

一场安静的达尔文主义革命

到 20 世纪 70 年代早期，在威廉斯、梅纳德-史密斯、汉密尔顿和特里弗斯等人的努力下，达尔文主义已重新走上振兴之路。与人类习性学家不同的是，他们不但使用的方式更加"智慧"，而且也做到在不借助"群体选择"概念的情况下，解决了达尔文的利他主义难题，这种解决方案更接近达尔文最初的观点，即自然选择在个体层面上发挥作用。特别值得强调的是，达尔文有时也会利用"群体选择"的概念讨论部落竞争问题。然而，我们不应该把达尔文看作是一个天真的群体选择主义者。正如他在《人类的由来与性选择》一书中已经明确指

---

① Darwin, C.（1871）. *The Descent of Man and Selection in Relation to Sex.* London：John Murray.

出，群体选择会导致矛盾的结论 ①：

> 那些对他人更仁慈、更有同情心或者对同伴更忠诚的
> 人，他们的后代的数量是否能够超过自私狡诈者的后代，
> 对这一点我深表怀疑。

直到 20 世纪 70 年代晚期，对社会行为基于个体或基因的研究仍然局限于生物学领域，只有生物学家、他们的合作者和学生会关注这一方向的发展，社会科学界以及大众还意识不到达尔文式的进化论可以解释亲社会行为。然而，两本书的出版改变了这一切。

威尔逊与"新综合"

1978 年 2 月 13 日，哈佛大学的一位进化论研究领域的教授——威尔逊在美国科学促进会（American Association for the Advancement of Science）发表了一场关于达尔文进化论与行为关系主题的演讲。然而，在他还没来得及开始的时候，一位年轻的女人冲上来，把一杯水倒在了他的头上。接着，一群学生开始高喊"威尔逊，你全身都湿透了"，试图将他轰下台。威尔逊将自己整理干净后，还是发表了他的演讲。可是，为什么那么多现场观众要阻止他演讲呢？

威尔逊 1929 年出生于亚拉巴马州的伯明翰。在童年时期，他就对大自然充满兴趣，同时，他也确实具有这方面的研究天赋。然而，在一次钓鱼事故中，威尔逊的右眼受到损伤，他认

---

① Darwin, C.（1871）. *The Descent of Man and Selection in Relation to Sex*. London: John Murray.

为自己的视力虽然不再适合观察鸟类，却还可以观察昆虫（他认为自己起码一只眼睛视力稳定，完全可以承担使用显微镜的工作）。凭借研究蚂蚁的社会行为，威尔逊获得哈佛大学博士学位，之后，威尔逊留校任教并在那里度过自己整个职业生涯。在 20 世纪 60 年代，他成为该研究领域无可争议的世界顶尖专家，并于 1970 年出版了一本关于蚂蚁社会的权威著作。1975 年夏天，威尔逊又出版了一本名为《社会生物学：新综合》的书，正是这本书惹恼了我们一开始提到的威尔逊演讲中的听众。在《社会生物学：新综合》一书中，威尔逊试图为读者呈现进化科学研究领域发生的重要进展，尤其是阐释在达尔文视角下人们无私（以及自私）行为的原因。除了解读这些重要的学科发展外，他还补充了自己的想法，并认为自己的观点最终将被纳入行为科学的其他领域，从而提供对社会行为的全新理解。

"社会生物学"一词自 20 世纪 40 年代末就存在了，但它的含义相当模糊，直到威尔逊把它定义为"对社会行为的生物学基础的系统研究"。这有点像"摇滚"这个词，在 1954 年之前，"摇滚"只是偶尔被用来描述节奏欢快的流行音乐，直到比尔·海利与彗星合唱团（Bill Hapley and The Comets）发表了《昼夜摇滚》（*Rock Around the Clock*）这首歌，为"摇滚"的定义提供了一个经典范例。

在《社会生物学：新综合》一书中，威尔逊几乎涉及动物世界里所有的社会行为。在前 26 章，他使用达尔文式的概念阐述了从蚂蚁到大象等各种有机体的社会行为。作为一名受人尊敬的动物学家，他的这一立场并没有任何争议之处。然而，当他在最后一章把注意力转向人类时，却引发一场激烈的辩论，这场辩论一直持续到 20 世纪末（可以说，今天仍未结束）。《社会生物学：新综合》一书展现的两极化立场导致一场

114 社会生物学之争，生物学以及社会科学内部都出现阵营分裂。不过，现在我们还是先将关注的焦点放到另外一位为社会生物学的创立做出贡献的重要人物身上，随后再讨论与之相关的辩论。

道金斯——达尔文的罗威纳犬

在威尔逊的《社会生物学：新综合》出版后的第二年（1976年），牛津大学动物学讲师道金斯（Richard Dawkins）推出《自私的基因》(*The Selfish Gene*) 一书。道金斯1941年出生在肯尼亚一个英国家庭，他在牛津大学接受了廷伯根的指导，并获得动物行为学博士学位。像《社会生物学：新综合》一样，《自私的基因》的写作主旨也是将达尔文主义的新进展介绍给社会大众。然而，在很多方面，它又是一本完全不同的书。

第一，除了介绍前人提出的概念外，这本书是迄今为止关于行为方面最"以基因为中心"的著作；第二，它比威尔逊的《社会生物学：新综合》要好理解得多（事实上，这本书可以被视为开启了一种全新的流行科普作品写作风格）；第三，它为达尔文的进化体系引入诸如载体（vehicle，即有机体）和复制因子（replicator，即基因）等全新的概念。在《自私的基因》中，道金斯告诉读者，基因才是自然选择的基本单位，从理论上来说，基因是不朽的，通过世代繁衍，基因从一个载体被传递到另一个载体。载体只是复制因子的临时容器，是复制因子为了将自己的内容传递给下一代设计出的"笨重的机器人"。威廉斯认为，个体和他们的基因都是自然选择的基本单位，而道金斯则非常肯定地认为——自然选择的基本单位就是基因。

道金斯后来写了许多反对宗教信仰的作品（见第八章），

但在他写作生涯的这个阶段，最能引发他巨大热情的工作还是面向大众宣传达尔文自然选择的思想。道金斯的一些拥护者将他比作现代达尔文，不过实际上，他却更像是赫胥黎。同威尔逊一样，道金斯是一个进化思想的综合主义者，同时也是一个达尔文主义的坚定支持者，以至于一位宗教领袖曾为他贴上"达尔文的罗威纳犬"的标签①。

尽管他经常被称为社会生物学家，但道金斯并没有在《自私的基因》中使用这个称谓，不过，他后来还是接受了这个称谓。很明显，他的作品与威尔逊的作品是完全独立的。这两本书为社会大众和进化生物学之外的学术世界呈现了达尔文主义的现代解释，然而，后一个世界的大部分人（指学术圈中进化生物学研究领域之外的人）却并不为此而感到高兴。

综合进化论

《社会生物学：新综合》与《自私的基因》带来的影响是显而易见的。尽管威尔逊和道金斯讨论的概念有所不同，但批评者将他们的作品混为一谈。他们两人都支持在行为解释中以基因为中心的观点，只是威尔逊还至少考虑了其他层次的选择（而道金斯则坚持认为自然选择的基本单位是基因）。不过，他们的基本立场是一致的：现代达尔文主义可以为我们理解社会行为提供重要见解。

《社会生物学：新综合》中的许多概念并不是威尔逊的原创，但正如书名所示，威尔逊将这些概念用于综合进化论（evolutionary synthesis）这一新领域。真正让自然科学家和社

---

① Hall, S. S. (2005). Darwin's Rottweiler: Sir Richard Dawkins—Evolution's fiercest champion, far too fierce. *Discover Magazine* (September 8th issue).

会科学家感到心烦意乱的，是他在书中基于自己对内含适应性理论的理解提出的三个重要观点：第一，人类的行为"在各个水平上"都可以通过达尔文主义的原理进行解释；第二，对道德伦理的解释不应该再交给道德哲学家，伦理学应该生物学化；第三，社会科学最终会被社会生物学取代。相比之下，道金斯许多观点的表述就没有威尔逊那么极端了。例如，道金斯并没有指出伦理学应该生物学化，虽然他确实认为道德与生物是有关的，"对的"行为会倾向于增加我们传递基因副本的数量。对于道金斯来说，在自然选择的塑造下，我们更有可能表现出最终帮助我们繁衍后代的行为，同时，我们会努力照顾后代和其他亲属。通过这种方式，我们可以提高自己基因遗传复制的概率。此外，他在《自私的基因》最后一章中提出，"只有我们自己能反抗自私的基因"。因此，其实道金斯认为，对于人类来说，后天教养同天性的力量一样强大。

　　在第八章我们说到进化和道德的关系时，会重新探讨威尔逊所谓的"伦理学应该生物学化"到底是什么意思。

对社会生物学的指责

　　同一百年前的《物种起源》类似，《社会生物学：新综合》也引发了两极化的反响。按照《纽约时报》（ New York Times ）许多评论员的说法 ①，对于人类的理解，"我们正处于一个全新的突破边缘"，而《社会生物学：新综合》这本书标志着我们人类对自身的认识终于又向前迈出重要一大步。然而，与它获得的赞颂一样，这本书也引发同样程度的惊愕与不满。

---

① 　Wilson，E. O.（1975）. *Sociobiology: The New Synthesis*. Review on front page of *The New York Times* by Pfeiffer. J，28th May 1975.

　　尽管很多批评来自生物学界之外，但令人感到意外的是，对威尔逊最早的攻击却来自他在哈佛大学生物系的两位优秀同事：莱旺廷（Richard Lewontin）和古尔德（Stephen Jay Gould）。虽然他们都是坚定的进化论者，但他们对威尔逊的（以及道金斯的）著作有很大抵触。在《社会生物学：新综合》出版后不久，莱旺廷和古尔德领导并组织了一个由自然科学家和社会科学家组成的小团体，这个小团体自称"社会生物学研究小组"（Sociobioly Study Group），他们会定期开会以讨论他们对《社会生物学：新综合》的保留意见。在《社会生物学：新综合》出版后短短几个月内，该小组在一封寄给《纽约时报书评》（New York Review of Books）的文章中表达了一系列针对威尔逊著作的严厉批评[1]。由于这篇文章有 17 位联合署名者，而且他们的名字是按字母排序的，因此排在第一位的是前医学生艾伦（Elizabeth Allen），因此这篇文章的作者常被简称为"艾伦等人"。这篇文章非常值得仔细审视，因为它对《社会生物学：新综合》的批评后来被反复引用。"艾伦等人"的批评会让人想起20 世纪早期文化人类学家对斯宾塞的社会达尔文主义的批评，反对依据同样来自两方面：科学问题与政治问题。

对威尔逊的科学批评——极端达尔文主义

　　在科学问题方面，艾伦等人列举了《社会生物学：新综合》中许多实证方面的错误[2]。例如，他们批评威尔逊"对人类进化史的重建全凭猜测"，同时，为了得出关于人类社会行为

---

[1]　Allen，E. et al.（1975）. Against "Sociobiology". *New York Review of Books*，13th November 1975.

[2]　Segerstrale，U.（2000）. *Defenders of the Truth：The Battle for Science in the Sociobiology Debate and Beyond*. Oxford：Oxford University Press.

的结论，威尔逊立足于探讨动物行为，这种做法被视为过度使用了"人类与动物存在进化连续性"这一论点。不过需要注意的是，威尔逊的这两条研究路线恰恰是遵循了达尔文在《人类的由来与性选择》中的做法。另外，威尔逊还被指责是典型的基因决定论者，因为他过于看重基因对行为的作用而忽视了环境的影响。这一指控不仅涉及科学问题，也有政治方面的考虑（下文会进一步阐释）。

威尔逊之所会遭遇政治方面的批评，是因为他在《社会生物学：新综合》一书最后一章中的某些论断确实太过于"大胆"。例如，他认为"领地"和"战争"在人类进化中发挥了重要作用，性别间存在"天然分工"，男性是优秀的猎人，而女人则应该在家抚育后代。威尔逊将这一观点作为现代社会男性居于支配地位的依据，他甚至推测，如果我们试图推翻这种自然"设定"，那么可能会导致社会混乱。由于我们无法乘坐时间机器，所以这些关于人类过去行为模式的假设是无法验证的（不过我们可以想象一下，如果这一模式真的被推翻，人类社会性别角色的改变会带来哪些问题）。实际上，不管不同社会的父权属性是否可以追溯到觅食策略的性别差异，原始社会角色分工的观点是可以得到证实的：因为现存于世的许多原始部族在社会角色分工方面确实存在广泛的性别差异 ①（当然，我们必须先假设现存的狩猎采集者与我们的生活情形是一致的）。而威尔逊对领土与战争的观点后来很少被提及，原因是这些观点在不同的原始部族差异很大 ②。

---

① Marlowe，E.（2007）. Hunting and gathering: The human sexual division of foraging labor. *Cross-cultural Research*，*41*，170–195.

② Haas，J.（1990）. *The Anthropology of War*. Cambridge: Cambridge University Press.

对威尔逊的政治批评——右翼阴谋家

在指控威尔逊科学错误的那篇文章中，艾伦等人也谴责了威尔逊的政治偏见。艾伦等人认为，威尔逊基于自己的社会阶层偏见，传播右翼政治思想。由于使用了达尔文式的适应机制来解释人类行为，威尔逊被贴上了生物决定论者（biological determinist）的标签。艾伦等人认为，威尔逊试图为群体间的不平等现状以及某些阶级、种族或性别享有特权赋予基因上的合理性。甚至有人认为，威尔逊对达尔文主义的看法堪比"纳粹德国建立的毒气室"。遗憾的是，这些非常"个人化"的批评，不但削弱了威尔逊支持者的观点（威尔逊显然不是政治人物），同时还助长了那些不了解威尔逊的人对他的敌意（因此才会导致威尔逊在 1978 年演讲时被学生抵制）。

大多数相对独立的权威在仔细了解了威尔逊的著作以及相关批评后都认为，对威尔逊的政治指控毫无依据（有些人甚至把莱旺廷和古尔德的邀请当成一种任务，他们只是为了发表自己个人化的甚至可能是恶意中伤的评论，而不是在一起仔细讨论《社会生物学：新综合》到底有什么问题），不过他们也同意，威尔逊的书中确实有很多不明智的陈述，这为他遭遇的指控埋下了祸根 ①。例如，在性别差异问题上，威尔逊在书中还提出"男性通常凌驾于女性之上，占据主导地位"，以及"即便男女享有平等的教育和就业机会，我们还是会在政治、商业和科学领域看到更多的男性成功者" ②。

在威尔逊出版《社会生物学：新综合》的时代，文化相

118

---

① Segerstrale，U.（2000）. *Defenders of the Truth：The Battle for Science in the Sociobiology Debate and Beyond*. Oxford：Oxford University Press.

② Wilson，E. O.（1975）. *Sociobiology：The New Synthesis*. Cambridge：Harvard University Press.

对主义依然盛行，人们依然热衷于强调人类行为的灵活性。在这一背景下，对达尔文主义的拥簇自然会让很多人感到不快。然而，我们应该注意不能犯"反自然主义谬误"（reverse naturalistic fallacy），即我们不应该以"一个假设在道德上是否正确"为依据，来论证该假设在科学上是否正确。

适应主义和极端达尔文主义

　　道金斯在出版《自私的基因》时也遭遇了类似的有关科学问题以及政治问题的指责，批评者将道金斯与威尔逊这两位生物学家（以及他们的追随者与支持者）的观点统统归到了社会生物学的旗下。尤其是古尔德，他将道金斯以基因为核心的达尔文主义思想称为"极端达尔文主义"，并认为道金斯在《自私的基因》以及随后的著作中都犯了适应主义（adaptationism）的错误。这些批评导致他们之间旷日持久的公开辩论。

　　古尔德认为，一些像道金斯这样支持社会生物学的学者，总是把动物的所有特征都看作是由自然选择塑造的，而且具有帮助祖先传递基因的功能，这就是所谓的"适应主义"。而对古尔德来说，动物的许多特征其实是附加适应，这些特征最初是在自然选择作用下出现的，但之后又具有了新的功能。古尔德想将"适应"这一术语的范围限制在那些通过自然选择形成并继续保留最初进化功能的特征上。根据古尔德的说法，有机体的许多（可能是大多数）特征并不是通过达尔文式的适应机制产生的。在晚年时，古尔德的目标变得越发"浮夸"，因为他不仅攻击社会生物学家，还试图淡化达尔文主义的价值。然而，实际上达尔文早就很清楚地意识到，一种当前能够帮助有机体生存和繁殖的特性，最初可能服务于其他适应目的。他在

1862 年曾写道 ①:

> 规律看起来正是如此,一个最初服务于特定目的的变化,后来逐渐也可用于其他不同的目的。

从古尔德的视角看,鸟类的羽毛是"附加适应"的一个典型例子。鸟类的原始羽毛像鳞片一样,它源于鸟类的爬行动物祖先(始祖鸟),作用是调节体温。后来,羽毛的形状发生了改变(经过了中间一系列的滑行阶段后),最终让鸟类有能力进行飞翔。大多数生物学家都会将鸟类的羽毛视为为了飞行而出现的适应特征,但是如果遵循古尔德的思路,鸟类的羽毛就不是适应特征了,而是"附加适应"——而这看起来显然是非常荒谬的。我们如今能看到的动物大多数适应特征在进化过程中最初可能都服务于其他目的,只是它们后来在自然选择的塑造下,又具有了新的功能。因此,古尔德所谓的"附加适应"可能也是适应的一种形式而已。

虽然古尔德"附加适应"的观点可能无法得到大多数进化学者的支持,但他关于"社会生物学家不应该将每一种生物特征都认为是适应结果"的批评无疑是正确的。正如我们前文所介绍的,做出这一假设的学者被古尔德贴上了"极端达尔文主义"的标签。极端达尔文主义者强调自然选择在基因水平发挥作用,因此有机体的所有特征都是达尔文式适应机制的结果(至少可以被现代综合进化论解释)。

事实上,威廉斯早就发出过"警告":我们应该谨慎考虑

---

① Darwin, C.(1862). *On the Various Contrivances by which British and Foreign Orchids are Fertilised by Insects, and the Good Effects of Intercrossing.* London: John Murray.

到底什么才算得上"适应"。在 1966 年的著作中，威廉斯曾指出，有机体的许多特征可能是中性的，而不是达尔文适应机制的产物（例如，人类下巴的形状就与适应功能无关，它是头部上颚骨和下颚骨不同生长速度导致的结果）[1]。当给某个特征贴上"适应"的标签时，我们可能必须有足够的证据，例如，缺少这一特征或这一特征不那么明显的个体，他们会有更少的后代。因此，在批评不应过度使用"适应"概念时，古尔德继承了威廉斯的观点，而威廉斯却恰恰是一个极端达尔文主义者！

除了适应主义错误外，对古尔德来说，道金斯"自私的基因"的观点还犯了还原论错误，也就是说，它用较低水平的基因遗传机制来解释像人类和动物行为这样更高水平的现象。注意，还原论与基因决定论有很多相似之处，不同的是，基因决定论强调无论环境影响如何，特定基因都会导致特定特征的出现；而还原论则强调，我们可以将更高水平的现象（如嫉妒情绪）归因于更低水平的机制（如基因）。古尔德对社会生物学以及自私的基因观点的批评，主要基于以下观点，即基因是以有机体为载体的，因此自然选择直接作用的对象是有机体，而不是包含在其中的基因。对于古尔德来说，自然选择可以在多个水平发挥作用。道金斯则对此提出了反驳，他指出，从进化尺度来看，基因无疑是一种独立存在的实体[2]。

人类学的批评

如果说生物学内部某些学者对于社会生物学反响不那么

[1] Williams, G. C.（1966）. *Adaptation and Natural Selection: A Critique of Some Current Evolutionary Thought*. Princeton: Princeton University Press.

[2] Sterelny, K.（2007）. *Dawkins vs Gould: Survival of the Fittest*. Cambridge: Icon Books.

热烈的话，文化人类学的反响和态度简直就可以用"冷淡"来
形容了。许多人类学家迅速给报纸写信，提出批评意见（例
如，和艾伦共同签署那篇文章的人中就包括人类学家），特别
是1976年，著名文化人类学家萨林斯（Marshall Sahlins）出
版了一本专门批驳综合进化论的著作——《生物学的使用和
滥用：对社会生物学的人类学批判》（*The Use and Abuse of
Biology：An Anthropological Critique of Sociobiology*）。在这本
书中，萨林斯指出，社会生物学的亲缘选择理论存在缺陷，这
主要涉及抚育活动。第一，萨林斯认为，许多狩猎采集社会
还没有发展出分数的概念[1]，亲缘选择理论以及内含适应性理
论在这些社会是行不通的，生活在这种社会的人不可能计算
基因的相关水平（动物的情况同样如此）；第二，萨林斯认
为，从亲缘选择理论出发推导出的抚育模式与狩猎采集社会的
真实情况并不相同，在这些原始社会，人们并不会抚育除子
女外的其他亲属。他在书中写道[2]："没有任何一个社会的人类
亲缘关系体系是按照社会生物学家所谓的'遗传系数'来组
织的。"

　　《生物学的使用和滥用：对社会生物学的人类学批判》是
一本颇具影响力的著作——不过遗憾的是，这种情况没有持续
多长时间。原因是萨林斯的上述第一个观点并没有得到多少人
的支持，而持续累积的证据又推翻了他的第二个观点。正如道
金斯在《自私的基因》第二版中所指出的，动物（和人）并不
需要知道它（他）们为什么会做出某些行为。因此，从亲缘选

---

[1]　汉密尔顿的亲缘选择理论涉及分数计算问题，如子女与父母（一方）基因相同的比例是1/2，与祖父母（一方）基因相同的比例是1/4，人类兄弟姐妹基因相同的比例是1/2，而工蜂姐妹间基因相同的比例是3/4。——译者注
[2]　Sahlins, M.（1976）. *The Use and Abuse of Biology：An Anthropological Critique of Sociobiology*. Ann Arbor：University of Michigan Press.

择理论的视角看，人类其实并不需要学会分数，他们只要通过启发法做出合适的行为反应就可以了。

启发法可以被看作是进化的"经验法则"。启发法具体指的是：有机体之所以会形成某种行为模式，是因为祖先做出的类似决定被证明是成功的。在许多情况下，我们没有必要有意识地思考为什么做出某些决定（想象一下，你一边走一边把一个球抛起来又接住——我们通常就是这样做的，不需要有意识地思考手臂如何在空中挥动）。启发法可以加速人类的决策过程，当然也可以使其他物种做出相当复杂的行为。如果动物只有在知道它们为什么会做出某种行为时才去做这种行为，那么鸟类就需要先了解机械工程原理才能建造它们的巢穴，蜜蜂需要先了解地理和地形才能找到回到蜂巢的方法，而这显然是不可能的。由于缺乏对动物行为的了解，萨林斯的书被贴上"萨林斯谬误"（Sahlin's fallacy）的标签。

不过，并不是所有的人类学家都意见一致，人类学家西尔克（Joan Silk）就更赞同社会生物学的观点。为了对亲缘选择理论进行验证，她决定搜集 11 个独立的海洋社会在抚育方面的资料。与萨林斯的结论相反，西尔克发现，大多数领养都发生在亲属之间，而且基因关系越近，发生领养的可能性就越大（大多数领养者都是被领养者的叔叔、伯伯、舅舅、姨妈、堂兄或堂姐）。这些证据支持了社会生物学的观点，而萨林斯在《生物学的使用和滥用：对社会生物学的人类学批判》中的观点显得站不住脚——最起码他对抚养行为的观察被证明是不靠谱的。

后来许多其他研究也陆续证明，从亲缘选择理论出发做出的预测与人类社会的真实行为是相符合的，这些研究涉及暴力犯罪模式与遗产继承等现象。

拒绝屈服

道金斯和威尔逊坚守自己的立场（直到现在依然如此），他们认为，将他们称为"基因决定论者"的指控没有任何依据[其实只要粗略地阅读他们任何一本著作或随后的出版物，就会发现他们是典型的互动论者（interactionist）——也就是说，他们强调行为发展同时需要遗传和环境因素影响]。此外，威尔逊考虑了对他的指责后，在后期作品中也融入文化实践的内容，而道金斯本来在《自私的基因》最后一章就论述过，人类文化可以超越基因规则（许多批评者似乎根本没有读过这些内容）。在《自私的基因》最后一章，道金斯还引入文化进化（cultural evolution）的概念，他认为，文化进化的基本单位是模因（meme）。一个模因可以是一首流行音乐、一种时尚化妆风格或是一首诗等。模因等同于文化上的基因。同基因一样，衡量模因成功与否的标准是被复制的程度。我们会在第八章再详细论述"模因"的概念。

综合进化论的"糟糕时机"

尽管道金斯与威尔逊强力反驳了针对他们的批评，但正如我们之前所讲的，他们在政治方面可能已经与时代步调不一致。毕竟希特勒在《我的奋斗》中呈现大量看起来像是"达尔文主义"的思想（如我们在第四章所说的，希特勒在书中根本没有提到达尔文或者他的进化论），在纳粹暴行的余波后，许多西方学者都产生了强烈的左翼同情。而20世纪60年代与70年代，随着"越战"的进行，美国在"越战"中扮演的角色，促使许多学术界人士开始高举马克思主义大旗。尽管古尔德和莱旺廷都是进化论者，但他们也是左翼政治活动家，他们认为知识分子不应该支持基因影响人类行为的观点（他们将这种观点视为宣扬右翼决定论）。在信仰马克思主义的生物学家以及像文化人类学者这样的社会科学家看来，"人性拥有无限可塑性"无疑才是符合政治正确的理论（这种观点我们之前已经介绍过，它可以追溯到文化学家米德和心理学家斯金纳）。

重写动物行为

尽管有种种反对意见，但道金斯和威尔逊不乏支持者。在学术界，许多动物行为研究者开始以一种新角度来观察、检验和解释他们的研究对象，他们将汉密尔顿、特里弗斯、威廉斯和梅纳德-史密斯的观点应用到研究中。同样，几乎在一夜之间，世界各地的大学都出现进化生物学方面的课程。对于很多人来说，达尔文又变得富有魅力了。而越来越多的媒体开始关注特定基因编码与特定心智能力和情感反应的关系。不幸的是，在 20 世纪 70 年代，社会生物学家依然遭遇了很多不公正的指责，媒体简单肤浅的报道并没有真正改善社会生物学的处境 ①。

远因解释和近因解释

随着《自私的基因》以及《社会生物学：新综合》的出现，廷伯根提出的关于动物行为的"四个问题"可以归结为两个层次的解释。关于"起因"（行为的生理机制）和"发展"（行为发展过程）问题的解答可以被视为近因解释（proximate

---

① Laland，K.，& Brown，G. R.（2011）. *Sense and Nonsense：Evolutionary Perspectives on Human Behaviour*. Oxford：Oxford University Press.

explanation)，而关于"进化"（行为的进化发展过程）和"功能"（行为的功能）问题的解答可以被视为远因解释（ultimate explanation，或者说是在进化时间尺度上的解释）①。

人类行为生态学

124

在社会生物学出现后的几年内，第二个达尔文式的新研究领域——行为生态学也随之产生了。行为生态学受到 20 世纪 60 年代与 70 年代进化论新理论的影响。虽然行为生态学像社会生物学一样，也是用处理动物行为的视角研究人类行为，但它不像社会生物学那样容易招致指责。原因在于以下两方面：第一，行为生态学的研究结论主要基于实证经验而不是理论构建；第二，相比社会生物学，行为生态学更强调人类行为的可塑性。另外，许多人类行为生态学家（human behavioural ecologists，HBES）原本就是人类学家（正如他们中许多人原本是生物学家一样），这就可以解释，为什么行为生态学早期的倡导者要比社会生物学家面临更少的困境以及可以更顺利地开展研究了。

哈佛大学的人类学与生物学教授德沃尔（Irven DeVore）是人类行为生态学重要的推动者之一。生于 1934 年的德沃尔在 20 世纪 50 年代时曾对狒狒的社会生态和行为开展过野外考察，后来他又对生活在喀拉哈里沙漠的昆族人等原始部族进行过研究。像一个世纪前的达尔文一样，为了理解人类、生态、文化和行为之间的关系，德沃尔从生物学、人类学、社会学和心理学等许多学术领域汲取有益的经验与方法。德沃

---

① Rose, H., & Rose, S.（2000）. *Alas Poor Darwin: Arguments against Evolutionary Psychology*. London：Jonathan Cape.

尔是特里弗斯的朋友和同事，作为一名曾对灵长类动物和人类生态进行过实地考察的学者，德沃尔深切了解将达尔文原理应用于人类行为研究的必要性。虽然德沃尔也是（如今依然是）威尔逊的朋友，但他却对《社会生物学：新综合》持保留意见，原因是他认为威尔逊这部作品中的观点缺乏心理学和人类学基础。考虑到20世纪70年代早期，德沃尔和特里弗斯曾在哈佛大学一起教授一门关于进化和人类行为关系的课程，有人认为，他们可能先于威尔逊对社会生物学做了最早的阐释①。尽管德沃尔很想在研究中贯彻社会生物学的原则，但是由于这一学科在当时遭受到异常猛烈的攻击，导致他最终还是将自己定位为人类行为生态学家（当然，正如我们即将在第七章看到的，我们如今也完全可以称他为进化心理学家）。

最优觅食理论——效率最大化

以德沃尔为代表的人类行为生态学家认为（并一直这么认为），人类行为依赖于特定生态压力决定的环境参数。因此，尽管他们也认同个体行为模式是通过自然选择和性选择机制塑造的，但他们同时也强调，行为模式总是与环境密切相关。人类行为生态学家的主要目标之一是解释不同文化之间的差异与环境的关系，探讨特定环境是否会对适应方式产生约束和限制进而影响到文化差异。为了达成这一目标，人类行为生态学家借鉴吸收了许多动物行为学家之前曾验证过的理论。例如，最优觅食理论（optimal foraging theory）认为，动物在觅食方面

125

---

① Segerstrale, U. (2000). *Defenders of the Truth: The Battle for Science in the Sociobiology Debate and Beyond.* Oxford: Oxford University Press.

进化出以最小成本获得最大收益的行为倾向 [1]。就像大山雀可以在自己很小的一块领地中有效搜集食物，而不需要为了食物长途跋涉。类似研究已经证明，鸟类（和其他动物）已经适应在觅食的过程中以同等消耗获得最大的能量增益，而这种能力是通过自然选择产生的。最优觅食理论假定最大化食物摄取与最高内含适应性有关（尽管行为生态学家并不像社会生物学家那样关心内含适应性，但起码他们承认这一机制是存在的）。因此，近因水平的行为分析（觅食行为）可以被认为同远因水平的行为分析（通过这一行为传递基因）有关。至于人类行为，许多狩猎采集社会是否能够做出导致热量摄入最大化的觅食决定已经被检验过，这些社会包括巴拉圭的阿切部落、坦桑尼亚的哈德萨部落以及博茨瓦纳的萨恩部落 [2]。与达尔文的研究传统一样，人类行为生态学家已经从广泛的前工业化社会那里验证了他们关于进化机制和行为关系的观点。足够多的证据表明，在前工业化社会，人们确实可以实现高效觅食。不过，这并不一定能证明这些行为模式一定是进化的产物，因为文化人类学家完全可以辩称，是文化为人类赋予了这种行为特性。近年来，人类行为生态学家也考虑如何在达尔文主义框架下解释生殖行为（如婚姻模式）与生态压力的关系，以及探讨生殖行为对人类社会其他特征的影响，如男性和女性在子代抚育中分别愿意投入多少（第七章我们会介绍）。

在这种研究模式下，人类行为生态学家利用达尔文主义的方式其实与社会生物学家一样，但他们将行为结果视为对生态

---

[1] Davies, N. B., Krebs, J. R., & West, S. A.（2012）. *An Introduction to Behavioural Ecology*（4th ed.）. Chichester, Sussex：Wiley-blackwell.

[2] Kaplan, H. S., Hooper, P. L., & Gurven, M.（2009）. The evolutionary and ecological roots of human social organization. *Philosophical Transactions of the Royal Society B12*, *364*, 3289–3299.

压力因素的反应。从某种意义上说，社会生物学家强调的是基因施加给我们的约束，而人类行为生态学家强调的则是基因赋予我们的灵活性。因此，为了在特定环境下获得最高效率，生态压力会为人类"选择""释放"哪一种合适的行为模式。要理解这两种研究取向之间的差别，我们可以考虑一个人类行为模式的例子，比较一下社会生物学家和人类行为生态学家是如何解释这一现象的。想象一个名叫斯坦的年轻男孩爱上一个名叫斯特拉的年轻女孩并向她求婚，我们怎么解释斯坦的内部状态和行为反应呢？如果回答者是一位以基因为关注焦点的社会生物学家，他会指出，斯坦所谓的"爱恋"的感受是不断累积的性激素刺激相应脑区导致的一种心理状态，而这一机制其实是性选择机制塑造的结果。性选择机制为人类祖先选择出"特定基因"，而这些基因可以让我们产生性激素以及形成受性激素刺激的脑基质。在斯坦的例子中，斯特拉身上的"生育力信号"（如对称的脸型，有光泽的头发和沙漏型的身材）激发了斯坦的性行为反应。通过向斯特拉求婚，斯坦可以繁衍并抚育后代，从而增加他基因传递的可能性并提高他的内含适应性。在这样的解释中，文化很少被提及，因为社会生物学家认为不同社会之间的差异是极为表面的。人类行为生态学家不会否认这些观点，但相比内含适应性，他们更关心的是根据生态变量产生的最优行为。值得注意的是，生态变量也包括社会和文化因素。因此，在人类行为生态学家看来，当做出向斯特拉求婚的决定时，斯坦已经达到娶妻生子的最优状态，他可能仔细考虑过自己当前维持家庭以及养育后代的能力。由于文化差异也是个体生态变量的一部分，文化规范会影响斯坦向斯特拉求婚的时机。理想情况下，当考虑到斯坦和斯特拉的年龄与养育后代的关系时，斯坦会做出最优决策。我们需要特别指出，这些解释既不是相互排斥的，也不是相互矛盾的——它们的区别在于强调的重点不同。社会生物学家强调的是内含适应性（传递基因）而人类行为生态学家强调的是最优决策（最优决策可能会促进内含适应性的提高），不过他们都将有机体的内部状态和行为视为适应机制。最后，在回顾萨林斯的"错误"时，我们应该要意识到，在这两种研究取向的基本假设中，有机体都不需要意识到自己的决策过程与内含适应性或最优结果有关。

在许多研究方向上，行为生态学已经取代动物行为学和社会生物学，但许多这些领域的研究专家并不会因为自己被贴上这些标签而感到不快。例如，道金斯在学术生涯初期被人称作"动物行为学家"（回想一下，他是动物行为学家廷伯根的学生），在出版了《自私的基因》后，他又被人称作"社会生物学家"，后来，他又在行为生态学框架内完成了关于动物觅食和交流行为的研究。

127

指责依然存在

虽然人类行为生态学没有遭遇到社会生物学那样的猛烈攻击，但对它的指责其实依然存在。莱旺廷和古尔德就对最优觅食理论提出批评，他们怀疑觅食效率和内含适应性间是否存在直接联系（难道更优秀的觅食者就一定会有更多的后代吗？例如，他们很有可能很少将时间用在修建处所、求偶或者躲避捕食动物这些活动上，而这恰恰可能导致他们后代较少），他们甚至质疑觅食行为是否一定是达尔文式适应机制的作用结果。虽然许多人类行为生态学家宣称莱旺廷和古尔德的指责有夸张之处，不过这些批评实际上却促使他们去仔细思索，如何将近因解释与远因解释相关联。正如我们在第一章所分析过的，从某种意义上，正是来自菲茨罗伊船长的批评，导致达尔文在"小猎犬"号航行期间重新思考并完善了自己的理论，而古尔

德、莱旺廷和萨林斯对社会生物学和人类行为生态学的发展起
到同样的作用（这一过程如今依然在持续）。

完整的循环

行为生态学的出现可以被视为科学发展完成一个循环，因
为它重新回到像达尔文那样的早期博物学家关注的问题上。在
第一章时，我们把达尔文那个时代追寻自然真相的学科称为
"博物学"，而博物学在 19 世纪晚期和 20 世纪早期发展为"动
物行为学"和"生态学"这两个科学研究领域。"人类行为生
态学"所做的正是将它们在新达尔文主义的框架下重新整合在
一起。

128　　　　到 20 世纪 80 年代，人类行为生态学已经成为那些对人类
行为和进化间关系感兴趣的学者最青睐的学科。然而，如果批
评者认为，随着社会生物学的衰亡，他们已经成功"绞杀""达
尔文之龙"，那么他们很快就会猛然发现一场新的达尔文革命
已经席卷而来，而这次，变革的领域是心理学。

第七章 进化心理学——实现
达尔文的行为科学吗？

正如我们在第三章中看到的，在《物种起源》的最后，达尔文明确指出，达尔文主义可能会为心理学的发展提供引导，他写道[1]：

> 我看到，在不久的将来会出现许多重要的新研究领域，心理学会在新的基础上得以发展，每一种必要的心理能力都是逐渐产生的。

通过这段话，达尔文暗示我们，除了身体生理特征具有适应性外，我们的精神属性也是千万年来自然选择和性选择塑造的结果，而这一事实一旦被接受会导致进化心理学的发展。尽管达尔文提出这样的建议，但正如我们所看到的，由于行为主义心理学和文化人类学的兴起，以及社会达尔文主义的不幸发展，大多数心理学家都避免将达尔文思想纳入对人类行为的解释中，这一问题最终留给我们在第五章介绍的动物行为学家。

---

[1] Darwin, C. (1859). *On the Origin of Species by Natural Selection*. London: John Murray.

然而，到 20 世纪 80 年代末时，在社会生物学和行为生态学的推动下，"进化心理学"这一新领域得以诞生，达尔文的预言终于实现了。在本章中，我们会通过研究进化心理学的发展，分析达尔文作为"进化思维的塑造者"的角色。为了完成这一目标，我们还需要先介绍那些为进化心理学发展做出重要贡献的研究者。虽然这一领域的许多理论形成于 20 世纪 60—70 年代，但许多研究者的工作其实可以追溯到达尔文作品中对人类行为和心理状态的阐释。对于许多进化心理学家来说，《人类的由来与性选择》和《人类和动物的表情》是同《物种起源》一样伟大的作品，它们对于进化心理学的发展同等重要。正因如此，我们也可以认为，在对人性的看法上，相比社会生物学家或行为生态学家，进化心理学对达尔文有更为直接的继承性。

进化心理学的"进化"

考虑到 20 世纪 70 年代已经出现两个新的受达尔文影响的行为研究领域，在 20 世纪晚期又出现一个新的类似领域其实是件很奇怪的事情。因此，我们必须先考虑两个问题：为什么进化心理学会在那个时候出现，以及它与社会生物学有什么不同。

威尔逊创建的社会生物学由于缺乏人类学和心理学视角而受到指责，然而，它所带来的新的进化概念并没有被那些对生物学、人类学和心理学的关系感兴趣的人忽视。特别是许多从事动物行为研究以及认知和发展心理学研究的学者，都可以看到借助诸如"亲缘利他"和"互惠利他"等概念（分别是汉密尔顿和特里弗斯提出的）来理解人类亲社会行为和决策行为的价值①

①　Workman，L.，& Reader，W.（2004）. *Evolutionary Psychology*. Cambridge：Cambridge University Press.

（需要注意，"亲社会行为"指的是为他人提供物质或情感支持的行为）。到 20 世纪 80 年代末，一些认知心理学家开始对心智的认知进化结构产生兴趣，而发展心理学家则发现婴儿似乎生来就具有某些知识和能力（注意，这些研究结论和行为主义心理学提倡的"白板说"完全相反，这也可以证明当时的心理学与进化思想间的距离有多远）。

总之，许多心理学家在阅读《自私的基因》和《社会生物学：新综合》之后，开始认同达尔文所说的"每一种必要的心理能力都是逐渐产生的"。也就是说，为了解决生存困境，人类祖先发展出特定的认知适应性（cognitive adaptations），人类的许多心理机制都是在进化过程中逐渐形成的。

进化心理学的主要理论

进化心理学家将社会生物学家提出的某些观点作为自己的思想基础，并对其进行了提炼强化（例如，他们关注行为的远因解释而不是近因解释）。同时，他们还吸收了 20 世纪后期发展起来的认知心理学（cognitive psychology）以及动物认知的研究成果。许多社会生物学家和行为生态学家主动改变了的身份和立场，修改了自己的理论并将它们应用于心理学领域。其中，进化适应环境（environment of evolutionary adaptiveness）理论和亲代投资（parental investment）理论是进化心理学发展初期两个极为重要的理论。

鲍尔比：从弗洛伊德和动物行为学到进化适应环境理论

进化适应环境理论是在进化心理学早期发展中具有核心地

位的重要理论。在 20 世纪 60 年代，英国儿童心理学家和精神分析学家鲍尔比（John Bowlby）创制出"进化适应环境"这一术语，而这一术语出现的时间甚至要早于"进化心理学"这一术语出现的时间 ①。鲍尔比于 1907 年出生于伦敦，通过借鉴达尔文理论、精神分析、认知心理学和动物行为学研究，他倡导用跨学科的方法探讨儿童发展规律。利用多学科视角，鲍尔比提出一条从达尔文思想经弗洛伊德和动物行为学再到进化心理学的发展路线。在"进化与行为发展的关系"这一研究主题上，鲍尔比可以说是为该主题的现代解释做出贡献最多的学者之一。因此，我们当然有必要介绍一下他的成果。

　　鲍尔比曾在剑桥学习心理学，1933 年，他获得医学学位后又继续在伦敦的莫德斯利医院学习弗洛伊德的精神分析。虽然最初鲍尔比很有学习热情，但后来他对那些一味强调潜意识童年幻想造成心理障碍的理论感到失望［这是鲍尔比的导师——克莱因（Melanie Klein）提出的假设，这种观点已经偏离弗洛伊德的理论］。根据克莱因或弗洛伊德的精神分析观，这些幻想起源于个体内在的攻击欲与力比多驱力的冲突。与此相反，在 20 世纪中期，鲍尔比提出，导致婴儿后来出现精神异常的不是他们的幻想，而是现实生活中的真实事件与母亲的行为。

　　另外，鲍尔比对依恋的"橱柜之爱"（cupboard love）理论 ② 也持否定的态度（这一理论在精神分析心理学和行为主义心理学的时代都很受欢迎）。"橱柜之爱"理论认为，母亲和婴儿的依恋关系形成于弗洛伊德所谓的口唇期阶段，婴儿在这一

132

① Bowlby, J.（1969）. *Attachment and Loss*, *Vol. 1*: *Attachment*. New York: Basic Books.
② 该术语是指出于私心或贪婪而表现出的不真诚的情感。原意是小孩子为了得到橱柜里的零食，就装作非常爱父母的样子。——译者注

阶段从母亲的喂养中获得快乐（按照弗洛伊德的理论，如果婴儿喂养或断奶出现问题，成年后会形成心理障碍）。鲍尔比同意弗洛伊德的观点，也赞成婴儿早期依恋会对后来生活产生深远影响，但不同的是，他认为母亲与婴儿之间的纽带在没有喂养的情况下或者在非口唇期阶段也依然存在。鲍尔比重新思考了依恋关系，提出儿童会基于与母亲的关系形成有关自我与他人的内部工作模型（internal working model，指个体用于理解自我和他人的认知或心理表征），个体在婴幼儿期发展出的内部工作模型会引导其成年后与他人的互动模式。鲍尔比进一步指出，母爱的剥夺会对个体今后生活产生非常消极的后果，例如，出现犯罪行为、攻击性行为，甚至是心理变态行为[1]。他将反社会行为与母子关系联系在一起，形成母爱剥夺假说（maternal deprivation hypothesis）。

鲍尔比和母爱剥夺假说

弗洛伊德从很少几个案例出发，构建出一套复杂的人性发展理论。与弗洛伊德不同，鲍尔比的母爱剥夺假说是以大量更为科学化的实证研究为基础的。例如，他于1944年发表的《44个少年窃贼：他们的品格与家庭生活》就是这种研究方法的典型代表。在这份研究中，鲍尔比采访了44个因"儿童保护项目"被送到伦敦儿童诊所接受矫正的少年窃贼。同时，他还采访了这一项目中的另外44个儿童——他们有情绪问题，但没有表现出犯罪行为。这种对照方法是非常重要的，因为两组儿童仅仅在犯罪行为方面有差异，通过差异比较，鲍尔比可

---

[1] Bowlby, J. (1944). Forty-four juvenile thieves: Their character and home-life. *International Journal of Psychoanalysis*, 25, 19–52.

以分析儿童犯罪行为的原因（精神分析研究中很少使用"控制组"，这也是很多人认为精神分析缺少科学性的原因之一）。鲍尔比后来又采访了这些儿童的父母，了解他们与自己的孩子在婴幼儿期分开的时间。结果显示，在有犯罪记录的儿童组中，超过一半的受调查者曾在 5 岁前与母亲至少分离 6 个月，而在没有犯罪记录的儿童组中，符合这一情况的受调查者只有 2 位。鲍尔比由此得出结论：两组儿童在犯罪行为上的差异可以用母爱剥夺假说来解释。

因此，尽管鲍尔比赞同弗洛伊德所说的，认为出生后 6 个月至 5 岁的婴幼儿期对个体一生的发展起到至关重要的作用，但哪些因素会引发儿童心理与行为问题，鲍尔比的看法与弗洛伊德又不一致了（同时，对应该如何进行这方面的研究，鲍尔比的想法也与传统精神分析流派不同）。虽然鲍尔比的目标是重塑而不是完全推翻弗洛伊德关于童年期的理论，但他的观点被很多人视为对精神分析理论的攻击。正因如此，鲍尔比后来越来越为主流的精神分析团体所不容。

用达尔文主义解释依恋

关于儿童早期依恋关系的争论听起来似乎与我们要讲述的达尔文思想对人性理论的影响没有太大关联。然而，正是在试图重塑精神分析关于童年期理论的过程中，鲍尔比转向另一个受达尔文影响的科学领域——动物行为学。在发现精神分析理论的缺陷后，鲍尔比越来越确信，虽然动物行为学主要关注解释动物行为，但可以用动物行为学的思想和方法来研究人类行为发展。鲍尔比阅读了洛伦茨关于"印记"现象的研究后，他立刻意识到，如果将依恋模式的形成与"关键期"这一概念相结合，可以发展出一套依恋模型。因此，他开始思考，是否婴

儿出生后 6 个月至 5 岁的时间正是依恋关系形成的关键期,而
这也是他母爱剥夺假说的一部分。如果在这一时期儿童没有与
母亲形成一种安全型依恋(secure attachment),那么之后也很
难再发展出这种关系,而儿童在长大后可能不太会对他人表现
出关怀和爱护。

　　此时,鲍尔比与廷伯根和洛伦茨建立了频繁的联系——后
来证明双方都因此受益。通过了解动物行为学,鲍尔比开始意
识到对人类互动行为开展自然主义研究的重要性——而这一
传统可以追溯到达尔文本人。在借鉴达尔文思想的基础上,鲍
尔比推论道,婴儿会天生携带某些行为倾向,如微笑、咿呀学
语和哭泣,这些行为可以确保母亲与他们保持亲密关系。这些
天生的行为倾向之所以会得以进化,是因为那些具有这些行为
倾向的婴儿更容易获得父母关注,从而有更高的生存概率,更
容易将这些机制遗传给下一代。值得注意的是,动物行为学与
鲍尔比的影响关系并不是单向的,随着动物行为学家为鲍尔
比带来深刻的启发,他们自己也开始在动物行为学的框架内研
究人类行为,而这促使人类习性学进一步发展。在鲍尔比的带
领下,动物行为学家开始更多地关注社会动物中个体发展的差
异,以及这些差异与早期依恋行为的关系。甚至洛伦茨和廷伯
根在晚年时也将主要精力放在用动物行为学原理来理解人类特
有的问题上 [1][2]。

　　正如我们在第四章所看到的,弗洛伊德的思想受到达尔
文的深刻影响,他认为人类的内部心理特征是进化的产物,鲍
尔比则更进一步,他将达尔文自然选择的概念融入他的人类

[1]　Lorenz, K. (1966). *On Aggression*. New York: Harcourt, Brace & World.
[2]　Tinbergen, N., & Tinbergen, E. (1972). *Early Childhood Autism: An Ethological Approach*. Advances in Ethology, supplements to *Journal of Comparative Ethology* (Zeitschrift für Tierpsychologie). Berlin: P. Parey.

发展模型中，进化适应环境假设正是其中的典型成果。在较为系统地掌握动物行为学的知识后，鲍尔比设想：在进化历史中，人类祖先曾与森林里的猿类分道扬镳，来到开放的大草原生活，而人类强大的母婴联系正是在这段时间得以进化的。随着智能提高，婴儿的脑越来越大，为了适应母亲产道，婴儿必须在发育尚未完全成熟时就被生下来。因此，在婴儿早期发展的大部分时间里，他们必须与母亲建立一种复杂、持久而亲密的关系，以寻求母亲的保护。进化适应环境涉及的时期是"更新世"（大约自 250 万年前始到 1.2 万年前结束），这可不是一小段时间。鲍尔比使用"进化适应环境"这个术语指人类祖先离开森林进入草原后，从猿类进化到现代智人的过程以及相应的生态压力。在 1969 年出版的著作《依恋》(*Attachment*) 中，鲍尔比写道 [1]：

> 在有机体的例子中，生物结构特征是由有机体在进化过程中实际面临的环境决定的……对于这样的环境，我称之为有机体的"适应环境"。只有在适应环境内，有机体才能有效运行。

鲍尔比非常确信进化适应环境的重要性，他还写道 [2]：

> 生物的任何一个单一方面（如形态方面、生理方面或行为方面）的特征，在不涉及进化适应环境的情况下都无法理解甚至无法适当讨论。

---

[1][2] Bowlby, J. (1969). *Attachment and Loss*, *Vol. I*: *Attachment*. New York: Basic Books.

有趣的是,身为心理学家,鲍尔比人生的最后一部著作却是有关达尔文的传记,1990 年,鲍尔比在去世前夕完成这一作品 ①。

进化适应环境假设最初并没有对心理学产生太大冲击,直到 20 世纪 80 年代它被重新发现。在这一时期,早期的进化心理学家认识到鲍尔比理论的价值,他们吸收了这一理论并用其解释人类心理适应性。

特里弗斯和非对称性亲代投资

不知道你是否还能回忆起第三章我们曾提到过达尔文的一个发现,达尔文在《人类的由来与性选择》一书中指出,对于许多物种来说,雌性在性选择中要比雄性更加挑剔。正是由于雌性的挑剔,雄性为了在生殖竞争中给雌性留下深刻印象,才发生进化变异(这是达尔文性选择理论中同性竞争部分的假设)。达尔文进一步提出,即便是在那些雄性比雌性体型更大、更具有攻击性的动物中,雌性在择偶中也更具有"发言权"。他写道 ②:

> 如果一只雄性动物向雌性动物求欢时没有让雌性动物感到满意或兴奋,那么雌性动物在大多数情况下会直接逃离。如果雌性动物被许多雄性反复追求,尽管雄性可能会联手,但雌性往往也还有离开的机会,或者选择其中一个雄性成为临时配偶。

136

---

① Bowlby, J. (1991). *Charles Darwin: A New Life.* New York: W. W. Norton.
② Darwin, C. (1871). *The Descent of Man and Selection in Relation to Sex.* London: John Murray.

达尔文还认为，为了提高接近雌性的机会，雄性会比雌性有更强的好胜心以及攻击冲动（这同样是达尔文性选择理论中同性竞争部分的假设）。对达尔文来说，唯一的问题是无法解释为什么会这样 [1]：

> 我们会很自然地发出疑问，为什么在这么多差别如此巨大的物种中，雄性总是比雌性更热切，并总在求偶活动中扮演积极主动的一方？雄性和雌性在交配中都需要对方，任何一种性别按理说不应该具有特别的优势或权力，但我们发现，雄性在大多数情况下是主动探求者。

为什么是雄性为了争夺雌性相互竞争，而不是相反的情况？为什么雌性可以挑挑拣拣？1972年，特里弗斯（互惠利他的提出者，见第六章）指出，在交配活动中，为繁衍后代付出更多代价的一方会有资格成为审判者，而付出代价较少的那一方则要为性资源展开竞争。对于大多数动物来说，这意味着雄性要通过相互竞争获得雌性，因为雌性从一开始就要比雄性在交配生育中投入更多成本（例如，对于哺乳动物来说，雌性要负责怀孕、生产、哺乳和养育后代；对于鸟类来说，雌性要负责产蛋和孵蛋，这些都是高成本行为）。按照这一逻辑，我们也就可以理解雌性为什么要对雄性挑挑拣拣，作为投入成本更高的那一方，一旦雌性在求偶活动中做出糟糕的选择，它们就会遭受更为严重的损失（对于很多动物包括人类在内，不负责任的雄性会在完成繁衍任务后溜之大吉，将抚

---

[1]　Darwin, C.（1871）. *The Descent of Man and Selection in Relation to Sex*. London: John Murray.

养孩子的"烂摊子"交给雌性）。特里弗斯将花费在生养后代上的总代价称为"亲代投资"①。由于两性在亲代投资上存在差异，这最终会导致它们生理与行为特征方面的差异。在达尔文提出"性选择理论"后一百年，特里弗斯终于解答了达尔文的疑问。同鲍尔比的进化适应环境概念一样，特里弗斯提出的亲代投资概念为进化心理学的发展奠定了重要基础。正如我们即将看到的，这一概念可以澄清人类和动物很多择偶现象的原因，同时，对于人类很多与生育相关的社会行为也具有良好的解释力。

亚历山大和西蒙斯：进化心理学的先驱

137

　　许多杰出学者在借鉴进化适应环境理论和亲代投资理论的基础上，为进化心理学的早期发展做出重要贡献，我们在这里无法一一描述。然而，至少有两位先驱人物值得我们详细介绍，他们是美国生物学家亚历山大（Richard Alexander）和人类学家西蒙斯（Donald Symons）。尽管当时还没有"进化心理学"与"进化心理学家"这些称谓，但毫无疑问，他们的卓越成果为开创这一新学术领域起到关键作用。

　　亚历山大出生于1930年，曾是密歇根大学的荣誉教授。他是最早接受现代达尔文主义学说，赞同用达尔文主义原则来理解动物和人类行为的学者之一。与达尔文和罗曼斯的学术生涯类似，在研究昆虫和从鼩鼱到猿猴等许多哺乳动物的社会行为后，亚历山大开始将关注点转向人类。1979年，亚历山大出版了《达尔文主义和人类活动》（*Darwinism and Human*

---

① Trivers，R.（1972）. Parental Investment and Sexual Selection. In B. Campbell（Ed.）. *Sexual Selection and the Descent of Man*. Chicago：Aldine.

Affairs）。随后，在 1987 年，他又出版了《道德体系生物学》（*The Biology of Moral Systems*）。在这两本著作中，亚历山大提出，人类脑进化是为了应对与合作和竞争相关的决策，随着人类祖先群体规模与社会网络的不断扩大，合作和竞争行为会愈发复杂。亚历山大还认为，我们的道德原则来自社会系统，而社会系统也是达尔文式选择力量的产物。另外，为了应对一系列的生态压力（如获得食物、抵御捕食者和防御其他人类群体），人类祖先形成越来越大的群体，由于群体之间也存在相互竞争，自然选择会更青睐那些内部团结合作的群体。而这反过来又促使道德规范的发展，包括对内群体成员要忠诚慷慨，对外群体成员要怀疑警惕。因此，自然选择同时催生对内群体成员的利他行为以及对外群体成员的潜在敌意。需要指出，如我们在第六章所介绍的，这些假设在某种程度上可以说是承袭了达尔文关于群体行为的论述。总之，亚历山大强调，自然选择会"选择"那些有利于群体生活的心理能力和倾向。这意味着，人类已经认识到群体的吸引力，同时，人类也进化出提升群体凝聚力的道德准则。值得注意的是，这些假设看起来似乎更支持我们在第六章讨论的"群体选择"（行为是在帮助群体或物种更好生存）。然而，由于亚历山大更关注多重选择（multi-level selection）并认为个体最终会从群体中获益，因此他并不认为自己的立场是"群体选择主义"。

　　像亚历山大一样（也像德沃尔一样，德沃尔也可以被视为进化心理学的奠基人之一），西蒙斯在致力于用进化思想解释人类心理行为特征前，也曾对动物的社会行为进行过多年研究。西蒙斯出生于 1942 年，是加州大学人类学系的荣退教授。1979 年，西蒙斯出版了著作《人类性行为的进化》（*The Evolution of Human Sexuality*）。这本书继承发扬了《人类的由来与性选择》与《人类和动物的表情》的思想，它使得达尔文对性选择和行为间关系的论述重新受人瞩目（而这些内容曾在很长一段时间被人忽视）。在《人类性行为的进化》一书中，西蒙斯回顾了达尔文提出的"性选择"概念，并将其与特里弗斯提出的"非对称性亲代投资"（asymmetrical parental investment）概念相整合。西蒙斯指出，男性与女性的择偶策略差异可以被看作是一种进化适应，这种适应起源于人类祖先离开森林进入大草原之后的时期。按照这一思路，两性之间的生理和行为差异是由异性对特定特征的偏好所致。例如，男性之所以会比女性更高大，是因为女性祖先在择偶活动中更愿意选择高大的男性（为了寻求保护以及更多的物质资源，更高大的男性往往是更好的狩猎者）。与此类似，男性祖先在择偶活动中更愿意追求沙漏型身材的女性，因为丰满的胸部和臀部是生育能力良好的指标。这些性别二态性（sexual dimorphism）的结论相对来说是没有什么争议的。不过，当西蒙斯用性选择理论去解释人类心理特征时（如男性之所以会比女性更爱冒险，是因为男性为了在竞争中给女性留下深刻印象），引发的争论就比较强烈了，这是因为文化相对主义者会认为性别差异是文化赋予的。需要注意的是，西蒙斯的观点听起来很像我们在第五章所讨论的莫里斯的观点，不同之处在于，西蒙斯并不诉诸群体选择解释，他更关注个体心理发展。另外，西蒙斯也不像达尔文一样，认为雌性动物在性选择与生物进化中会发挥更重要的作用。

与莫里斯不同的是，西蒙斯意识到女性的挑剔在男性心理特征进化中的重要意义。受特里弗斯"非对称性亲代投资"概念启发，西蒙斯指出，在进化适应环境时期，女性选择的男性特征对婴儿的生存是至关重要的。她们（在一定程度上）会选择那些愿意参与抚育后代的男性，并和他们结成牢固的伴侣关

139

系。西蒙斯认为，男性（相比于其他雄性哺乳动物）高亲代投资特征的跨文化一致性源于进化适应环境时期人类婴儿面临的生存挑战。对于草原上的食肉动物来说，毫无生存能力的人类婴幼儿相当于一顿唾手可得的大餐（因此婴儿必须要有父母的照料）。自然界存在一种普遍的配偶模式：那些出生时尚未发育成熟且要面临捕食者压力的物种，往往会形成雌雄配对的模式，因为这可以提高它们幼崽的生存率（如许多鸟类都是如此）①。另外，当生存资源比较稀缺时，相比母亲单方抚养，父母共同抚养可以为后代提供更充足的资源。

西蒙斯还检验了雌雄双方对配偶保持忠诚（或不忠诚）的成本和收益。为了对当前的性选择策略进行解释，我们需要了解在人类祖先的进化史中，哪些因素会促使繁衍上的成功。例如，对于女性祖先来说，当生活在资源条件严酷的大草原时，相比于自己的配偶，与更高社会地位男性"偷情"生下的后代可能会更容易生存（当然，我们要假定更高社会地位的男性拥有更优越的遗传基因）。当前研究表明，在许多社会中，"绿帽"的概率（例如，一个男人将另一个男人的孩子当成自己的孩子抚养，而他自己毫不知情）在20%左右②。另外，也有跨文化研究显示，女性最容易在排卵期做出不忠行为——这表明她们可能使用进化策略来获得后代基因遗传的可变性③。对于西蒙斯来说，这些证据并不意味着女性天生会玩弄男性。只是当我们将亲代投资理论与进化适应环境理论相结合时，我们可能

---

① Symons, D. (1979). *The Oxford Evolution of Human Sexuality*. Oxford: Oxford University Press.

② Macintyre, S., & Sooman, A. (1991). Non-paternity and prenatal genetic screening. *The Lancet*, *338*, 869–871.

③ Platek, S. M., & Shackelford, T. K. (Eds.). (2006). *Female Infidelity and Paternal Uncertainty: Evolutionary Perspectives on Male Anti-cuckoldry Tactics*. Cambridge: Cambridge University Press.

会对人类的择偶策略有更清晰的理解，并更容易预测当今世界人们的求偶行为。

进化心理学只是重新命名的社会生物学吗？

亚历山大和西蒙斯对进化心理学早期发展做出的重要贡献之一是，他们批评了社会生物学研究所认为的，人类行为是作为最大化内含适应性的工具而得以进化的观点（例如，增加基因复制的数量）。对他们来说，人类拥有的是可以提高内含适应性的进化心理机制。尽管社会生物学家和进化心理学家都信奉达尔文主义，但其中的差异是至关重要的。早期的社会生物学家认为，我们的行为被自然选择设计为尽可能多地传递基因，而进化心理学的立场则认为，我们通过进化形成的许多心理特征实际上会对人类自己创造的新异环境适应不良。当我们后文介绍到"达尔文医学"（Darwinian medicine）时，这一点会更为明显。不过，眼下我们有必要强调进化心理学与社会生物学的差异。

另外，这两个学科领域其他的差异还在于进化心理学不仅仅是关注行为，它还尝试去理解人类的心理适应机制（认知、情感、思维和动机等）。为了达到这一目标，进化心理学家借鉴吸收了行为生态学的研究成果，以探讨特定环境如何影响心理机制的发展进化。

进化研究领域：三种取向的微妙差异

就像在第六章所做的那样（在第六章，我们比较了社会生物学和行为生态学的差异），我们可以通过说明进化心理学家、社会生物学家和行为生态学家分别如何看待一种行为现象，来澄清这三种进化研究取向的差异。例如，研究发现，相比于我们熟悉的家庭中存在"父亲"角色的社会，在那些家庭中不存在"父亲"这一角色的社会中，年轻女孩性成熟后更容易发生随意的性行为[①]（有趣的是，在后一种社会，女性月经初潮的年龄也更早）。这三种取向的研究者会如何解释这一奇怪的现象？首先，他们都会承认，这是一种生殖进化策略。父亲角色的缺失可能说明，在这一社会中男性并不会在抚育后代中投入太多。行为生态学家可能认为，男性的这种选择源于特定环境唤醒的决策机制。而在父亲角色缺失的社会中，女性随意的性行为是一种行为策略，通过这种策略，她们可以尽可能早地从自己的性伴侣那里获取资源。对于社会生物学家来说，他们可能会认为在亲代投资较低的社会，人的人均寿命会更短，而随意的性行为能让年轻女性尽早怀孕，这有利于最大化她们的内含适应性（基因传递的数量）。而对于进化心理学家来说，他们会认为，长期生活在父亲角色缺失的社会，人们的心理机制会发生改变。心理机制的变化会导致一些可以提高内含适应性的行为，但这些行为对于如今的社会来说可能并不适用。尽管许多策略在远古时期对生存繁衍是极为有效的，但在当今社会却不再有效了。

我们可以看出，这三种取向并不是互相对立的，只是焦点不同。它们都是达尔文思想在现代科学领域的发展。行为生态学着重探讨文化和生态环境对行为策略进化的影响，社会生物学更关心行为策略如何提高基因传递效率，而进化心理学则关注人类已经进化出的心理机制，并强调许多人类进化适应策略在现代社会其实已不再必要。

[①] Draper, P., & Belsky, J. (1990). Personality development in evolutionary perspective. *Journal of Personality*, *58*, 141–157.

进化心理学是怎么做的？——用来检验假设的方法

进化心理学的研究方法以行为生态学和社会生物学常使用的研究方法为基础。这三个学科领域都使用比较研究，如利用观察和实验的方法对动物和人类的心智能力进行比较。它们也都会使用跨文化研究的方法（基于统计数据或观察），用来检验不同社会人类行为（如侵犯行为或择偶行为）的一致性（或差异性）。另外，进化心理学还会使用一种问题解决测试——据称这种测试可以激发特定的先天心理模块，在后文我们会遇到很多类似的研究。

许多如今从事进化心理学研究的学者一度被人们称作"社会生物学家"或"人类行为生态学家"。本书并不打算详细讨论他们每个人的成果，但其中一些人的工作可以说定义了进化心理学的范围，考虑到进化心理学是目前最有影响力的达尔文式行为研究领域，我们有必要对这些人进行介绍。这些学者包括科斯米德斯（Leda Cosmides）、图比（John Tooby）、戴利（Martin Daly）、马戈·威尔逊（Margo Wilson）、巴斯（David Buss）、平克（Steven Pinker）、里德利（Matt Ridley）和米勒（Geoffrey Miller）。此外，如果要了解心理健康和进化的关系，我们还需要回顾尼斯（Randolph Nesse）的工作。

进化心理学的圣芭芭拉学派——图比和科斯米德斯

最早使用"进化心理学"这一术语的学者是图比和科斯米德斯夫妇。他们两人原本都在哈佛大学，后来接受西蒙斯的聘请，来到加州大学圣芭芭拉分校工作。在这里，他们建立圣芭芭拉进化心理学研究中心，发展了自己的进化心理学体系。1957年，科斯米德斯出生在费城，她在来到圣芭芭拉之前是一

142

名认知心理学家。而图比则获得生物学和心理学学位，他曾与德沃尔合作开展过人类学研究，后来在西蒙斯邀请下加入圣芭芭拉的团队。西蒙斯为社会生物学家和人类行为生态学家对人类心理适应机制的忽视感到担忧，他想将这些研究领域整合在一起，创立一种全新的达尔文式心理学。不过，"进化心理学"这一术语最早来自图比 1985 年出版的一本著作的章节标题"进化心理学的出现"（*The Emergency of Evolutionary Psychology*）①。之后，1987 年，图比和德沃尔在另一本著作的章节中又以"通过策略模型重建原始行为的进化"（*The Reconstruction of Hominid Behavioral Evolution through Strategic Modelling*）为标题②。在这一章中，他们明确指出，如果进化心理学要获得成功，必须考虑认知思维的适应性。另外，他们还特别强调，为了达到这一目标，我们需要更详细地探讨人类与其他灵长类动物在认知上的相似点与差异点。这种对人类与其他动物在进化上的连续性或中断性的分析，正是承袭了达尔文在《人类的由来与性选择》一书中倡导的研究方式。

然而，直到 1992 年，在《适应性的心智：进化心理学和文化的产生》（*The Adapted Mind：Evolutionary Psychology and the Generation of Culture*）这本三人合编的著作诞生后［作者包括科斯米德斯、图比以及他们在圣芭芭拉的同事巴尔科（Jerome Barkow）］，"进化心理学"才成为一个固定的科学术语。《适应性的心智：进化心理学和文化的产生》可能是进化

① Tooby, J.（1985）. The emergence of evolutionary psychology. In D. Pines.（Ed.）. *Emerging Syntheses in Science：Proceedings of the Founding Workshops of the Santa Fe Institute*. Santa Fe, NM：The Santa Fe Institute.
② Tooby J., & Devore, L.（1987）. The reconstruction of hominid behavioral evolution through strategic modelling. In W. Kinzey（Ed.）. *Primate Models of Hominid Behavior*. New York：SUNY Press.

心理学领域被引用最频繁的作品，许多人认为它是这门学科的奠基性著作。

科斯米德斯和图比在《适应性的心智：进化心理学和文化的产生》中指出，文化人类学家坚持用文化决定论解释人类行为与内部状态，导致该研究领域完全偏离正确方向。你们可能还记得我们在第三章提到的"标准社会科学模型"，在科斯米德斯和图比看来，"标准社会科学模型"关于人类行为"白板说"的观点建立在政治理念而不是科学事实的基础之上。他们还认为，我们如今的心智是为了应对进化适应环境时期狩猎采集生活的挑战而进化的。像之前的德沃尔、亚历山大和西蒙斯一样，科斯米德斯和图比也相信，得到进化的是我们的心理机制而不是行为。为了进一步发展这一观点，他们提出许多心理机制，其中就包括"领域特定达尔文算法"（domain-specific Darwinian algorithms）。这一概念的含义是，我们的心智并不是一种普遍适用的信息处理器（在当时，许多认知心理学家都是这样认为的），它包含进化形成的特定模块，这些模块可用于解决人类祖先面对的种种生存困境。因此，当我们去追求配偶、寻找食物或决定是否信任他人时，启动的是不同的心智"软件"（也就是模块）。我们可以考虑一个"领域特定达尔文算法"的典型例子，科斯米德斯和图比认为，人类已经进化出"欺骗者探测模块"（cheater detection module）。在人类祖先进化史中，当出现互惠利他行为时，随之而来的就是获利而不付出的机会（所谓的"搭便车"现象），而这会导致自然选择让我们进化出"欺骗者探测模块"。通过这一模块，我们综合分析一个人的肢体语言、表情、性格，以及过往经历等因素，之后再决定他是不是值得信任的合作者。研究发现，人类很善于察觉欺骗，但对抽象的判断真伪问题不太在行。当面对抽象的"如果……那么……"问题时，人们经常容易犯错。例如，你

144

可以试一试下面这个游戏。

　　　　规则：假如一张牌的一面是元音字母，那么它的另一面一定是偶数。

　　现在摆在你面前有 4 张牌，它们分别是 E（元音）、K、4、3，你可以将这些牌翻过来看它们的背面，以验证它们是否符合假设的规则。你应该翻哪些牌呢？正确的答案是 E 和 3——在实际测试中只有 4% 的被试能做出这一选择。许多被试会选择翻看那张一面是 4 的牌，但这实际没有任何意义。因为规则说的是假如一张牌的一面是元音字母，那么它的另一面一定是偶数，但没有说一面是偶数的牌，另一面一定是元音字母。然而，如果我们把这个游戏的形式变换一下，改为判断一个人是否说谎，尽管变换后的游戏在判断逻辑上完全一样，但大多数人却都能作出正确选择，例如，你可以再试一试下面这个游戏。

　　　　规则：假如一个人饮酒，那么他的年龄一定超过 18 岁。

　　现在在你面前还是有 4 张牌，牌的一面是饮品，另一面是喝这种饮品的人的年龄，这 4 张牌的正面分别是啤酒、可乐、16 岁和 18 岁，为了验证是否符合规则，你会翻哪些牌？这个游戏的逻辑难度与上一个游戏完全一样，但大多数人都会很容易做出正确的判断——翻"啤酒"以及"16 岁"这两张牌。科斯米德斯和图比利用这个例子来说明我们的"欺骗者探测模块"是如何对行为起作用的。有趣的是，"欺骗者探测模块"的概念可以直接追溯到达尔文在《人类和动物的表情》中的观点。在这本书中，达尔文认为，人类会利用表情线索来判断一

个人是否有"过失",他宣称 [1]:

> 当我要求自己的书信联系人判断图片中人物的表情时,他们都能一致看出图片中的人是否愧疚或不诚实,无论被判断对象是什么人种。

"瑞士军刀心理学"

145

心智模块化的概念与进化心理学圣芭芭拉学派紧密联系在一起——科斯米德斯和图比一度将心智描绘成瑞士军刀的形态。他们认为,心智像瑞士军刀一样,有许多不同的利刃,用来解决不同的问题 [2]。然而,并不是所有进化心理学家都青睐这种"大规模模块化"(massive modularity,这是一个批评者与支持者都经常使用的概念)形式的进化心理学 [3]。尽管在任何学术领域,研究者对具体理论的看法都不相同,但可以肯定的是,进化心理学这一学科的基础绝不是模块化心智。不过公平地说,《适应性心智:进化心理学和文化的产生》和圣芭芭拉进化心理学研究中心在传播进化心理学方面确实有着前所未有的影响。

逆向工程:从现在推断过去

"逆向工程"(reverse engineering)是进化心理学经常使用

---

[1] Darwin, C. (1872). *The Expression of the Emotions in Man and Animals*. London: HarperCollins.

[2] Cosmides, L., & Tooby, J. (1992). Cognitive adaptations for social exchange. In J. Barkow, L. Cosmides & J. Tooby (Eds.). *The Adapted Mind: Evolutionary Psychology and the Generation of Culture*. New York: Oxford University Press.

[3] Carruthers, P. (2006). *The Architecture of the Mind*. Oxford: Clarendon Press.

的一种研究方法。这种方法指的是，通过研究一种特性的"设计"思路，推测这种特性得以进化的原因（当工程师发现一个新奇工具时，他们经常使用这种方法）。在这种情况下，达尔文式的选择力量（自然选择和性选择）可以被认为是"设计师"。例如，具体到我们上文讨论的"欺骗者探测模块"或下文会讨论的"语言"和"设计"它们的目的分别是避免"搭便车者"或改善交流质量。

　　而"逆向工程"的概念在很大程度上可以追溯到威廉斯1966年的著作中提出的想法①：

　　　　我们对人类心智的理解将会因为知道它的设计目的而得到极大进步，这有什么不合理的吗？

　　对科斯米德斯和图比来说，"逆向工程"当然也是一种解释人类行为的有效方法，只是利用这种方法得出的假设还需要通过观察和实验来获取进一步支持。

146　　**《关于灰姑娘的真相》——戴利和威尔逊**

　　父母会偏爱亲生子女而冷落继子女，无论是在现实生活中还是在文学创作中，这都是一个反复被人提及的古老主题，我们都听过灰姑娘的童话故事。加拿大进化心理学家戴利（Martin Daly）和马戈·威尔逊曾颇有争议地利用达尔文的思想来探讨和解释这种现象。他们两人最早接受的是行为生态学的传统训练，研究过沙漠鼠和猴子。后来，他们将注意力

---

① Williams, G. C. (1966). *Adaptation and Natural Selection*. Princeton: Princeton University Press.

转向人类的人际冲突行为，并致力于用进化论来解释冲突现象 ①。从亲代投资理论和亲缘选择理论出发，戴利和威尔逊指出，继子女比亲生子女更容易遭受虐待。因为对于养父母来说，继子女与他们没有任何基因利益关系，因此他们会将继子女看作是纯粹的负担（戴利和威尔逊强调这一心理机制并不是在意识层面发挥作用，也就是说，虐待继子女的养父母不会考虑基因遗传性问题）。通过一系列研究，戴利和威尔逊证明，虽然大多数父母不会虐待他们的孩子（亲生子女或继子女），但继子女被虐待的概率确实要比亲生子女高很多，杀婴案中养父杀死继子女的概率要比生父杀死亲生子女的概率高 120 倍以上 ②。在 1998 年出版的著作《关于灰姑娘的真相》（The Truth about Cinderella）中，戴利和威尔逊将这一发现称为"灰姑娘效应"（Cinderella effect）。正如我们所能想象的那样，这些结论和解释在当时会刺痛某些人的神经，引发不小的争议 ③。虽然科学发现的真实性与其被他人接受的程度是没关系的，不过灰姑娘效应确实招致很多人的批评，他们认为灰姑娘效应体现了一种负面的人性观，而且这种观念太过于基因决定论。哲学家布勒（David Buller）质疑这一效应。他提出，戴利和威尔逊在研究中低估了亲生父母对子女的虐待 ④。作为对布勒的回应，戴利和威尔逊指出，许多其他的研究也支持他们的结论，他们还证明布勒在重新评估他们的数据时犯了一些严

① Daly, M., & Wilson, M.（1997）. Crime and conflict: Homicide in evolutionary psychological perspective. *Crime and Justice*, *22*, 51–100.

② Daly, M., & Wilson, M.（1998）. *The Truth about Cinderella: A Darwinian View of Parental Love*. New Haven, CT: Yale University.

③ Buller, D. J.（2005）. *Adapting Minds: Evolutionary Psychology and the Persistent Quest for Human Nature*. Cambridge, MA: MIT Press.

④ Buller, D. J.（2005）. *Adapting Minds: Evolutionary Psychology and the Persistent Quest for Human Nature*. Cambridge, MA: MIT Press.

重的错误 ①。关于对（某些）继子女区别对待的发现当然不能证明这就是正常的达尔文式适应机制，目前相关争论还在持续上演 ②。

在达尔文的框架中检验人类配偶的选择——巴斯

147

巴斯是得克萨斯大学奥斯汀分校的心理学教授，他于1953 年出生于印第安纳波利斯，1981 年在加州大学伯克利分校获得博士学位。巴斯最初研究人格心理学，后来，他对"从进化角度看待恋爱关系中的性别差异"这一主题产生了兴趣，开始以达尔文的性选择理论为基础研究两性择偶差异问题。在20 世纪80 年代，巴斯曾对全球37 个不同文化背景下人们的配偶选择行为进行了跨文化研究（超过1 万名被试参加了调查）。巴斯发现，在全世界范围内，男性对女性魅力的评价与她们的生育力高度相关，而女性对男性魅力的评价则更强调他们提供资源的能力 ③。巴斯还发现，女性更欣赏年长男性，而男性则偏爱年轻女性。借助达尔文的性选择理论和特里弗斯的亲代投资理论，巴斯指出，由于女性的生育期更短，男性会倾向于追求那些刚刚性成熟的女性，这样他们实际就可以占有更多的可用性资源（20 岁女性拥有的生育资源要远多于40 岁女性拥有的生育资源）。值得注意的是，巴斯在提出这些假设时也运用了"逆向工程"的方法，他根据人们的行为特征来推断为什么人

① Daly, M., & Wilson, M.（2005）. The Cinderella effect is no fairy tale. *Trends in Cognitive Sciences*, *9*, 507–508.

② Daly, M., & Wilson, M.（2007）. Is the Cinderella Effect controversial? In Crawford & Krebs.（Eds）. *Foundations of Evolutionary Psychology*. Mahwah, NJ: Erlbaum.

③ Buss, D. M. et al.（1990）. International preferences in selecting mates: A study of 37 cultures. *Journal of Cross-cultural Psychology*, *21*, 5–47.

类祖先会进化形成这些性选择机制。

语言本能——平克

认知心理学家平克于 1954 年生于蒙特利尔。1979 年，平克从哈佛大学获得博士学位，之后，他将自然选择理论带到文化—语言领域。在 1994 年出版的著作《语言本能》(*The Language Instinct*) 中，平克认为，人类生来就带有发展语言的内在机制，这是人类的重要选择性优势。在当时，许多学者都相信语言是脑容量的"副产品"，是一种"超能力"①，而平克则不这么认为。他指出，人类的语言能力具有达尔文适应机制的所有特征：它具有跨文化一致性，有非常明显的生存价值，会占用大量脑皮层（注意，平克也在利用逆向工程来思考语言能力如何以及为什么会进化）。对平克来说，与其他灵长类动物的交流能力相比，人类语言可以说向前迈进一大步，而这主要是由在开阔草原上复杂的狩猎采集生活方式导致的。

平克并没有否认学习和文化对人类语言发展（包括其他行为）的重要作用，但是他认为，这些能力的发展必须以进化形成的生物模块为基础。因此，尽管不同文化不同语言的词汇表达是不一样的，但其潜在的语法结构基本一致（如所有语言的基础都由名词和动词构成）。在平克和许多进化心理学家眼中，语法结构的相似性正说明语言来源于人类共有的、经进化形成的模块基质。由于模块是天生的且具有功能特异性，因此平克认为谈论语言时使用"本能"这个（听起来似乎有争议的）词

148

---

① 进化生物学家古尔德就持这一看法，在古尔德看来，虽然人类的语言模式是根植于天性的，但这并不等于语言就是自然选择的结果。语言是我们脑诸多的附带效果之一，当人类进化出平均体积达到 1500 立方厘米的脑后，产生语言是自然而然的事情。——译者注

汇是没有任何问题的（"本能"这个词在 20 世纪 90 年代被大多数心理学家认为是意义模糊且已经过时的词汇，平克的这一做法其实也有挑衅的意味）。因此，就像科斯米德斯和图比一样，平克的进化心理学也赞同"心智模块化"的概念，同时反对"标准社会科学模型"秉持的人类具有无限可塑性的观点。他曾写道 [①]：

> 人类具有可塑性，不是因为环境可以随意将人类心智雕刻或塑造成任何形状，而是因为人类的心智本身包含不同的模块，每个模块都会按照预定的方式进行发展和学习。

性感的脑——里德利和米勒

平克将语言看作是自然选择的产物，而也有其他心理学家认为，语言是另一种重要的进化驱动力——性选择过程塑造的结果。英国动物行为学家里德利和美国心理学家米勒都支持这种观点，即语言（和人类其他智力）是通过达尔文所谓的性选择过程进化而来的，女性选择以及男性相互竞争对心理特征的影响速度要比自然选择快得多 [②]。他们的想法是，雄性展示他们灵活的语言能力可以给异性留下了深刻的印象，从而增加他们作为潜在伴侣的可能性。如果那些语言能力强的人脑发育也更好，那么语言能力确实可以成为优良基因的指标，从而使语言能力强的雄性在择偶市场上富有吸引力。里德利和米勒甚

[①]　Pinker, S.（1994）. *The Language Instinct: How the Mind Creates Language*. London: Penguin.

[②]　Miller, G. E.（2000）. *The Mating Mind: How Sexual Choice Shaped the Evolution of Human Nature*. London: Heinemann/Doubleday.

至提出,青春期(其他灵长类动物没有)是一个人类发育史中有 "性选择力量" 的阶段,它的作用主要是在求偶前延长我们的语言发展周期 ①。如果这个被米勒称为 "求偶思维"(mating mind)的概念是正确的,那么这就意味着语言和性是紧密联系在一起的,我们成年前漫长的成长期在某种程度上来自祖先求爱游戏中的语言竞争。

在 2000 年出版的一本名为《求偶思维》(*The Mating Mind*)的书中,米勒介绍了人类复杂语言源于性选择这一想法,许多读者和评论家认为,在解释人类认知能力方面,这是一个全新且激进的理论。有趣的是,尽管当初没有得到广泛的宣传,我们还是可以在达尔文《人类的由来与性选择》一书中找到这个想法的萌芽 ②:

> 我不能怀疑语言的起源是对各种自然声音的模仿……当我们考虑性选择的时候,我们会看到原始人可能首先用他的声音来创作真正的音乐韵律,也就是歌曲……这种能力会在求爱过程中发挥特别作用……可以被看作是对对手的挑战。

我们当然应该注意到,尽管这些关于语言进化的想法非常富有想象力,但它们也很难被验证。具体到 "求偶思维" 假设,如果要证明这一假设,我们首先要确定那些最善于表达的男性是否确实拥有更多的交配机会。由于基于文化的解释也能

---

① Locke, J. L., & Bogin, B. (2006). Language and life history: A new perspective on the development and evolution of human language. *Behavioral and Brain Sciences*, *29*, 259–280.

② Darwin, C. (1871). *The Descent of Man and Selection in Relation to Sex*. London: John Murray.

引出同样的预测，因此假如事实真的如此也不能完全证明这一假设，但至少能增加这种假设的可信度（从技术上来说，一个假设要获得强有力的支持，首先它本身要包含可以被驳斥的可能性）。

达尔文医学——达尔文主义能解释我们为什么生病吗？

在 20 世纪 80 年代末 90 年代初，许多医学研究人员（甚至那些从未接触过社会生物学和进化心理学的人）都已很清楚地意识到，达尔文的概念可以被用来理解和治疗与健康相关的问题。很多学者都独立地指出，关于自然选择（和性选择）如何运作的知识可以帮助我们搞清楚人类为什么会被如此多的健康问题困扰。

例如，了解寄生虫和宿主之间的进化斗争后，我们可以将疾病症状看作是寄生虫努力在宿主体内传播以及宿主努力驱逐寄生虫这两个过程相互作用的混合物。为了将这些想法传播给更广泛的科学受众，1991 年，进化心理学的早期推动者之一威廉斯（见第六章）与精神病学家尼斯合作，出版了《达尔文医学的黎明》（*The Dawn of Darwinian Medicine*）一书。接着，在 1994 年，他们又出版《我们为什么会生病：达尔文医学的新科学》（*Why We Get Sick: The New Science of Darwinian Medicine*），这本书将他们的思想进一步向大众推广。这两本著作可以作为进化心理学的一个新分支诞生的标志，尼斯和威廉斯将这个新分支称为"达尔文医学"。

尼斯生于 1948 年，他确信进化论可以加深我们对精神疾病的理解。在取得行医资格后，尼斯成为一个与众不同的精神病学家——达尔文式精神病学家。如今，身为精神病学与心理学教授的尼斯依然致力于将进化论与精神病学相整合。尼斯和

150

威廉斯借鉴了达尔文在《物种起源》和《人类和动物的表情》中的许多观点,并在此基础上提出三个主要假设:第一,要理解诸如抑郁和焦虑等心理健康问题,我们首先需要思考为什么这些反应会在进化适应环境阶段得以进化;第二,我们的许多疾病症状其实都是身体恢复的适应机制;第三,我们在漫长的进化中没有摆脱这些问题是有原因的(见下文)。达尔文医学(有时被称为"进化医学")和传统医学的不同之处与进化心理学和传统社会科学的不同之处有相似之处。传统医学关心的是"是什么"和"怎么做"的近因问题,而达尔文医学则关心的是"为什么"的远因问题——也就是说,为什么人类会在进化中被这些健康问题困扰?

为什么进化没有让我们摆脱与健康相关的问题?

我们可能会问,如果自然选择和性选择总是促使我们做出积极改变,那么为什么进化没有让我们摆脱与健康相关的问题——把疾病从人类中移除?尼斯和威廉斯提出三种远因解释来说明为什么现代人会有如此多的生理和精神疾病。第一个原因是,达尔文式的选择力量本身不必然导致健康与长寿——自然选择只是挑选出那些容易遗传和复制的基因,而某些更具有繁殖力的基因会缩短寿命。这听起来可能有点让人难以置信。我们可以考虑这样一个例子,要知道,西方世界男性的平均寿命要比女性平均寿命少五年 [1],怎么对此进行解释呢?答案很简单,这是睾酮素(testosterone)导致的。一个成年男性身体

151

---

[1] United Nations, Department of Economic and Social Affairs, Population Division. (2010). *World Population Prospects*: *The 2010 Revision*. Retrieved from https://www.un.org/en/development/desa/publications/world-population-prospects-the-2010-revision.html

里的睾酮素大约是同龄女性的十倍。睾酮素会促进男性第二性征发育，如更高的身高和更强的上肢力量，这两种特征都是女性择偶时青睐的特征。显然，睾酮素可以提高男性的繁殖成功率，然而，这种激素的增加是以疾病抵抗力为代价的，因为它会减弱免疫系统的作用。此外，睾酮素还会增加男性体内的胆固醇水平，而过高的胆固醇水平则会提高心脏病、中风或前列腺癌的发病率。睾酮素与平均寿命的关系目前已得到实证数据的进一步支持。研究发现，做了阉割手术的雄性动物（阉割手术会大幅降低雄性动物的睾酮素水平）会比性功能正常的雄性动物寿命更长[1]。用尼斯的话来说[2]：

> 能够增加繁殖成功率的特性会倾向于传播，即使它会损害健康。相比女性，男性的竞争投资会获得更高的生育回报，因此男性被塑造为愿意承担更多风险而减少对健康投入的角色。

　　第二个原因是，许多引起当代人健康问题的环境因素在人类祖先生活的更新世是不存在的。例如，如今许多人会为了更好的就业机会离开自己的核心家庭。从进化尺度来看，这种人口迁徙现象是最近几个世纪才出现的，在过去70年，核心家庭瓦解速度越来越快，而抑郁症发病率也随之不断增长。从统计数据来看，那些与家人生活在一起、能获得家庭支持的人比独居的人遭受抑郁问题困扰的概率要小得多，我们可以推

---

[1]　Min, K. J., Lee, C. K., & Park, H. N.（2012）. The lifespan of Korean eunuchs. *Current Biology*, *22*, 792–793.

[2]　Nesse, R., & Dawkins, R.（2010）. Evolution: Medicines most basic science. In D. A. Warrell, T. M. Cox, J. D. Frith & E. J. J. Benz（Eds.）. *Oxford Textbook of Medicine*. Oxford: Oxford University Press.

测,原始家庭结构的瓦解是导致现代人精神疾病不断增加的重要原因 [1]。这意味着,由于我们改变环境的速度要远远快于我们通过进化适应环境的速度,因此在基因与环境之间出现适应滞后(adaptive lag)。这一解释也被称作"失配假设"(mismatch hypothesis,指的是我们当前的生存环境与进化适应环境这一进化关键期的环境有很大差异)。第三个自然选择没有让我们健康状况变得非常完美的原因是,许多疾病的产生并不是源于基因缺陷,而是进化设计的妥协。一个典型的例子是,那些特别有创造力的人可能也会更容易受到双相情感障碍(bipolar affective disorder)的困扰 [2]。现在已有足够多的证据证明,"疯狂的天才"并不是人们的刻板印象,而是一件真实存在的事情。约翰斯·霍普金斯大学的进化精神病学家贾米森(Kay Redfield Jamison)证明,双相情感障碍患者比正常人具有更强的艺术想象力。她在一项研究中宣称,在普通人群中,每 100 人里只有 1 人患双相情感障碍,而在由杰出的艺术家、作家和音乐家组成的群体中,每 100 人里竟然有多达 38 人有这种心理障碍 [3]。其中包括丁尼生(Alfred Lord Tennyson)、布莱克(William Blake)、拜伦勋爵(Lord Byron)、梵高(Vincent van Gogh)、田纳西·威廉斯(Tennessee Williams)、舒曼(Robert Schumann)和普拉斯(Sylvia Plath)等人。贾米森认为,由于在进化适应环境阶段创造力(创造力经常与躁狂有很高的相关性)会导致巨大革新,因此可能这种疾病在"躁狂期"引发的创造力优势,正是自然选择"保留"下这一疾病的原因。

[152]

---

[1] Nolan-Hoeksema, S. (2007). *Abnormal Psychology*. Boston: McGraw Hill.

[2] Jamison, K. R. (1993). *Touched with Fire: Manic-Depressive Illness and the Artistic Temperament*. New York: The Free Press.

[3] Jamison, K. R. (1989). Mood disorders and patterns of creativity in British writers and artists. *Psychiatry: Journal for the Study of Interpersonal Processes*, *52*, 125–134.

达尔文能帮助我们变得更好吗？

尼斯曾经直言不讳地指出，医学院学生只学习很少或者完全不学习进化论方面的知识，对此，他感到非常沮丧。尽管尼斯已尽最大努力，他仍然失望于目前进化论没有被纳入医学培训中，在 2012 年他曾写道："大多数医生在医学院没有上过一节进化生物学的课程，而进化论也不是常规医学课程体系的一部分。"[1]

临床医生之所以缺乏进化课程的学习以及对他们进行这方面培训的教师，部分可归结为社会生物学的"污名"，尼斯对此评论道[2]：

> 在 19 世纪晚期至 20 世纪早期，大多数所谓的"达尔文医学"关注的是人类的福利，与优生学产生联系后，它导致了巨大的道德和社会灾难。而现代达尔文医学则是完全不同的学科，达尔文医学关注的是如何利用进化原理来改善我们的疾病预防水平以及治疗方法。

尼斯特别强调抑郁与焦虑等情绪障碍的进化意义，他指出，临床医生必须意识到"情绪就像电脑程序一样，可以调整有机体的多个方面，以应对在进化过程中反复出现的各种紧急情况"[3]。在他看来，我们之所以会有许多情绪障碍，是因为人类的情绪系统是为了适应更新世的环境，由于适应滞后，它们

153

[1][2]　Nesse，R.（2012）. Evolution: A base for medicine. In A. Poiani（Ed.）. *Pragmatic Evolution: Applications of Evolutionary Theory*. Cambridge: Cambridge University Press.

[3]　Nesse，R. M.，& Jackson，E. D.（2001）. Evolutionary foundations for psychiatric diagnosis: Making DSM-V valid. In P. R. Adriaens & A. De Block（Eds.）. *Maladapting Minds*. Oxford: Oxford University Press.

已经不适应今天人类面对的压力环境。例如，一个朝九晚五的上班族可能会被恶老板激发出"战斗或逃跑"的冲动（在人类祖先的生活环境中，这是一种合适的反应），而在当代生活情境中，我们却很难做出这些行为反应，这就会导致焦虑或抑郁状态。尼斯强调，医生在对病人进行治疗前，必须先从进化的角度考虑哪些反应是合适的，而哪些反应是病态的。为了达到这一目标，医生需要将基于进化的远因解释与基于病因的近因解释相结合。后来，通过在医学期刊发表一系列论文以及开设适用于医学体系的进化论课程，尼斯开始将进化论带入对医学专业学生以及医疗从业人员的培训中。

进化心理学——朝正确方向迈出一步

进化心理学以更精细的方式阐述达尔文思想与人类行为的关系，它将行为进化研究的焦点从内含适应性转移到认知适应性，同时也强调由于"适应滞后"的原因，许多在"进化适应环境"时期对传递基因极为有效的适应机制如今已不再能发挥作用。正因如此，进化心理学吸引了从发展心理学到认知心理学、从人类学到语言学，甚至包括医学在内的许多领域的研究者。如今，我们经常可以看到，进化心理学作为一门理解人类行为的新学科出现在杂志与报纸等大众媒体中。这在很大程度上要归功于达尔文当年对情绪与性选择机制的研究成果——事实上，我们如今许多对进化论的新发展与新理解都可以从达尔文后两部关于进化论的著作中找到源头。在过去20年，进化心理学的成果产量与影响力都在不断呈指数级增长。2004年，平克被《时代》杂志评选为百位"当代最有影响力的科学家"之一，这也可以体现进化心理学在公众心目中的地位。

154

然而，并不是所有人都对进化心理学的发展持积极态度。就像之前那些力图借助达尔文理论来解释人类行为的新学科一样，进化心理学也很"公平"地遭遇诸多指责。

对达尔文理论（重新）介入人类的指责

一些批评者将进化心理学视为社会生物学的一部分并对两者提出同样的指控[1]。然而，科斯米德斯和图比不同意这一观点，他们认为，对过去环境的心理适应和对当下环境的行为适应是截然不同的，因此进化心理学和社会生物学应该被当作两个独立的研究领域。然而，考虑到这两个学科都依赖于达尔文主义，批评者将它们同等看待也就不足为奇了。这些指责包括基因决定论、还原论，以及适应主义等，甚至很多批评者还提到右翼阴谋论，因为他们认为这两个学科支持的思想都是在力图维护当前社会在阶级、性别和种族方面的不平等差异。许多立场相对独立的学者（但并不是全部）在仔细了解了这些研究领域后，都认为以上指控缺乏依据[2]。

进化心理学不但遭受一些社会生物学曾面对的批评（这些批评主要是出于对社会生物学的担忧，因此总体来说进化心理学面对的批评要比社会生物学少得多），同时，它也"吸引"了一些社会生物学没有遇到过的新批评。这些批评主要聚焦于三个方面：第一，自然选择将心智塑造为适应更新世环境；第二，心智是由功能特异的适应模块组成的；第三，我们可以用逆向工程思维来理解心智。如我们之前反复提及的，这些观点

---

[1] Buller, D. J. (2005). *Adapting Minds：Evolutionary Psychology and the Persistent Quest for Human Nature*. Cambridge, MA：MIT Press.

[2] Laland, K., & Brown, G. R. (2011). *Sense and Nonsense：Evolutionary Perspectives on Human Behaviour*. Oxford：Oxford University Press.

或想法都可以追溯到达尔文后两本关于进化的著作，在这里我们有必要仔细讨论针对它们的反对意见。

适应更新世环境？

许多哲学家曾对进化心理学的发展表示担忧。2005 年，美国科学哲学家布勒出版了《适应性的心智：进化心理学和对人性的持续追求》（ *Adapting Minds： Evolutionary Psychology and the Persistent Quest for Human Nature* ）一书，提出一系列对进化心理学的具体批评。这本书在书名上就体现了作者的写作意图，因为它与圣芭芭拉学派 1992 年出版的进化心理学奠基性著作《适应性的心智：进化心理学和文化的产生》相呼应。布勒归纳和整理了自己与其他人对进化心理学的忧虑，他在书中提出的反对意见非常具有代表性。

布勒首先指出，进化心理学认为人性是人类祖先在更新世经自然选择和性选择塑造形成的，这种想法过于简单。许多批评者都赞同这一批评意见，其中也包括一些进化生物学家，如英国开放大学的罗斯（Stephen Rose）。这一批评意见可以从两方面来理解。一方面，进化生物学的进展显示，除了达尔文提出的自然选择与性选择外，也有其他因素会对进化变异产生作用，多重选择就是其中一种机制（解释行为时不仅考虑基因或个体水平的选择，同时也考虑全体水平的选择），还包括基因漂移（genetic drift）——基因频率可能会很偶然地在种群中得以增强并对特性产生影响（例如，某种颜色头发的人群可能缓慢增长，这是因为它不是基因选择的结果）。我们在这里不需要详细探讨那些能够引起进化变异的因素，不过，仅仅这两个例子可能就足以说明，进化心理学家在解释人类认知适应时过分强调了达尔文式选择机制的作用。另一方面，大量人类认知进化可能发生在更新世之前或之后。例如，我们感受焦虑和对焦虑作出反应的能力在人类祖先与其他猿类分道扬镳之前就已具备，甚至在哺乳动物进化初期，这种能力就已形成。进化心理学研究的基础假设是更新世后人类就没有再发生进化，考虑到更新世后的漫长岁月（更新世持续到 1.2 万年前），布勒和其他的批评者对此也提出反对意见（实际上，这一意见也是对"适应滞后"以及进化心理学所认为的人类并不适应当前环境的反对），他们认为，人类如今依然在认知水平上不断进化。因此，布勒在著作题目中使用的是"adapting"（正在适应）而不是"adapted"（已经适应）。值得注意的是，布勒和罗斯并没有对达尔文的进化论提出怀疑，他们的反对意见都是针对进化心理学的基本假设以及这一学科在这些假设基础上发展出的具体理论。

大规模模块化

布勒认为，进化心理学强调的大规模模块化假设也有问题，而他不是唯一持有这种观点的人。有趣的是，现代模块理论之父——美国语言哲学家福多尔［Jerry Fodor，福多尔在 1983 年的著作《心智的模块化》（*Modularity of Mind*）中首次引入"模块"的概念］也对进化心理学提出的大规模模块化假设进行了批评[1]。虽然许多进化心理学家都认为模块是人类心智的根本特征，福多尔却将模块视为次要机制。也就是说，信息的输入（如视觉识别）或输出（如语言）可能是模块化的，但在信息输入和输出的中间阶段，脑对信息进行的是一般性的整

---

[1] Fodor, J.（2000）. *The Mind Doesn't Work That Way: The Scope and Limits of Computational Psychology*. Cambridge, MA: MIT Press.

体化加工处理。布勒甚至对次级模块化心智（modular mind）的概念也有所抵触，他认为，人类已经进化出一个在解决问题方面具有强烈可塑性的脑。如果按照现代认知心理学的术语来表达，布勒更赞同领域一般性（domain general）心理机制而不是领域特异性（domain specific）心理机制（也就是非模块化心智与模块化心智的对立）。许多人之所以会对大规模模块的概念感到不满，其中一个原因是它暗示心智能力是按照预定轨道发展的，从某种意义上来看，这相当于认为遗传编码决定了能力。因此进化心理学遭遇的这一指责，其实正是达尔文科学一直以来面临的决定论与还原论指控的另一种形式。

逆向工程——太多推论吗？

如我们之前所介绍的，进化心理学经常使用逆向工程的思维方式进行研究，通过探索人类当前的认知特征，我们可以解释达尔文式的选择力量是如何让人类祖先解决人类在进化适应环境阶段面临的生存困境（如使用复杂的交流系统或警觉地识别出"搭便车者"）。在布勒以及其他的反对者如苏格兰圣安德鲁斯大学的拉兰德（Kevin Laland）和 G. 布朗（Gillian Brown）等人看来，我们不可能从一个时空到另一个时空，不可能真正了解人类祖先在更新世面临的具体生存情境，因此，通过逆向工程思维得到的结论具有太多推测成分 [1]。另外，他们还认为，我们祖先会不断创造新的认知生态位（cognitive niches），这意味着不同的适应机制都会发挥作用。

157

---

[1]　Laland, K., & Brown, G. R.（2011）. *Sense and Nonsense：Evolutionary Perspective on Human Behaviour*. Oxford：Oxford University Press.

来自进化心理学家的回应

很明显，对更新世和进化适应环境以及逆向工程的批评意见是密切相关的，因为它们都源于批评者认为我们缺乏对人类祖先生活状况的了解。从进化心理学家的视角看，这一意见本身没什么问题，我们不可能穿越时空去感受祖先真实的生活风貌。然而，基于出土的化石、人工制品，以及对当代狩猎社会的研究，我们也确实可以知道一些人类早期进化史的情况。可以肯定地说，人类祖先生活在小群体中，他们会捕猎和采集，而获取食物的结果往往是不可预测的，同时，他们必须解决"搭便车"以及寻找合适配偶的问题。

进化心理学——尚未完成的作品

尽管进化心理学家对于推测祖先生活持乐观态度，但我们能搜集到的化石记录信息其实是非常稀少的，而狩猎社会在饮食以及婚丧嫁娶方面的生活样貌又与当代有非常大的差异，甚至他们栖息地的自然环境也完全不同了（例如，从沙漠到北极），因此，我们很难选出能够代表人类祖先生活情况的样本。另外，近年来的研究发现，在某些情况下，只需要经历25代人就可以观测到进化变异的发生①，这比早期进化心理学家预想的要快得多。过去进化心理学家曾认为，从更新世结束至今只有12000年，在如此短暂的时期内人类不可能再发生什么变化，但12000年可以经历500多代人，从最新关于变异的研究来看，这其实并不是一段特别短的时期。另外，认为人类的心

---

① Thompson, J. N.（1998）. Rapid evolution as an ecological process. *Trends in Ecology and Evolution*, *13*, 329–332.

理特征是由更新世的环境所塑造的，这其实是在暗示，人类只是达尔文选择过程的被动参与者。而根据进化生物学近年来发展出的"生态位构建理论"（niche construction theory），有机体能够主动改变它们栖息地的某些形态以克服生存挑战（在第八章我们将会看到，它们如何构建自己的生态位）①。例如，海狸为了觅食可以建造一个水坝蓄水。由于改变环境就可以改变自然选择发挥作用的方式，生态位构建理论意味着适应不再是一条单行道。如果海狸在一定程度上能够构建自己的自然生态位，那么人类也可能创造出新的认知生态位以适应他们心智能力（当然也可以创造出有利于新认知能力进化的环境）。

公平地说，近年来，科斯米德斯、图比和巴斯等进化心理学的领军人物都重新考虑了进化变异的时间尺度问题，许多人改变了他们对人类进化变异的看法。他们在自己的作品中也承认，很多重要的适应改变很可能发生在人类原始祖先尚未出现的更新世之前。更重要的是，许多进化心理学家已开始将生态位构建理论整合进他们关于人类进化的理论模型中②。而在可见的未来，我们对人类祖先生存环境的推测以及生态位构建在人类进化变异中的作用仍然是两个重要的争论焦点问题。

不过，对于第一个争论，我们应该认识到，虽然进化变异在更新世之前与之后都存在，但这一事实改变的只是进化适应的时间范围，并不会破坏进化心理学的基本假设，即我们的心智是祖先在进化过程中通过达尔文式的选择方式适应环境而形成的。这些指责并没有反对用达尔文主义解释人性，因此，进化心理学家也不应该认为这些批评必然会带来消极结果（虽然

---

① Richerson, P. J., & Boyd, R.（2005）. *Not By Genes Alone*. Chicago：University of Chicago Press.

② Dunbar, R., Barrett, L., & Lycett, J.（2005）. *Evolutiony：A Beginner Guide*. Oxford：Oneworld.

有一些指责带来消极结果），许多批评对于完善进化心理学的观点是极为有益的。

另一个未解决的争论涉及大规模模块化概念。正如我们所看到的，福多尔与布勒在不同程度上对进化心理学的模块观提出异议，后者更倾向于支持人类问题解决的能力具有"领域一般性"特征。然而，正如拉兰德和 G. 布朗所指出的，在描述脑运行机制方面，"领域特异性"与"领域一般性"的观点代表了连续体的两极 [1]。对于特定功能模块是否存在，我们并不是一定要持非此即彼的态度。由于同样的心理实验结果也可以有不同的解读方式，在这场辩论中没有客观的"陪审员"。正如科斯米德斯和图比所承认的，人类的心智会同时使用特定的模块和一般认知加工机制 [2]，真正需要讨论的问题是：我们在多大程度上会依赖特定心智模块？这些模块是进化适应的结果吗？

不过有一点进步是非常明显的，大多数对进化心理学的严肃批评，都是关于我们应该如何更准确地利用达尔文主义来理解人类，而不是怀疑进化是否真的发生过。

[1] Laland, K., & Brown, G. R.（2011）. *Sense and Nonsense：Evolutionary Perspecties on Human Behaviour*. Oxford：Oxford University Press.

[2] Tooby, J., & Cosmides, L.（2005）. Conceptual foundations of evolutionary psychology. In D. Buss（Ed.）. *The Handbook of Evolutionary Psychology*. Hoboken：Wiley.

第八章　总结——当代达尔文主义　

通过介绍受达尔文影响的重要人物以及基于达尔文主义而出现的新学科，我们回顾了达尔文塑造我们思想的历史。在最后一章中，我们要探讨达尔文主义在今天面临的挑战。为此，我们将深入探究进化科学的一些早期主题，并思考它们目前的地位。我们还会阐述一些进化科学的新发展与新争论，这些问题涉及宗教、道德、政治、动物认知、女权主义理论、行为遗传学、基因—文化协同进化，以及生态位构建理论等内容。

达尔文主义和宗教

正如我们在第二章中所看到的，达尔文主义与宗教信仰体系有着复杂且不太友好的关系。虽然达尔文自己并不认为进化论与自然选择理论否认神的存在，而且在《物种起源》出版后，他也没有参与同宗教领袖的辩论，但通过达尔文的作品可以推测出，随着年龄增长，达尔文逐渐由"不可知论"（agnosticism）转变成"无神论"（atheism）。他曾经写道 ①：

---

① Letter 2814, Darwin, C. to Gray, A., 22nd May 1860. Darwin correspondence project. Retrieved from http://www.darwinproject.ac.uk

> 我无法说服自己，如果真的存在仁慈的、全能的上
> 帝，他会设计出寄生黄蜂这种寄生在毛虫身体上且以活体
> 毛虫为食的动物。

从这段话我们可以清楚地看到，达尔文确实认为关于自然世界的知识以及自然选择假设大大减弱了上帝存在的可能，由此也可以想到，关于达尔文在去世前重新成为基督教徒的传闻实际并不可信（第三章）。虽然许多人认为，支持进化论并不意味着要完全排斥上帝，但一个人一旦接受这方面的知识，至少不会再相信《创世记》里的观点。因此，那些对《创世记》中每一句话都深信不疑的人，只能选择忽视或者反对达尔文主义。从《物种起源》诞生起，攻击进化论的群体就一直存在。近年来，道金斯——作为坚定的达尔文主义者——决定重新点燃与反对者的战火。

神创论——不断"进化"的反达尔文主义论据

具有讽刺意味的是，最早使用"神创论者"一词的人正是达尔文和他的笔友，尽管不太常见，但他们有时在信中会用这一术语指那些相信《创世记》中关于生命起源说法（上帝创造了物种）的人。

正如我们在第二章和第四章所看到的，自从出版《物种起源》后，达尔文不得不应对来自教会和其他宗教组织对进化论的各种指控。尽管神创论者在世界各地都存在，但唯独在美国，他们对达尔文主义的攻击最肆无忌惮。自达尔文时代以来，生物学领域累积的巨大进步几乎没有撼动激进主义者（激进主义观点）的立场，在今天的美国，只有 14% 的人相信进

化论，而40%的人坚持从字面意思上理解《创世记》。从1929年起，"神创论"这个词开始在美国广泛传播，从一开始它就与反达尔文主义以及基督教激进主义信仰紧密联系在一起[①]。然而，如果你以为神创论是一个统一的信仰体系，那就错了，许多不同的神创论教派之间存在很多观点分歧。其中，最大的分歧在于"年老地球"（old-earth）与"年轻地球"（young-earth）的对立。支持"年老地球"的神创论者试图将神创论与现代科学的发现相调和，他们接受地质学家提出的地球已有几十亿年历史的观点，但依然认为生命最初是由上帝创造的。相反，支持"年轻地球"的神创论者则相信地球的年龄只有1万多年，正如《创世记》中所言，它是上帝在6天内创造出来的（事实上，很多人认为地球是在公元前4004年10月23日被创造出来的，这一说法出自1701年英王钦定版《圣经》）。

神创论科学——与科学的争吵

162

在20世纪60年代，一股新的反进化思想的神创论势力开始逐渐形成，这种神创论试图为上帝创世学说寻找科学依据，因此被称为"神创论科学"。这一运动产生的原因在一定程度上可以归结为科学界关于进化变异具体细节的争论以及社会科学和生物科学关于达尔文主义能在多大程度上帮助我们理解人类的争论。讽刺的是，恰恰是像古尔德（他毫无疑问是达尔文主义者）这样的进化论学者，为"神创论科学家"的论点打开了大门（实际上，古尔德只是对自然选择如何运作的一些细节进行了质疑，但这恰恰给神创论科学家以可乘之机）。神

[①]　Numbers，R. L.（2006）. *The Creationists：From Scientific Creationism to Intelligent Design*. Cambridge，MA：Harvard University Press.

创论科学家试图将我们对世界的理解带回到达尔文出现之前的情况，他们反对的不只是生物进化论，还包括莱尔的地质学理论——"均变论"，即一切地质变化都是在漫长的过程中逐步缓慢完成的（第一章我们曾介绍过）。对于神创论科学家来说，地球地层（和化石）像《旧约全书》（Old Testament）中所记载的那样，是由大洪水造成的。请注意，这样的观点其实是在质疑关于宇宙起源的科学共识，因此它不仅挑战了生物学与地质学，同时也挑战了天体物理学。由于自然选择的证据来自各个科学领域，所以在某种意义上，达尔文的成果导致那些对《旧约全书》深信不疑的人只能站在整个科学界的对立面。可以说，达尔文在无形中影响了神创论科学的发展以及神创论科学家对其他科学假设的看法。

智慧设计论——约翰逊将达尔文送上法庭

　　尽管神创论科学在美国能够得到广泛支持，但始终无法在真正的科学界产生什么重大影响 [1]。在法庭裁决将宗教教义排除于高中课程之外后 [2]，一场新的反进化运动——智慧设计论（intelligent design）又逐渐兴起了。智慧设计论起源于 20 世纪 90 年代，其倡导者的主要动机是：通过对宗教教义进行包装，从而让它们重新出现在学校的科学课程中。智慧设计论试

163

---

[1]　Pallen，M.（2009）. *The Rough Guide to Evolution*. London：Penguin.

[2]　从 20 世纪 20 年代开始，美国历史上经历过数起有关进化论的"法庭大战"，比较著名的包括 1925 年田纳西州的"猿猴审判案"、1965 年阿肯色州的"埃珀森案"以及 1981 年路易斯安那州的"爱德华兹案"。其中"爱德华兹案"上诉到联邦最高法院，而最高法院的最终裁决结论是，不允许在公立学校教授神创论思想。理由是，美国是一个主张宗教信仰自由的国家，如果允许在学校教授神创论，其实就是在鼓励基督教而排挤其他宗教。从此之后，进化论被美国教育体系认定为关于生命起源的唯一科学解释。——译者注

图用一种表面看起来"科学"的理论来替代进化论，虽然它经常使用科学术语而不是宗教术语，并且尽力回避"上帝"的说法，但是本质上仍然是一种神创论。约翰逊（Philip Johnson）是智慧设计论运动的旗帜性人物之一，他于1940年出生在美国伊利诺伊州的奥罗拉市，曾担任伯克利大学的法学教授（已退休）。

约翰逊提出一种反对达尔文主义的新思路，在1991年的著作《审判达尔文》（*Darwin on Trial*）和1997年的著作《用开放心灵战胜达尔文主义》（*Defeating Darwinism by Opening Minds*）中，约翰逊指出，如果从法律审判的角度看，支持进化论的证据其实是站不住脚的，因为这些证据不能"排除合理怀疑"。他的主要论点之一是，达尔文的进化论并不能解释生物世界所有的复杂性，这说明可能存在一个设计者，这个更高级的智慧创造了复杂的生物结构。虽然从法律角度思考进化论的证据是一个新思路，但生物复杂结构的问题在历史上已被人多次提及，而早在达尔文的时代，这个问题其实就不太让人信服[1]（关于生物复杂结构的解释，我们在第四章介绍过）。因此，约翰逊和他的支持者并没有为人们带来针对进化论的有效反对意见。然而，通过描述科学界内部关于进化论的激烈争吵，他们让大众以为进化论的真实性其实是悬而未决的。这无疑是一种故意歪曲，因为科学界关于进化论的辩论主要围绕进化的细节问题而不是进化是否真的发生过。一位评论者在仔细阅读了约翰逊的《用开放心灵战胜达尔文主义》后发现了约翰逊的"把戏"，在这本书中，约翰逊引用的每个科学证据都存在误导

---

[1] Pennock, R. T.（1999）. *Tower of Babel: The Evidence against the New Creationism*. Cambridge, MA: MIT Press.

或歪曲 ①。

　　智慧设计论经常提及的一个质疑是，进化证据间存在巨大的缺失（例如，化石证据方面，缺乏生物中间过渡形态的化石）。然而，即使这个论据确实经得起推敲，智慧设计论其实也无法取代达尔文主义，因为它根本不是一个可验证的假设。智慧设计论者认为，进化论的证据不能"排除合理怀疑"，可是，智慧设计论连证据都无法提供，它根本不具有被"合理怀疑"的资格。换句话说，我们根本没有办法去否定存在这样一个设计师，而否定性的检验是科学研究方法的核心。因此，可笑的是，智慧设计论的追随者试图利用法律上无法"排除合理怀疑"的概念来反对进化论，但当他们在维护智慧设计论时，却似乎完全忘记了这个标准！

164　　**达尔文的"盲眼钟表匠"**

　　约翰逊并不是以反进化论者（anti-evolutionist）的身份开始自己的学术生涯的，但在与第一任妻子离婚后，他成为一名福音教派基督教徒。他的转变有一个重要原因，在英国休假期间，约翰逊碰巧阅读了道金斯 1986 年出版的以自然选择为主题的著作《盲眼钟表匠》（*The Blind Watchmaker*）。这本书检视了一个反对达尔文主义的古老论点——钟表匠理论。该理论认为，像手表这样复杂的东西之所以能存在于世，是因为它是由"钟表匠"设计制作出的，因此，像人类眼睛这样复杂的生物结构也只能出自"设计师"（上帝）之手。而道金斯则在书中向

---

① Newport, E.（2004）. *Third of Americans say evidence has supported Darwin's evolution theory: Almost half of Americans believe God created humans 10,000 years ago*. Retrieved from http://www.gallup.com

读者说明，复杂结构是通过达尔文式的累积变异得以产生的，我们可以将自然选择称为"盲眼钟表匠"（因为自然选择并不会展望和计划，但总是能挑选出最成功的基因复制）。大部分读者都认为，这本书清晰地展现了自然选择的运作机制，它用现代通俗易懂的语言重述了达尔文的理论。但约翰逊觉得这些想法是有害的，他突然意识到自己有责任去进行反击。不过，让人觉得讽刺的是，约翰逊反对达尔文思想的主要论点——生物结构的复杂性表明必然存在一个高级设计者——这恰恰是道金斯在《盲眼钟表匠》中重点推翻的观点，这也暗示可能约翰逊并没有仔细阅读这本书。尽管智慧设计论的出现可能会引起美国新一波的神创论思潮，但它同时也激发了来自生物学界的"镇压"，人们普遍认为智慧设计论是对科学发现的巨大扭曲，而道金斯则自发承担起捍卫进化论的责任。

达尔文的罗威纳犬——道金斯将上帝送上法庭

在写作生涯的早期，道金斯致力于向大众传播进化科学对生命的理解，但从 20 世纪 90 年代起，他开始将注意力转向反宗教信仰。在这一时期，神创论开始重新兴起，道金斯对智慧设计论及其相关出版物的与日俱增感到十分恼怒，他决定直面宗教激进主义。2006 年，道金斯出版了《上帝错觉》（*The God Delusion*）一书。在书中他指出，生物学面临的最大挑战是解释"复杂的机制如何在宇宙中出现的"，对这一问题实际有两种解释方式——求助于上帝或求助于达尔文。在道金斯看来，达尔文式的解释无疑要胜过上帝式的解释，因为后者不具有任何可检验的假设，而前者不但为我们提供了可检验的假设，且这些假设确实也经受得住检验。道金斯进一步指出，"设计师"理论的问题在于，它无法解释是谁设计了"设计师"。《上帝错

165

觉》将达尔文主义推向达尔文自己从未想过的高度，这本书的销量达到 200 多万册，它将进化论带给了 21 世纪的新一代读者，其中许多人从未思考过这些问题。

需要注意的是，道金斯不是唯一发出反宗教信仰声音的学者。在 21 世纪的头十年，出现了许多新的无神论作家，包括美国哲学家丹尼特（Daniel Dennett）、神经科学家希尔（Sam Hill）和已故的英裔美国作家希钦斯（Christopher Hitchens），他们与道金斯一起被称为"新无神论的四骑士"（对应的是《启示录》中最终审判时出现的天启四骑士）。有趣的是，尽管道金斯会基于科学批评上帝的概念，但他并不认为进化论会妨碍对上帝的信仰（尽管他确实觉得进化论知识让上帝的存在变得不太可能），不过在他看来，那些用上帝去驳斥达尔文理论的人是在打一场注定失败的战争。

古尔德的互不重叠权威理论——一条中间道路吗？

不同于道金斯（以及其他"骑士"），一些达尔文主义者认为，科学和宗教占据的是截然不同的领域，它们应该互相保持距离。古尔德特别指出，宗教和科学应该被当作"互不重叠权威理论来对待"[①]。因此，达尔文主义不应该接受来自宗教领域的质疑，反之亦然。在这个问题上，不管我们是遵循古尔德的观点，还是遵循道金斯的观点，有一点是肯定的，那就是达尔文对宗教产生了巨大影响。如果没有达尔文，我们可能不会看到神创论、神创论科学或智慧设计论的出现，所有这些都可以被看作是宗教的自我防御反应。

---

① Gould, S. J. (2002). *Rocks of Ages: Science and Religion in the Fullness of Life.* New York: Ballantine Books.

达尔文主义和道德行为—— 自然主义谬误的谬误

166

正如我们在第二章看到的，将达尔文的进化论融入人类伦理体系的第一次尝试是斯宾塞的社会达尔文主义。不幸的是，这是对达尔文"适者生存"概念最严重的逻辑扭曲，同时它也造成了可怕的道德后果。因此，自第二次世界大战以来，人们总是尽量避免在进化与伦理间建立关系。然而，其实还有另外一个因素导致大多数进化心理学家不愿谈论进化和道德间的关系——那就是"自然主义谬误"的概念。你可能还记得，在第二章中，我们曾提到剑桥哲学家摩尔曾借助这一概念来反驳社会达尔文主义的伦理观。但实际上，"自然主义谬误"这一术语可以追溯到 18 世纪的哲学家休谟（David Hume）。进化心理学家也经常援引"自然主义谬误"，不过他们的观点是，某些反应可能是通过自然选择产生的，但这并不意味着它们在道德上一定是正确的——因为正如休谟所说，我们不能从"是什么"出发推导出"应该是什么"的结论。有趣的是，休谟其实并没有断言"应该是什么"不能来自"是什么"，而是说"应该是什么"不能完全来自"是什么"。在休谟看来，单独的事实前提不足以支持道德准则 ①。或者说，更精确的说法是，我们不应该从实证结果中推出道德结论（例如，年轻男性有更多的睾酮素，这会导致他们有更强烈的性冲动，但我们不能因此就认为男性理所应当有更多的滥交行为），但我们可以利用实证结果去为一个社会已形成的道德原则赋予解释（例如，很多社会对男性滥交行为比对女性滥交行为更宽容，这可能是因为年轻男性有更高水平的会引发性冲动的睾丸素，因此男性滥交比

---

① Dunbar, R., Barrett, L., & Lycett, J.（2005）. *Evolutionary Psychology: A Beginner's Guide*. Oxford: Oneworld Publications.

女性滥交更普遍）。因此，就像我们应该避免从科学发现直接推论到道德立场一样，我们也应该注意不要过分夸大自然主义谬误，并避免断言道德与经验领域是完全分离的。具有讽刺意味的是，这意味着如果进化心理学家（以及社会生物学家和行为生态学家）援引自然主义谬误来避免道德争议，那么他们这种行为本身就是一种谬误。

一些已经意识到道德与进化间可能存在关系的进化论者，尝试在达尔文《人类的由来与性选择》的基础上，将道德原则与自然选择联系起来（虽然达尔文并没有从科学结论推导出道德结论，但他确实认为前者可以为后者提供启发）。

达尔文在《人类的由来与性选择》的第四章中讨论了道德问题，并认为人类已经进化出"道德感"，这种道德感来源于人类与类人猿共同享有的社会本能。达尔文已经意识到人类是倾向于行为自私的，然而，达尔文也明白，人类可以从亲社会行为中获益更多，这导致自然选择让人类进化出"道德感"。同时，由于人类已经进化出语言和意识，因此"道德感"可以通过"名誉观"得以强化。用达尔文的话来说①：

> 在行动时，毫无疑问，人类倾向于追随最强烈的冲动。尽管这可能偶尔会促使个体做出高尚行为，但更为常见的情况是，个体会为了满足自己的欲望而牺牲他人。然而，虽然个体暂时会感到喜悦，但个体在同伴中的名声会变差，这必然会引发消极后果或者报复。个体会为此感到懊丧、后悔、内疚和羞愧。因此，为了未来的状况，个体将或多或少地采取不同的行动，这就是良知。良知是未来

---

① Darwin, C.（1871）. *The Descent of Man and Selection in Relation to Sex.* London：John Murray.

行动的向导。

通过这段话可以看出，达尔文其实已经敲开"群体选择"的大门，而且他对如今我们所谓的"亲缘选择"和"互惠性利他行为"（见第六章）也有所觉悟，他曾说过 [1]：

在很大程度上，一个人只能被自己心爱的人激发出同情心，对漠不关心的人则不会产生同情。

进化规范伦理学以及进化元伦理学

168

值得注意的是，道德哲学家确实受到了达尔文关于道德行为和进化之间关系的著作的影响。那些接受"达尔文主义可以深化我们道德理解"这一观念的道德哲学家，创建了进化规范伦理学（evolutionary normative ethics）和进化元伦理学（evolutionary meta-ethics）等专业术语 [2]。进化规范伦理学关注的是我们应该做什么，即哪些行为是对的，哪些行为是错的（比如，偿还贷款）。而进化元伦理学关注更宏大的哲学图景，它探讨的是为什么有些事情被认为是道德正确的以及道德是如何产生的。对于达尔文主义者来说，这两种水平的分析都具有极大困难。因为前者需要在道德行为和传递基因副本之间建立联系，后者则必须证明进化可以帮助我们理解"正确行为"的起源。值得注意的是，虽然达尔文关于道德感发展的论述没有直接提出这两种研究思路，但它暗示了自然选择可以为理解两

[1] Darwin, C.（1872）. *The Expression of the Emotions in Man and Animals*. London：HarperCollins.

[2] Nitecki, M. H., & Nitecki, D. V.（Eds.）.（1993）. *Evolutionary Ethics*. Albany：State University of New York.

者提供一个框架。至于达尔文的观点到底能在多大程度上帮助我们理解道德伦理，不同的道德哲学家有不同看法，但无论怎样，这还是一个充满争议的领域，由此可见达尔文持续的影响力。

社会生物学重新点燃进化伦理学——威尔逊和鲁斯

正如我们所看到的，尽管道德哲学家们已经考虑达尔文提出的道德感进化问题，但进化学者却常常对此持回避态度，这源于他们对社会达尔文主义（的滥用）与自然主义谬误的担心。尽管如此，你可能还记得威尔逊在他 1975 年的开创性著作《社会生物学：新综合》一书中提出的观点：我们对进化与行为间关系认识的进步会使得伦理学逐渐生物学化 ①。1985 年，通过与哲学教授鲁斯（Michael Ruse）合作，威尔逊开始进一步深究这一想法。在一篇名为《伦理学的进化》（ *The Evolution of Ethics* ）的文章中，威尔逊和鲁斯提出，道德关注做正确的事，而正确的事则与利他行为有关。他们进一步指出，借助互惠利他、亲缘利他概念，以及人类基于进化形成的察觉欺骗的能力，我们可以解释为什么我们有时会帮助别人（当然，有时我们也会不这么做）。请注意，这些想法都直接借鉴了达尔文在《人类的由来与性选择》中所描述的观点。由于利他行为最终会增加个体遗传复制基因的机会，因此道德上的"正确行为"可能正是达尔文式进化的结果。这就是他们设想的在达尔文主义和伦理学之间架起的桥梁。重要的是，不同于斯宾塞，威尔逊和鲁斯并没有建议我们应该基于进化论来做出道德决策，他们强调的是，

---

① 　Wilson，E. O.（1975）. *Sociobiology：The New Synthesis*. Cambridge，MA：Harvard University Press.

进化论可以帮助我们理解人类道德体系的起源。这是一种描述式而不是指示式的观点（或者说，它更关心怎么对道德问题进行解释，而不是规范道德准则）。当然，当我们对进化以及人类之间的关系有了更深刻的认知之后，我们的道德立场以及我们所拥护的道德行为可能会受一定的影响。因此，进化论者很难完全保证自己的科学发现不会导致实际的道德后果。在试图探讨进化和道德的关系时，威尔逊和鲁斯曾提出，人类进化出内疚和同情等情绪，以保证自己被互惠系统接纳[①]：

> 道德准则会让我们日复一日地对抗自己的自私冲动，从而有利于长期的群体生存与和谐，并提高人类繁殖成功的概率。

这一观点可以直接追溯到达尔文的著作《人类和动物的表情》，在这本书中，达尔文提出情感的功能。因此，威尔逊和鲁斯"道德进化"的概念在达尔文后两本关于进化的著作中都有所涉及。

克雷布斯——尊重权威和浪漫奉献

1998 年，加拿大进化心理学家克雷布斯拓展了威尔逊和鲁斯关于道德行为通过自然选择进化的想法，他的研究涉及"尊重权威"这一道德规范。另外，他还借助达尔文的"性选择"概念对另一种道德正当行为——浪漫奉献进行解释[②]。

170

① Ruse, M., & Wilson, E. O. (1986). Moral philosophy as applied science. *Philosophy*, *61*, 173–192.

② Krebs, D. L. (1998). The evolution of moral behavior. In C. Crawford & D. L. Krebs (Eds.). *Handbook of Evolutionary Psychology: Ideas, Issues, and Applications*. Hillsdale, NJ: Erlbaum.

克雷布斯指出，人类是一个倾向于接受各种道德法则的物种，比如，基督教的"十诫"、儒家的"五常"，以及佛教的"八正道"等，但问题是为什么我们会具有这样的倾向？他认为，我们与其他类人猿具有共同的社会层级结构，这种社会层级结构起源于对首领猿类的尊重，它在人猿分道扬镳之前就已经存在。今天，许多文化并不会有意促进一个以男性首领为主导的社会（尽管有些地方依然如此），但我们发展了许多体制作为替代品，例如，宗教或政权。对首领顺从可以帮助人类祖先获得更多生存机会，如今，我们的天性中依然保留了这份顺从的心理机制。这可能是道德的根源之一。尊重权威是一种进化生存策略，因此也成为一种道德正确的行为。在大多数情况下，我们多数人更安于接受权威，而不是去挑战权威。

与互惠和对权威的尊重不同，克雷布斯认为，奉献可能是通过性选择而不是自然选择来实现的。在人类进化过程中，原始人类女性的亲代投资负担会越来越重，为了帮助后代获得更多生存资源，她们在择偶时更倾向于选择那些愿意与她们结成强烈情感联系的男性。请注意，这种选择机制其实也有助于男性基因传递，男性也更愿意对那些可以与他们形成牢固配偶纽带的女性进行投资（这样可以保证孩子与父亲的血缘关系）。强烈的情感依恋可能为我们在人类身上可以看到的浪漫奉献行为埋下了一粒"种子"，它最终"结出"一颗"道德果实"——忠实于配偶是正确的事。

上述所有关于道德行为的观点都表明，深刻的情感（包括积极的和消极的）在某种程度上是为了支持个体做出恰当反应——这是达尔文在《人类和动物的表情》中所提出的想法。例如，当我们想象自己婚外情时可能会产生愧疚感，这会阻止婚外情的真实发生。同时，我们也倾向于同情和支持那些被风流伴侣玩弄的受害者。不过，这就引出一个问题——为什么我们会对那些与我们没有任何血缘关系的人产生同情呢？一种解释是，这一反应在进化适应环境阶段是具有适应性的，那时，人类祖先生活在部落小群体中，每个人的生活与其他人都是密切联系的。对个体来说，外遇可能会损害家庭利益，并减少后代生存的概率。总之，无论浪漫的奉献是否通过性选择机制产生，有一点是肯定的，人类对与性和繁殖相关的道德规则非常着迷，以至于从《奥赛罗》(*Othello*)到《伦敦东区》(*East Enders*)等大量戏剧故事都围绕两性关系展开。

171

将达尔文拖入党派政治

正如我们在第二章、第三章以及第四章所看到的，高尔顿、斯宾塞、萨姆纳、海克尔等人都试图利用达尔文主义来为自己的政治理念或道德立场背书。承袭威尔逊和鲁斯的观点，1998 年，北伊利诺伊大学的政治学教授阿恩哈特（Larry Arnhart）出版了《达尔文的自然权利：人类本性的生物伦理学》(*Darwinian Natural Right*：*The Biological Ethics of Human Nature*)。2005 年，他又出版了《达尔文的保守主义》(*Darwinian Conservatism*)。在这些著作中，阿恩哈特借鉴了达尔文在《人类的由来与性选择》中提出的"道德感"进化的观点，并认为"我们可以判定，试图废除私有财产和小家庭的乌托邦社会主义是注定失败的，这会挫败进化为人性赋予的最强烈的欲望"[1]。他还进一步指出："达尔文主义的人性观强化了对培养道德品质的关注。"[2]

---

[1] Arnhart，L.（1998）. *Darwinian Natural Right*：*The Biological Ethics of Human Nature*. Hillsdale, NJ：Erlbaum.

[2] Arnhart，L.（2005）. *Darwinian Conservatism*. Exeter：Imprint Academic.

　　请注意，通过做出这一论断，阿恩哈特实际上将达尔文主义带入宗教、政治和道德领域。而达尔文虽然在关于进化的著作中探讨了道德感的概念，但他通常会回避政治与宗教。阿恩哈特的观点会导致一些问题，问题之一是，能够算得上"道德品质"的内容，必须如行为生态学家和进化心理学家所证明的那样，是由社会和生态压力决定的。例如，在一个男性亲代投资特别高的社会，未婚女性保持贞洁可能能够得到长期回报，因为在这样的社会背景下，地位高的男性更看重"处女新娘"并且更愿意为她们付出资源。相比之下，在一个男性亲代投资很低的社会，年轻女性反而可以通过滥交来获得更大成功，因为她从每一个交配对象那里都可以获取一点资源①。因此，不同的环境压力与经验会释放出不同的生殖道德规范（见第七章）。

172

　　尽管达尔文将人性看作是进化的产物，但他并不认为我们的道德准则缺乏可塑性。他的观点是，随着环境改变，包括人类在内的动物也会发生改变以适应新的环境。因此，阿恩哈特对人类道德准则的看法更为死板僵硬，他的观点并不是完全的达尔文主义。

达尔文左派

　　像我们在第二章看到的，达尔文的"适者生存"概念曾与政治右派联系在一起（想想洛克菲勒说的企业竞争应该"适者生存"，或者高尔顿的优生学运动），不过自《物种起源》出版以来，左派也一直努力借助进化论为自己的政治理念寻求支持。甚至马克思在阅读了《物种起源》后，也认为达尔文的著

---

① Buss，D. M.（2011）. *Evolutionary Psychology*：*The New Science of the Mind*. Boston：Allyn & Bacon.

作为"阶级斗争"提供了一个解释。马克思相信，自然界的"生存斗争"正是其"阶级斗争"概念的科学依据，而达尔文的作品有助于我们理解冲突与斗争的意义［马克思曾给达尔文寄去一本《资本论》(Das Kapital)］[1]。达尔文主义和左派之间的这种联系一直延续到20世纪，例如，英国工党的奠基人之一麦克唐纳(James Ramsay MacDonald)曾声称，正是达尔文对世界的看法促使他产生社会主义的想法。而自然选择论的共同发现者——华莱士(他比达尔文晚31年去世)也成为早期的社会主义者。

普林斯顿大学生物伦理学教授辛格(Peter Singer)在1999年发表的一篇专题论文《一个达尔文主义左派：政治、进化与合作》(A Darwinian Left: Politics, Evolution and Cooperation)中指出，左派人士应该拥护达尔文主义，因为"合作"是达尔文主义的重要组成部分[2]。尽管辛格承认自然选择赋予了我们自私以及竞争的本性，但他也引用了达尔文和其他进化论者的观点，来说明人类在适当条件下拥有合作及互惠利他的行为能力。辛格认为，通过接纳进化思想，我们可以学会去建立一个更加平等和合作的社会。

不幸的是，这些想法与阿恩哈特的观点具有相似的缺陷，因为正如达尔文所指出的，人类的道德准则在一定程度上是依赖于环境的，我们到底是选择合作还是利己策略，在很大程度上取决于发展过程中的社会和生态环境。尽管达尔文确实点出道德行为与进化之间的关系，但他的观点可以被具有分歧的政治团体中的任意一方任意重塑和利用。这也表明，尽管我们可

173

[1] Mentioned in letter from Darwin to Marx sent in October 1873.

[2] Siger, P. (1999). A Darwinian Left: Politics, Evolution and Cooperation. New Haven, CT: Yale University Press.

能从达尔文的作品中了解到道德行为的根源，但如果想用这些知识去支持某种特定的政治倾向，则可能是徒劳无功的。尽管极端右翼声称自然选择暗示了不健康的人应该遭受马尔萨斯式（Malthusian）的剔除（例如，在纳粹德国曾发生过），但左派也可以宣传，大自然进化变异的本性暗示政治和阶级制度也具有可变性。尽管威尔逊、鲁斯和克雷布斯声称，达尔文主义可以帮助我们理解道德准则的生物学基础，自然主义谬误已不再构成问题，可一旦涉及政治意识形态领域，就会变得更加难以解释。实际上，进化论在本质上属于科学研究领域，任何对其带有政治色彩的描绘都是有悖常理的。

第三种理解道德体系源头的方法

如果没有达尔文，我们可能会有两种方式（由神或者社会建构）来决定一种行为是否具有道德正当性，即由神或者社会建构来规定行为是否正确，因此不同的文化具有道德差异。然而，如果我们接受"进化过程会对道德施加影响"这一观点，那么达尔文就为我们提供了关于道德正当性的第三种解释，一种基于自然选择（和性选择）而不是神或社会建构的解释。这一解释也暗示，由于人类具有共同祖先并面临相似的生存困境，许多道德准则具有跨文化一致性。

174 ### 动物认知

正如我们在第四章和第五章所看到的，达尔文对动物行为进行了大量观察研究，同时他认为人与动物存在进化连续性。仅凭这两点，我们也可以认为达尔文是动物行为研究领域的奠基人之一。之后的罗曼斯与摩根紧随达尔文的脚步，拓展了动物行为研究及达尔文对动物行为的观点。由罗曼斯和摩根创建的比较心理学后来分裂为行为主义心理学和认知心理学，前者完全忽视达尔文的概念，后者对达尔文主义具有类似的态度，直到 20 世纪后期（当进化心理学家开始重新将"自然选择"概念引入心理学研究时）才发生变化。用达尔文的话来说[1]：

> 无论人类与其他高等动物的区别有多么巨大，都只是程度上的差异，而不存在本质上的差异。

近年来，许多对动物行为感兴趣的学者又开始重新关注达尔文的思想，去探索人类和其他物种之间的认知连续性。

类人猿——与人类过于接近吗？

在《人类的由来与性选择》一书中，达尔文曾建议我们应该测试其他动物的"心智能力"，以便更好地理解它们，从而加深对人类心智进化的理解。虽然行为主义心理学家和社会科学家都对人类与其他物种间的"心智连续性"持怀疑态度，但近年来，达尔文的想法终于被那些对动物认知感兴趣的学者付诸实践。你可能还记得，第三章我们曾说过，达尔文被伦敦动物园一只叫珍妮的猩猩震撼。与珍妮的相遇使达尔文更加确信，人类和猿类具有共同的祖先，因此我们与其他猿类的心智能力是存在连续性的。基于这一观点和其他一些观察结果，达尔文在《人类和动物的表情》中提出，动物会使用传达自己情绪状态的信号。而在达尔文的其他作品中，达尔文也一再暗

---

[1]　Darwin, C. (1871). *The Descent of Man and Selection in Relation to Sex.* London: John Murray.

175 示，我们往往会过分低估其他动物的认知能力。

目前，许多动物行为研究项目正试图通过测试动物的工具使用、概念形成、推理、社会和道德认知，甚至语言等能力，来检验动物的认知水平。其中特别有趣的是，如达尔文所设想的，我们在自然界中血缘关系最近的亲戚——黑猩猩——似乎在某些能力上与人类有明显的连续性。例如一只叫作"Ai"（人工智能）的雌猩猩可以记住 5 个随机数字[①]（人类平均可以记住 7 个数字），在这一方面猩猩展现出的能力与人类已没有什么本质不同。更令人印象深刻的是，一只名叫"步"（Ayumu）的黑猩猩不仅能够记住呈现在屏幕上的数字序列，还能够回忆起这些数字在屏幕上的具体位置，在呈现时间不到四分之一秒时，它也能够做到（人类完成不了这样的任务）[②]。

更令人感到惊讶的是，斯德哥尔摩富鲁维克动物园的一只黑猩猩，由于行为过于接近人类，已经让许多人产生不适感。2009 年，一只名叫桑蒂诺的雄性黑猩猩经常被人观察到用提前收集好的石头攻击围观的游客。令人印象深刻的是，在游客到达它的领地之前，它经常会把这些石头藏在木头和干草下面。这表明，桑蒂诺不仅能够提前做计划，而且在做计划时，他还能使用欺骗策略。这种行为蕴含的认知和情感成分在某些方面都与人类非常相似（例如，它会攻击游客是因为它不喜欢自己成为游客围观的对象）。这显然支持了达尔文的观点，即动物会使用信号来传达自己的情绪状态。

语言是人类心智能力的重要特征。近 50 年来，科学家们一直在试图确定是否有可能将语言这种技能传授给我们的近亲——类人猿。考虑到猿类没有办法像人类一样对声带和

---

①② Inoue，S.，& Matsuzawa，T.（2007）. Working memory of numerals in chimpanzees. *Current Biology*，*17*，R1004–R1005.

舌头进行精细运动控制，因此科学家们尝试的方向是教猩猩使用手语或者电脑键盘（专门为猩猩设计的键盘，包括代指物品的简单符号和图形）。在最早的一些研究中，一只叫"瓦秀"（Washoe）的雌性黑猩猩格外引人注目。20世纪60年代至80年代，研究者曾教瓦秀使用美国手语（American Sign Language，一种聋哑人使用的手势交流系统）。据说，它最终学会利用350个符号做出简单的陈述，比如"你带我出去"[1]。后来，一只名为"坎兹"（Kanzi）的倭黑猩猩似乎取得更令人感到吃惊的成就，它可以使用500多个图形符号做出复杂的请求，如"把球放进麦片里"。尽管这些研究成果令人印象深刻，但对此类研究持批评态度的学者则指出，黑猩猩和倭黑猩猩很少会提出问题（除了要求获得食物或玩具），且它们学习新单词的速度比刚刚会走路的儿童要慢得多。而所有的父母都知道，儿童总是尽可能地、不断地问问题。另外也有批评者指出，幼儿在2岁后，不需要任何专门训练，平均每天可以学会十几个单词，而这些类人猿即使经过高强度的训练，平均每天也只能学会0.1个词汇。因此，人类和猿类语言之间存在着巨大鸿沟。然而，与其他脊椎动物相比，猿类表现出的认知能力（包括语言在内）已经非常复杂。

　　除了语言能力外，猿类还无法通过一些对儿童来说非常容易的认知测试。例如，黑猩猩似乎无法理解其他人可能持有错误的信念（这是人类认知能力的一个重要特征，人类似乎在4岁时开始出现这种能力）[2]。

176

① Gardner, R. A., & Gardner, B. T. (1969). Teaching sign language to a chimpanzee. *Science*, *165*, 664–672.

② Shettleworth, S. J. (2012). Modularity, comparative cognition and human uniqueness. *Philosophical Transactions of the Royal Society*, *367*, 2794–2802.

鸟类的脑

我们不应该自负地认为，只有与人类血缘关系较近的动物才会在一定程度上有与人类类似的认知技能。关于鸟类的研究就表明，松鸦（一种鸦科鸟类）某些心智能力与猿类处于同一水平——它们能回忆一系列事件并推断出因果关系。考虑到鸟类和猿类的共同祖先生活在 3 亿多年前，这表明，它们相似的能力并不是在共同祖先时代就具有的，而是后来分别独立进化形成的（也许是因为它们面临相同的生态和社会压力——松鸦要储存食物并记住储存位置，而猿类也要注意水果的成熟度以及果树的位置）。与之相似，人类祖先与黑猩猩是在 500 万年前分道扬镳的，因此它们可能也是各自独立进化出了心智能力。另外，这也可以证明，自然选择有时会推动不同物种向同一方向发展，即所谓的"趋同进化"（convergent evolution）现象。由此也可以看出，达尔文对我们看待其他动物的能力具有深远影响。

达尔文和动物福祉

在达尔文的一生中，达尔文经常会因为动物遭受的残忍对待而失眠。在晚年时，为了解决这一问题，达尔文决定推动动物福祉（animal welfare）项目。如今，许多国家的动物福祉立法在很大程度上要归功于达尔文，原因有两个。首先，达尔文指出人类与其他动物存在进化连续性，这为保护动物免受虐待提供了依据。其次，达尔文曾游说议会立法保护动物。我们在此有必要对这两点进行一一解释。

笛卡儿的错误——人类和动物内部状态的不连续性

在达尔文之前，动物被认为与人类是完全不同的。人们普遍持有的观点是，动物是没有内在精神状态的机器。动物有时表现出的痛苦迹象只是为了保护机器不受损害，由于动物没有内部感受，因此不会真的体验到痛苦。这种观点可以追溯到17世纪的法国哲学家笛卡儿（Rene Descartes）[①]。笛卡儿提出，人类拥有灵魂，因此能感受到痛苦和焦虑，而动物没有灵魂，因此没有同样的体验。这种想法尽管在当时还没有被全世界普遍接受，但在欧洲和北美却极为风靡。在这种想法的支持下，人们可以虐待动物而不遭受任何惩罚。例如，佩皮斯（Samuel Pepys）[②]曾在日记中记录了自己非常享受对一条活狗进行解剖的过程。直到19世纪中期，虐待动物的运动在伦敦还是极为常见的，法律允许斗鸡和斗熊的游戏。在达尔文之后，笛卡儿关于动物的观点显得站不住脚了——因为达尔文的研究表明，动物和人类之间并没有不可逾越的鸿沟。实际上，很多学者认为，正是因为进化论使人们对动物的理解和态度发生了变化，导致很多反对者拒绝接纳这一理论[③]。

178

达尔文促使动物保护法立法

达尔文在自己的作品中毫不掩饰他对动物虐待的反感。在

[①] Rachels，J.（1990）. *Created from Animals*. Oxford：Oxford University Press.

[②] 佩皮斯（Samuel Pepys）是17世纪英国著名作家和政治家，曾担任英国海军部长和英国皇家学会会长。他的作品《佩皮斯日记》详细记录了17世纪英国的社会生活和重大历史事件。

[③] Rachels，J.（1990）. *Created from Animals*. Oxford：Oxford University Press.

《人类的由来与性选择》一书中，他曾写道 [1]：

> 每个人都听说过，狗在遭受活体解剖时会舔舐解剖者的手，除非这个人有一颗铁石心肠，否则一定会在他生命的最后时刻感到懊悔。

很难确定，达尔文对动物的态度应该归因于他对人类与其他物种间进化连续性的信念，还是他本身容易同情弱者的性格（众所周知，达尔文非常厌恶奴隶贸易，是一个坚定的废奴主义者）。无论怎样，达尔文后来卷入一场始于 1875 年的有关反活体解剖的辩论。当时，动物保护协会（后来成为英国废除活体解剖联盟，如今该组织依然存在）已经成立，并起草了一份请愿书，呼吁议会要对用动物进行试验的生理实验室进行定期检查。这就使达尔文陷入两难困境，因为他不仅支持改善动物福祉，同时也支持为了人类利益以动物为被试进行实验。经过灵魂深处的艰难斗争，达尔文最终决定不签署请愿书，因为他觉得这会有损于科学进步。在一封 1871 年寄给牛津动物学家兰克斯特的信中，他表达了自己的个人看法 [2]：

> 你问我对活体解剖的看法。我认为，如果为了开展生理学研究，对动物进行解剖是正当的，但不应该为了满足可恶的、令人厌恶的好奇心而对动物进行解剖。这是一个让我感到恶心和恐惧的话题，所以我不会再多说什么了，否则我今晚就睡不着了。

---

[1] Darwin, C. (1871). *The Descent of Man and Selection in Relation to Sex*. London: John Murray.

[2] Letter 7612, Lankester, E. R. to Darwin, C., 22 March 1871. Darwin Correspondence Project. Retrieved from http://www.darwinproject.ac.uk

　　然而，达尔文并不是对此完全视若无睹，他决定写一份关于动物福祉的法案［在他的女婿——国会议员里奇菲尔德（Robert Litchfield）的帮助下］。该法案后来被一名自由党议员普莱费尔（Lyon Playfair）交到国会，它所产生的影响要比达尔文没有签署的那份请愿书深远得多。《普莱费尔法案》通过后，解剖者必须在动物实验中为动物实施麻醉处理，同时，动物实验只有在有合理科学依据或科学发现的情况下才被允许进行。

　　这项法案是全世界第一个真正保护动物权益的法案，因此，我们如今看待动物的两种视角——无论是抽象视角（通过达尔文的进化研究）还是具体视角（通过他保护动物的法案），都与达尔文的贡献有关。值得注意的是，现代英国有关动物权益的法案虽然比 1875 年时更严格，但它仍然是以《普莱费尔法案》为基础的。当我们在今天考虑应该如何对待动物时，达尔文仍然和我们站在同一战线。

女权主义的批评和支持

　　在第三章中，我们看到达尔文的性选择概念是如何被早期的女权主义者诟病的。达尔文曾在《人类的由来与性选择》中指出，男性比女性进化出更高水平的智力。后来，布莱克威尔 1875 年出版的作品《自然界中的性别》专门批评了达尔文的这一观点。自从布莱克威尔打响了"第一枪"后，达尔文就一直面临女权主义者的攻击。但与此同时，达尔文主义也得到一些学术女权主义者的支持。

当代女权主义的批评

　　虽然女权主义内部也有不同的观点和派别，但学术女权主义者普遍认同我们之前多次提及的"标准社会科学模型"对人类行为的看法——也就是说，行为是由社会和环境决定的，而不是达尔文进化机制的产物。正如我们在第五章中看到的，文化相对主义运动的主要推动者是包括博厄斯和米德在内的一批美国文化人类学家。其中，米德强调不同文化之间性别角色的差异，这成为现代女权主义灵感源泉之一①。

180　　　现代西方学术女权主义在很大程度上承接了米德的观点，她们继续对达尔文主义持谴责态度，主要原因包括以下几点：第一，在解释人类行为时，对"标准社会科学模型"的接纳，事实上就会导致对生物进化的排斥；第二，许多人认为，如果从生物角度解释人类行为，那么就意味着性别角色是固定不变的；第三，由于进化是为现状赋予解释（例如，为什么在择偶中是男性追求女性），如果达尔文主义获得支持，那么可能会导致女性缺乏改善权益的机会。如果说所有女权主义理论家都赞同这些观点，那可能有失公允，但这种情况确实非常普遍②。

　　尽管现代女性主义（有时被称为"后现代女性主义"）在世界许多地方为提高女性权利做了大量工作，但学术女权主义者认同的一些观点其实存在很多问题。如果你仔细读了之前的章节，就会发现现代西方学术女权主义反对进化行为解释的三个观点都是站不住脚的。首先，先看前两点，现代达尔文主义在对人类行为进行解释时并不排斥环境的影响。进化心理学家煞费苦心地强调，基因与环境因素在人类心理与行为反应发展过程中会产生交互影响，进化不决定行为，而是使某些行为习得更容易发生（在达尔文、平克、科斯米德斯

① Lutkehaus, N.（2008）. *The Making of an American Icon*. Princeton, NJ: Princeton University Press.
② Vandermassen, G.（2005）. *Who's Afraid of Charles Darwin: Debating Feminism and Evolutionary Theory*. Lanham, MD: Rowman & Littlefield.

和图比的作品中都呈现了这一观点）。第三点反对意见也是在说支持进化分析视角必然等同于认为行为缺乏可塑性，可实际上并没有主流的进化论者曾在自己的作品中表达过这样的想法。

女权主义者关于性选择机制的辩论

并不是所有的女权主义理论家都对达尔文主义没有热情，围绕性选择机制展开的辩论将该领域分割为两个阵营。达尔文在《人类的由来与性选择》中提出的性选择假设为两性的行为差异做出了解释。以沃尔夫（Naomi Wolf）为代表的一批女权主义理论家坚持认为，应该将男性与女性在攻击行为上的差异归结为不同的社会化过程 [1]。她们还相信，女性与女性的竞争完全是父权权力结构导致的，这种权力结构在各个文化中普遍盛行，男性会为了分化和管理女性而努力维持这一结构。与此相反，一些女权主义作家则对性选择理论颇为青睐，她们赞同女性与女性的竞争正是性选择的结果（即为了获得异性而进行同性竞争）。例如，科罗拉多州立大学的因戈（Kate Ingo）、麦斯（Krystal Mize）和普拉塔雷利（Marc Pratarelli）都认为，女性通过提升自己的外表魅力及损害其他女性声誉的方式，来间接争夺高地位男性 [2]。在因戈等人看来，这种竞争模式成形于进化适应环境时期，在当时，随着男性亲代投资的增加，女性选择一位久负盛名的猎人作为配偶可以带来额外的"奖励"。优

181

[1]　Wolf, N.（1990）. *The Beauty Myth*: *How Images of Beauty Are Used against Women*. London: Chatto & Windus.

[2]　Ingo, K., Mize, K., & Pratarelli, M.（2007）. Female intrasexual competition: Toward an evolutionary feminist theory. *Theory and Science*, *9*（1）. Retrieved from https: //theoryandscience.icaap/content/vol9.1/ingo.html

秀的猎人可以为后代提供更多的生存资源，从而保证他们后代有更高的生存概率。达勒姆大学的女权主义进化心理学教授坎贝尔（Anne Campbell）在她2002年出版的著作《她自己的头脑：女性进化心理学》（*A Mind of her Own：The Evolutionary Psychology of Women*）中，也证明女性会为了竞争高地位男性而表现出侵犯性行为。她提出，人们普遍认为男性在争取异性时会频繁对同性使用暴力手段，而女性不会这么做——实际上，这只是一厢情愿的幻想。坎贝尔不仅记录了女性之间常见的身体侵犯行为，还证明了对于男女两性来说，他们一生中生育能力的高峰期正对应侵犯竞争行为的高峰期，而这一预测则来自达尔文的性选择理论（在我们的灵长类亲戚中也存在）。因戈同坎贝尔等人都坚信，达尔文式的选择机制有助于我们理解两性行为差异的根源。一方面，她们同意，改变抚养环境将有助于促进平等事业（例如，不强调特定的性别刻板印象）；另一方面，她们也认为，我们需要理解男孩和女孩倾向于承担不同社会角色的生物和进化根源。根特大学的范德梅森（Griet Vandermassen）在她2005年的著作《谁在惧怕查尔斯·达尔文：关于女性主义和进化论的争辩》（*Who's Afraid of Charles Darwin：Debating Feminism and Evolutionary Theory*）中曾指出，那些在探讨性别差异时完全拒绝生物或进化解释的女权主义者被信仰达尔文主义的女权主义者称为"女权主义生物恐惧症"（biophobia within feminism）。她们坚持"标准社会科学模型"，否认达尔文的观点，并认为性别差异纯粹是环境的产物。在许多人眼中，这些女权主义者抛弃了重要的科学事实，而她们的固执己见甚至可能会"破坏性别平等的目标"[1]。

---

[1]　Vandermassen, G. (2005). *Who's Afraid of Charles Darwin：Debating Feminism and Evolutionary Theory*. Lanham, MD：Rowman & Littlefield.

达尔文引发了问题吗？

现代进化心理学家认为，达尔文（和达尔文主义）可以为从文化人类学者到女权主义理论家在内的许多社会科学研究者提供重要理论启发。尽管这些研究领域有种种问题，但它们仍然对进化取向怀有明显的敌意。这到底是什么原因造成的？在前几章，我们已经详细分析和澄清了对进化论的一些误解，包括生物决定论、简化论和政治偏见等。不过，虽然进化论者对这些误解一再进行解释，可是对许多人来说，进化论的负面标签就像一根"毒刺"，使他们根本无法接纳进化论。对于这种情况，达尔文确实应承担部分责任。尽管达尔文为人谦卑仁慈，但在他生活的时代，人们理所当然地认为，西方白人在大多数方面比有色人种更"高级"，男性比女性更优越。尽管达尔文有时可以跳出时代的条条框框去思考科学问题，但作为维多利亚时代上层社会的一员，他的作品不可避免地反映了种族歧视及性别歧视的想法。或许这种指责不太公平，人们不应该期待在社会科学开始出现并纠正各种偏见前，科学家就具有和现代人一样的政治平等觉悟，而且达尔文的个人态度并没有影响到自然选择和性选择理论的发展。因此，对达尔文的指责可能是站不住脚的。不过，达尔文在一些信件及作品中的想法确实反映了那个时代人们普遍具有的刻板印象，而一些社会科学家则以此作为反达尔文主义的论据。

行为遗传学——探讨先天遗传及后天经验的关系

行为是基因和环境相互作用的结果，很少会有人否定这一看法，不过在描述行为起因时，这样的解释是不够的——我们还需要探究这种"相互作用"的本质到底是什么。伴随着行为遗传学（behavioural genetics）、基因—文化协同进化（gene-culture coevolution）假设，以及生态位构建理论的发展，现代达尔文主义似乎在解答这一问题方面取得突破性进展。其中，行为遗传学的宗旨是探讨行为的遗传性。直到不久之前，科学家在考虑这一问题时也只能通过间接的研究方法，例如，计算那些有遗传关系的人（比如，同卵双生子有 100% 相同的基因，而异卵双生子有 50% 相同的基因）在智力量表或人格问卷上得分的相关性。这一类研究表明，天生的遗传差异可以解释个体间大约 40%—50% 的人格或智力差异 [1]。然而，近年来，随着新技术的出现，科学家已经可以检测单个基因对个体行为的影响（受人类基因组计划的带动）。这些技术刚刚开始触及基因与行为之间的关系，但迄今为止，所有的研究结果看起来都在支持并进一步完善达尔文主义。特定基因的不同版本似乎会改变神经递质或者脑中这些神经递质受体部位的结构 [2]。众所周知，许多神经递质会影响情绪，甚至在某种程度上，也会影响人的性格。从这一视角来看，我们的认知和情绪特征部分来自父母遗传。然而要注意的是，遗传性决定了 40%—50% 的心理特征，这为环境因素留下很大的发挥空间。因此，虽然"白板说"并不正确，但在塑造人性方面，环境也能起到与基因同等重要的作用。而进化心理学家也赞同这种遗传因素与环境因素交互作用的观点，而且他们认为，由于环境不具有确定性，因此"后天教养"本身就是一种适应机制 [3]。

[1] Plomin, R., DeFries, J. C., McGuffin, P., & McClearn. (2008). *Behavioral Genetics* (5th ed.). New York: Worth Publishers.
[2] Webb, B. T., et al. (2012). Meta-analyses of genome-wide linkage scans of anxiety-related phenotypes. *European Journal of Human Genetics*, *20*, 1078–1084.
[3] Dunbar, R., Barrett, L., & Lycett, J. (2005). *Evolutionary Psychology: A Beginner's Guide*. Oxford: Oneworld Publications.

文化进化学者——基因—文化协同进化

除了行为遗传学家之外，还有另外一些学者也在研究基因和环境是如何相互作用的。近年来，许多进化论者和文化科学家在对该问题的回答上达成一致，这促使"基因—文化协同进化"研究领域的发展。这一新的研究方向始于 20 世纪 70 年代和 80 年代有关"社会生物学"的辩论，许多学者试图将文化因素与进化解释相结合，以改进对进化和行为之间关系的简单认识①［由于同时考虑了生物和文化因素的作用，人们也常常称之为"双重遗传理论"（dual inheritance theory）］。近年来，该领域的发展主要基于斯坦福大学两位人口遗传学家——卡瓦利-斯福扎（Luigi Cavalli-Sforza）和费尔德曼（Marcus Feldman）的研究成果。虽然他们两人都是受过系统生物学训练的坚定的达尔文主义者，但是他们也会借鉴文化人类学研究，与文化人类学家合作研究文化进化问题。他们采用了人口遗传学中的数学模型，并将其应用于分析行为的文化传播模式。在此，我们无意详细介绍基因—文化互动的数学模型，但有必要对这个与达尔文主义密切相关的新学术领域稍做了解。基因—文化协同进化的研究者将兴趣转向包括个性、语言、合作行为和跨文化饮食习惯等在内的更广泛的研究主题，探讨了进化特征和文化的互动性。

考虑到进化心理学家并不否定文化因素对行为的影响，在此，我们需要回到一个问题：基因—文化协同进化与进化心理学有何不同？实际上，虽然两者都能认识到文化对人性的塑造作用，但基因—文化协同进化关注的是文化知识如何通过施加

184

---

① Cavall-Sforza, L., L., & Feldman, M.（1981）. *Cultural Transmission and Evolution：A Quantitative Approach*. Princeton：Princeton University.

进化压力以选择出特定的基因进行传播，在这种理论中，文化
因素所能发挥的作用比大多数进化心理学承认的都要重要得
多。在基因—文化协同进化的视角下，文化可以影响基因的选
择，而被选择的基因会进一步影响文化实践，使得天性和教养
之间形成一个永不停止的反馈循环。

　　有趣的是，基因—文化协同进化的研究者们认为，尽管这
一过程的结果可能会增强适应性（也可能促进基因传播），但
它们也可能是中性的，甚至可能减弱适应性或导致适应不良。
进化人类学家邓巴（Robin Dunbar）列举了这三种情形的例
子①，对这些例子的回顾将有助于说明基因—文化协同进化是如
何起作用的。我们首先考虑基因—文化协同进化增强适应性的
情况，典型例子是乳品业的发展"选择"出能够让成年人消化
牛奶的基因。全世界的婴儿都可以喝牛奶，但在 1 万年以前，
大多数成年人却做不到这一点，因为随着人们慢慢长大，很多
人会丧失利用乳糖酶分解牛奶中乳糖的能力。然而，一旦养牛
业在某些地区开始兴起，这就导致一种微小的基因变异，最终
使大多数人能够将乳糖酶的活性维持到成年期，而这种基因变
异又促进了养牛业的发展。因此，在这一例子中，文化实践引
发基因频率的改变，之后又反过来对文化实践产生了影响（注
意所有这些都发生在 6000 年以内，大约是 300 代人，这表明
文化实践的改变可以加速进化变异的速度②）。具体到"中性"
协同进化的例子，我们可以考虑文化遗传的传播单位——"模
因"（这个术语最初是由道金斯创造的，见第六章），一个模
因可能是一段令人难忘的曲调、一股时尚风潮或一个玩具（如芭

① Dunbar, R., Barrett, L., & Lycett, J.（2005）. *Evolutionary Psychology: A Beginner's Guide.* Oxford: Oneworld Publications.
② Odling-Smee, J., Laland, K., & Feldman, M.（2003）. *Niche Construction: The Neglected Process in Evolution.* Princeton: Princeton University Press.

比娃娃）。模因不通过有性繁殖复制，它们得以传播的原因在于"让人难忘"。根据基因—文化协同进化专家的说法，许多模因对适应性的影响是完全中性的。例如，欣赏流行音乐既不可能增加也不太可能减少你传递基因的概率。至于"负性"协同进化的情况，邓巴列举的例子是，一些社会的食物禁忌会被很多人认为是在减少适应性。例如，出于文化信仰的原因，生活在非洲刚果伊图里森林的许多部落会避免食用某些食物，这些食物在他们看来是与文化习俗相悖的。据估计，由于饮食限制，这一地区部落女性的平均生育能力下降 5%。虽然这一发现仍存在争议，但毫无疑问的是，食物禁忌具有跨文化上的普遍性。如果不了解宗教信仰体系等文化习俗，会很难解释这些问题。

总之，基因—文化协同进化研究显示，人们有时会遵从一些"适应不良"的行为规则，这与社会生物学家或行为生态学家的观点是截然对立的。不过，由于进化心理学家主张人类的心理与行为特征是为了解决进化适应环境阶段的生存困境而进化的，因此"适应不良"概念在进化心理学的理论框架下不会构成任何问题。

生态位构建理论——人类能引导自己的进化吗？

由于基因—文化协同进化的发展，近年来，一些进化生物学家开始改变关于进化机制的看法，他们不再认为有机体是被动的自然选择机制和性选择机制作用的对象，相反，有机体可以通过改变环境以影响塑造他们进化变异的选择力量。在动物界，海狸筑建的大坝和蜘蛛编织的网都是这方面的典型例子，它们都可以作用于环境从而改变施加于有机体自身的选择压力。另外，通过选择特定的生殖繁衍位置，动物还可以极大地

186

改变自己后代要面对的环境压力（例如，一些哺乳动物会在地下分娩，昆虫会将自己的卵产在宿主的身体上）。利用这些途径，动物可以构建自己的生存环境，即生态位构建①。近年来，受基因—文化协同进化的影响，许多进化论者也都赞同，生态位构建理论非常符合人类的情况，由于人类的文化实践，人类在很久以前就对环境具有巨大的掌控力。越来越多的学者开始相信，"生态位构建"是人类塑造自身进化的重要方式，尤其是考虑到人类进化速度比预想的要快得多②。使用和制造工具是生态位构建的典型例子，近 200 万年来，人类工具制造技术发展越来越快，工具的使用对于生存和繁衍可以发挥无可替代的关键作用。对于人类来说，除了捕猎外，工具的使用还几乎涉及我们生活的方方面面，例如缝衣针可以编制御寒的衣物，篮子有利于收集、储存和转移食物。因此在人类进化史上一旦工具开始出现，自然选择和性选择会更青睐那些能够更好地设计和制造工具的个体（就像更会织网的蜘蛛比较容易赢得性资源竞争一样，那些善于制造和使用工具的男性对女性来说也更有吸引力）。这也就意味着，我们的原始祖先已经开始改变选择力量和人类的进化方式（正因如此，许多人也将生态位构建理论视为基因—文化协同进化的一部分）。同时，这也说明人类至少在一定程度上能够让自己脱离自然环境的制约（人类在石器时代就已经能用火取暖、烹饪食物以及照明，能建造帐篷、烧制陶器，这些成就可以使祖先在原本不适宜他们居住的地方生存）。当我们能够对自然环境施加影响从而改变自然选择的具体方向时，其实也就在引导我们自身的进化（当然这一切并

---

① Odling-Smee, J., Laland, K., & Feldman, M.（2003）. *Niche Construction: The Neglected Process in Evolution*. Princeton: Princeton University Press.

② Voight, B. F., Kudaravalli, S., Wen, X., & Pritchard, J. K.（2006）. A map of recent positive selection in the human genome. *PloS Biology*, *4*, e72.

不是事前计划的）。因此即使在自然环境非常稳定的时期，针对人类的自然选择机制仍会发生急速变化。

基因—文化协同进化理论和生态位构建理论的发展并不会否定达尔文主义，相反，它们可以帮助我们完善对文化实践和人性间关系的理解。尤其是生态位构建理论，由于它将遗传天性和后天教养结合在一起，因此有助于解决在行为问题上环境决定论者与进化解释支持者之间的对立。需要注意的是，（人类创造的）环境会在人类进化史和个体成长史这两个时间尺度上影响基因和环境的关系。例如，工具的使用既会对人类进化施加选择压力，同时也会对个体成长和发展产生直接影响。

近年来，人类活动导致地球面貌发生巨大变化，其中既包括即时可见的环境变化，如地表上崛起的建筑物，也包括逐渐累积的"隐形的"环境变化，如全球变暖引发的气候变化。因此，人类行为对环境的影响创造了新的生态位压力。这些急速的变化可能会导致达尔文的理论进一步被修改，不过达尔文主义者并不需要为此担心，因为达尔文自己也深知，他的成就只是人类理解进化的起点而不是终点。在这种情形下，进化心理学家非常有必要将生态位构建理论纳入到他们的人类认知进化模型中——这无疑是一项充满挑战性的任务①。

达尔文——心灵塑造者

虽然达尔文将自己视为博物学家，但是他也认识到自己的自然选择理论并不仅仅是生物学领域的一个简单假设。达尔文提供的关于人类起源的见解改变了人类对自身的看法。在《物

188

---

① Laland, K., & Brown, G. R.（2011）. *Sense and Nonsense：Evolutionary Perspectives on Human Behaviour*. Oxford：Oxford University Press.

种起源》中，达尔文的写作风格兼具科学化与哲学化，我们可以看看他书中的最后一段①：

> 从自然界的战争、饥饿和死亡中，我们能体会到，最值得赞美的对象是产生的高级动物。物种及其若干能力原来是由造物主注入少数甚至单一生命形式中的，我们所在的行星按照既定的引力法则，永不停息地运行。与此同时，那些从最简单形式发展而来的美丽精妙的生物依然还在进化。这是何其宏伟壮丽！

后来，在《人类的由来与性选择》和《人类和动物的表情》中，达尔文又暗示了心理学这一新领域的发展（下面两段分别出自《人类的由来与性选择》和《人类和动物的表情》）②③：

> 在智力发展的过程中，一旦取得可观的进展——开始使用语言，巨大的进步就会随之而来，因为持续使用语言将会对脑产生影响，导致遗传效应，这将会使语言能力进一步得到提高。
>
> 我们可以看到，表情或者情感的语言对人类福祉是至关重要的。

尽管在作品中达尔文总是避免讨论进化论与宗教的关系，

---

① Darwin, C.（1859）. *On the Origin of Species by Natural Selection*. London： John Murray.

② Darwin, C.（1871）. *The Descent of Man and Selection in Relation to Sex*. London：John Murray.

③ Darwin, C.（1872）. *The Expression of the Emotions in Man and Animals*. London： HarperCollins.

但他在私人信件中确实考虑了自己的科学发现对他自己宗教信仰的潜在影响 ①:

> 当人们无法相信这个伟大而奇妙的宇宙以及我们有意识的自我是偶然产生的时，上帝便有了存在的依据。我从来不去判断这是不是一个真正有价值的论点。我能意识到，如果我们承认第一种说法，我们的心智就会继续渴望了解它从何而来以及它是如何产生的。一些非常智慧或有地位的人完全相信上帝，既然他们这么做，似乎我也应该去遵循同样的想法，这依然是一种非常糟糕的论断。在我看来，最安全的结论是，这个主题超出人类的智力范围。不过，我们依然可以履行好自己的职责。

达尔文主义创造的思想浪潮澎湃，以至于像弗洛伊德和马克思这些其他领域的先驱也成为他的追随者。而进化论的概念不但在 21 世纪依然焕发勃勃生机，而且在生物学和行为科学中还产生许多"茁壮成长的后代"。除了不断促进自然科学与社会科学的发展和进步外，达尔文主义的幸运之处在于它的支持阵营中有一批最能言善辩的科普作家或哲学家。例如，生物学家道金斯和里德利、心理学家平克和巴斯，以及哲学家丹尼特，他们都是当下积极向公众普及达尔文主义思想的学者。然而，并不是所有的读者都相信进化论是对人类进行解释的基础，或者进化确实发生过。但即使是最严厉的批评者也必须同意，达尔文主义在今天仍然是科学界以及思想界强有力的主流观点。

---

① Letter 8837, Darwin, C. to Doedes, N. D., 2 April 1873. Darwin Correspondence Project. Retrieved from http://www.darwinproject.ac.uk

　　当然，达尔文的精神遗产不但丰厚，也充满争议。除了作为生物学的统一基础理论外，许多学者还希望将进化论塑造为社会科学的统一基础理论（或者最起码是心理学的基础理论）①。如今，大量行为科学研究领域都借鉴吸收了达尔文的现代解释或新达尔文主义，包括进化心理学、进化伦理学、语言起源理论、道德情操理论、动物认知研究，以及性别研究等。因此，达尔文当然称得上是"心灵塑造者"。不过，正如生态位构建理论所说明的，通过自然选择机制和文化实践，我们所有人其实都是人类心灵进化的塑造者。

达尔文让我们摆正了位置

190

　　达尔文关于生命的看法当然伟大——但这种"伟大"不但揭示我们为什么在这里，还将我们摆到正确的位置上。在达尔文之前，人类认为自己在地球上是独一无二的生命形式。在达尔文之后，我们开始明白，人类不过是许多有机体的混合物。人类与其他动物当然有差异，但差异的形式和程度则与之前的看法完全不一样了。

---

① Caporael，L. R.（2001）. Evolutionary psychology：Toward a unifying theory and a hybrid science. *Annual Review of Psychology*，*52*，607–628.

索 引 *

---

* 本索引中数字为英文版页码，现为中文版页边码，提示可在该边码所在页面检
 索相关内容。——译者注

译后记

首先，感谢您读完本书。

在如今的图书市场上，后记已成为科普读物的标配之一。它有时很像一份获奖感言，作者要感怀过往，自述写作初衷及心路历程，顺便抒发在事业上坚守不渝的决心，当然，最重要的是要对亲朋好友、良师贵人表示感谢。然而本书作者兰斯·沃克曼教授剑走偏锋，似乎无此打算。于是，上海教育出版社的编辑老师将此特权移交于译者，本人自当欣然规往。

我对达尔文的兴趣源于一本科幻小说——《计算中的上帝》，作者索耶（Robert J. Sawyer）是加拿大非常成功且有影响力的科幻作家，这本书在2003年由《科幻世界》引入国内。很幸运，当年我在书店犹豫再三后，最终选择了此书而不是另一本当时大火的青春伤痕文学。之后我就成了"索爷"的粉丝，时至今日，他依然是我最喜欢的三位科幻作家之一。

"索爷"喜欢在书中插入许多科幻迷与影迷才懂的"迷梗"。彼时我尚在念高中，完全不明白他借主角之口吐槽的《星际迷航》和《独立日》是什么，也不知道书中频繁出现的古尔德（Stephen Gould）、道金斯（Richard Dawkins）与萨根（Carl Sagan）在现实世界有多大名声。但是，这不妨碍我对故事情节的理解——小说中，两种不同的外星人同时来到地球，与地球上的古生物学家一起研究化石，探寻不同星球文明同步之谜。他们最后的结论是：宇宙中存在一个操控这三种文明的超级生命！你没看错，"索爷"的小说在科学立场上竟然支持神创论！不过，书中角色在论证上帝是否存在时用到大量科学论据，涉及进化论、人择原理、宇宙演化、德瑞克方程与生物结构等知识，言之凿凿，让人沉醉。顺带一提，本书第四章与第八章也论述了神创论这一主题，而就我个人来说，我当然是反对神创论的。

两年后，我读到"索爷"的另一本科幻小说——《恐龙文明三部曲》。"索爷"这次在写作视角上另辟蹊径，以一群智慧恐龙为主角，演绎了人类科学发展史。故事中，恐龙们起初生活在愚昧黑暗的中世纪，他们用科学理性思维取代了迷信盲从，经历不同文明阶段后，最终走向太空时代。小说用整整一卷的篇幅讲述恐龙们探索进化论的过程，于是，物种起源、自然选择、适者生存、遗传与突变等进化科学领域的重要概念一一得以展现。这两部科幻作品构成了我与达尔文学说接触的起点。巧合的是，本书第三章也简单提及了一些达尔文学说与科幻文学的渊源。

多年后，我开始系统学习心理学，出于对进化理论的浓厚兴趣，巴斯（David Buss）教授的《进化心理学》一书成为我拓展专业知识的首选，那是我第一本（除教材外）完整学习的心理学著作。对于当时的我而言，书中的观点极具颠覆性，可又完全合情合理，且证据充分。阅读此书时，我脑海里最常闪现的独白就是"啊！啊！啊！啊！竟然能够……这样解释！"就像周星驰喜剧电影《少林足球》中的经典画面一样，一团火焰在我内心不断升腾，从此，我被进化心理学彻底"洗脑"。在硕士、博士阶段以及工作后很长一段时间里，我的主要研究方向其实与进化心理学没有太直接的关系，但我始终关注着这一领域，虽然不是主业，几年下来也积累了不少资料。

一次偶然机会，我开始在个人公众号上发表一些关于进化论的科普文章，后经好友河北师范大学阎书昌教授转载，为上海教育出版社谢冬华老师所见。冬华兄与我建立联系后，建议我可将文章集结成书，同时还表达了日后合作的意向，我自然热切允之。没多久，冬华兄发来一本进化主题的英文书，询问我是否愿意做中文译者。此书正是摆在诸位眼前的这本《查尔斯·达尔文：进化思维的塑造者》。

本书旨在对达尔文学说的发展进行全面回顾，书中各章节依照时间顺序，先介绍了达尔文主义问世的背景，包括达尔文的个人经历与科学环境，接着总结了达尔文主义的诞生对其后几十年科学、文化、政治、社会思潮及社会运动的影响，最后则分析了达尔文主义在 20 世纪后期的新进展。沃克曼的写作重点在于梳理脉络，因此，其论述取舍得当，要言不繁。

如同作者沃克曼教授在前言中所说，当一种思想能够抵御住时间侵蚀，对人类产生深远影响时，它就可能被冠以"主义"的后缀。过去 150 年，科学界恐怕没有任何一种"主义"的光芒能够与达尔文主义斗艳争辉。在这本并不算厚的书中，我们可以清晰看到达尔文主义如何与形形色色的思想或人物产生交集，包括神创论、赫胥黎、斯宾塞、优生学、高尔顿、孟德尔、遗传学、现代综合、尼采、海克尔、弗洛伊德、本能论、詹姆斯、文化相对主义、动物行为学、性选择、洛伦茨、廷伯根、比较心理学、行为主义、亲缘选择、汉密尔顿、特里弗斯、社会生物学、道金斯、古尔德、进化心理学、智慧设计论、自然主义谬误、女权主义、行为遗传学以及基因—文化协同进化，等等。我们还可以看到，达尔文主义在一个半世纪的发展历程中，如何渗透进人类学、动物学、遗传学、哲学、心理学与医学等各个学科领域，而且至今依然不断开枝散叶，其生命力之蓬勃，纵使达尔文本人，怕也所料不及。

　　本书是"心灵塑造者：心理学大师及其影响"丛书之一，因此其落脚点放在了进化心理学。达尔文在《物种起源》最后一部分曾写道："我看见在不久的将来……心理学将会建立在一个新的基础之上。"一个半世纪之后，他的预言得以兑现。进化心理学对人类心智特征的解释是如此简洁、优雅而又有力，能以这样一种方式介绍这一新学科，本人倍感荣幸。

　　由于书中大多内容于我而言并不算陌生，我在翻译过程中并无遇到太多艰涩窒碍之处，反而时常有左右逢源的畅快感以及旧友相叙的亲切感。当然，这种"凡尔赛"的态度并不能代表真实水平，但我自觉尚算达标。本书编辑王蕾老师以及译丛主编南京师范大学郭本禹教授曾针对翻译规范提出过许多宝贵意见，在此向他们表示感谢，也希望读者诸君能对翻译质量感到满意。

　　科普书的立场是回顾过去的科学发展，然而，作为读者的我们不仅是历史的旁观者，也是历史的参与者和创作者。我祝愿，睿智的读者中能够有人受这本《查尔斯·达尔文：进化思维的塑造者》启发，对某一科学问题产生兴趣，孜孜探求，催发达尔文主义这棵百年古树继续萌生出新枝芽！

殷融

2021 年 12 月 5 日

图书在版编目（CIP）数据

查尔斯·达尔文：进化思维的塑造者 / (英) 兰斯·沃克曼
(LanceWorkman) 著；殷融译. — 上海：上海教育出版社，2022.8
（心灵塑造者：心理学大师及其影响）
ISBN 978-7-5720-1618-9

Ⅰ.①查… Ⅱ.①兰… ②殷… Ⅲ.①达尔文(Darwin, Charles
1809-1882) – 生平事迹 Ⅳ.①K835.616.15

中国版本图书馆CIP数据核字(2022)第136080号

上海市版权局著作权合同登记号 图字09-2022-0543号

责任编辑　王　蕾
封面设计　郑　艺

心灵塑造者：心理学大师及其影响
查尔斯·达尔文：进化思维的塑造者
[英] 兰斯·沃克曼　著
殷　融　译

出版发行　上海教育出版社有限公司
官　　网　www.seph.com.cn
地　　址　上海市闵行区号景路159弄C座
邮　　编　201101
印　　刷　上海叶大印务发展有限公司
开　　本　889×1194　1/32　印张 8.75
字　　数　212 千字
版　　次　2022年8月第1版
印　　次　2022年8月第1次印刷
书　　号　ISBN 978-7-5720-1618-9/B·0037
定　　价　55.00 元

如发现质量问题，读者可向本社调换　电话：021-64373213